"十三五"职业教育国家规划教材

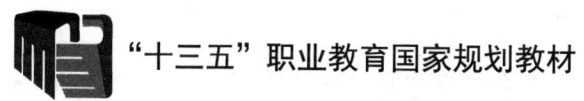

高等职业教育"互联网+"新形态教材·财会类专业

# 新编会计基本技能
## （第4版）

姜 燕 刘 巍 刘 颖 主 编
郭 磊 刘俊廷 李春阳 焦向华 王 颖 侯 丹 副主编

电子工业出版社
Publishing House of Electronics Industry
北京·BEIJING

## 内 容 简 介

本教材适应职业教育教学改革的需要，突出职教特色，强调技能训练，注重对学生技能的培养。本教材介绍了会计数字书写技能、点钞与验钞技能、键盘输入技能、传票录入技能、出纳岗位技能、常用设备操作技能、财务印鉴使用技能、会计档案整理与保管技能，有较强的实用性和可操作性。

本教材图文并茂、生动直观，既可供职业院校财会类专业学生使用，也可作为企事业单位财经及相关专业人员的参考资料。

未经许可，不得以任何方式复制或抄袭本书之部分或全部内容。
版权所有，侵权必究。

**图书在版编目（CIP）数据**

新编会计基本技能 / 姜燕，刘巍，刘颖主编. —4 版. —北京：电子工业出版社，2022.5
ISBN 978-7-121-43396-2

Ⅰ. ①新… Ⅱ. ①姜… ②刘… ③刘… Ⅲ. ①会计学—高等职业教育—教材 Ⅳ. ①F230

中国版本图书馆 CIP 数据核字（2022）第 074992 号

责任编辑：贾瑞敏
印　　刷：保定市中画美凯印刷有限公司
装　　订：保定市中画美凯印刷有限公司
出版发行：电子工业出版社
　　　　　北京市海淀区万寿路 173 信箱　邮编 100036
开　　本：787×1 092　1/16　印张：12.5　字数：320 千字
版　　次：2010 年 7 月第 1 版
　　　　　2022 年 5 月第 4 版
印　　次：2022 年 5 月第 1 次印刷
定　　价：45.00 元

凡所购买电子工业出版社图书有缺损问题，请向购买书店调换。若书店售缺，请与本社发行部联系，联系及邮购电话：(010)88254888，88258888。

质量投诉请发邮件至 zlts@phei.com.cn，盗版侵权举报请发邮件至 dbqq@phei.com.cn。
本书咨询联系方式：邮箱 fservice@vip.163.com；QQ 群 427695338；微信 zsb18600585292。

《新编会计基本技能》（第3版）于2019年7月出版，2020年被评为"十三五"职业教育国家规划教材。我们以此为契机，继续砥砺前行。

随着工学结合、实训基地、校企合作的不断深化，新的操作方法、设备和技能不断涌现，为了紧跟新时代、新情况、新技术的步伐，我们进行了修订。第4版继续突出职业教育的特点，强化职业知识、职业技能和职业道德，注重会计职业岗位通用技术及职业能力的培养，将会计专业课程内容与职业技能标准紧密对接，将企业标准、岗位职责和规范融入教材，夯实学生的岗位实践。

第4版继续保留会计数字书写、点钞与验钞、传票录入、财务印鉴使用及会计档案整理等会计岗位的基本操作技能的内容，增加了部分操作技能的讲述。

1. 会计职业技术升级和职业自动化、智能化、流程化、标准化等使得传统的珠算操作方法逐渐弱化，因此删除珠算加减和乘除操作两项内容。

2. 随着会计信息化的快速发展，智能财税、大数据分析等新技术、新业态不断涌现，对职业院校的教材提出了挑战。为提高学生对会计数据的信息化采集、预处理和分析的能力，为刚刚踏入校门的学生增加了基础的键盘输入操作技能讲述。

3. 在全国及各省职业院校会计技能大赛中，出纳岗位业务操作方面的内容在其中占有一定比例，因此增加了与出纳岗位有关的现金业务、银行账户开立、银行结算业务、企业网上银行业务等操作技能的讲述。

本教材由姜燕、刘巍、刘颖担任主编，由郭磊、刘俊廷、李春阳、焦向华、王颖、侯丹担任副主编。具体编写分工为：第1章由姜燕编写；第2章由刘巍编写，第3章由李春阳、侯丹编写，第4章由焦向华、刘俊廷编写，第5、8章由郭磊编写，第6章由王颖编写，第7章由刘颖编写。全书由姜燕提出编写大纲，并负责统稿。

在编写过程中，我们参阅了大量资料，并吸收了一些同行的成果，在此向他们表示衷心感谢。尽管付出了极大的努力，教材中仍难免有疏漏，敬请读者提出宝贵意见。

编 者

# 目 录

## 第1章 会计数字书写技能 1

1.1 数字的书写 /2
    1.1.1 阿拉伯数字的书写要求 /2
    1.1.2 阿拉伯数字的标准写法示范 /3
    1.1.3 阿拉伯数字书写错误的更正 /4
1.2 汉字大写数字的书写 /4
    1.2.1 阿拉伯数字与汉字大写、小写数字的对照 /4
    1.2.2 汉字大写数字的书写要求 /5
    1.2.3 大、小写金额的书写 /6
    1.2.4 汉字大写票据日期的书写 /7
    1.2.5 摘要的书写 /8
实训1 /9

## 第2章 点钞与验钞技能 11

2.1 点钞技术 /12
    2.1.1 手工点钞 /13
    2.1.2 票币的整理和捆扎 /14
    2.1.3 手持式点钞方法 /16
    2.1.4 手按式点钞方法 /22
    2.1.5 硬币整点方法 /24
    2.1.6 机器点钞 /25
2.2 验钞技术 /27
    2.2.1 第五套人民币的常识 /28
    2.2.2 第五套人民币的防伪常识 /32
    2.2.3 假币的识别方法及处理规定 /34
2.3 人民币的使用 /36
    2.3.1 爱护与使用人民币的方法 /36
    2.3.2 损伤、残缺人民币的处理办法 /36
    2.3.3 不宜流通人民币的挑拣标准 /37
    2.3.4 法律常识 /37
实训2 /38

## 第3章 键盘输入技能 40

3.1 标准键盘输入技能 /41
    3.1.1 标准键盘的结构 /41
    3.1.2 标准键盘输入的姿势 /44
    3.1.3 标准键盘输入的指法 /45
3.2 汉字输入技能 /45
    3.2.1 拼音输入法 /45
    3.2.2 五笔字型输入法 /46
3.3 计算器使用方法 /49
    3.3.1 计算器概述 /49
    3.3.2 计算器按键的功能 /50
实训3 /51

## 第4章 传票录入技能 54

4.1 传票算 /55

新编会计基本技能（第 3 版）

4.1.1 认识传票 /55
4.1.2 传票算的基本功 /57
4.1.3 翻打传票 /59
4.2 账表算 /64
实训 4 /65

## 第 5 章 出纳岗位技能

5.1 出纳岗位认知 /75
  5.1.1 出纳岗位 /75
  5.1.2 出纳与会计的关系 /75
  5.1.3 出纳基本工作和岗位职责 /76
  5.1.4 出纳工作制度 /77
  5.1.5 出纳工作流程 /78
5.2 现金业务操作技能 /79
  5.2.1 现金概念及有关规定 /79
  5.2.2 现金收款业务操作技能 /81
  5.2.3 现金付款业务操作技能 /88
  5.2.4 库存现金日记账的登记 /93
  5.2.5 现金清查 /97
5.3 银行账户开立及变更操作技能 /103
  5.3.1 银行账户的开立 /103
  5.3.2 银行账户的变更 /108
  5.3.3 银行账户的撤销 /110
  5.3.4 银行账户的对账 /111
5.4 银行结算业务操作技能 /115
  5.4.1 支票结算 /116
  5.4.2 银行本票结算 /122
  5.4.3 商业汇票结算 /123
  5.4.4 银行汇票结算 /127
  5.4.5 汇兑结算 /130
  5.4.6 委托收款结算 /132
  5.4.7 托收承付结算 /134
实训 5 /137

## 第 6 章 常用设备操作技能

6.1 支票打印机的使用 /147
  6.1.1 支票打印机的定义 /147
  6.1.2 支票打印机的结构 /148
  6.1.3 支票打印机的主要性能特点 /149
  6.1.4 支票打印机的功能介绍 /149
  6.1.5 打印模式的选择及使用 /150
  6.1.6 支票打印机的单机操作 /151
6.2 电子支付密码器的使用 /155
  6.2.1 电子支付密码器的基本结构 /155
  6.2.2 电子支付密码器的主要原理 /155
  6.2.3 电子支付密码器的主要作用 /155
  6.2.4 电子支付密码器的使用方法 /155
6.3 保险柜的使用 /156
  6.3.1 保险柜的分类 /156
  6.3.2 指纹保险柜的功能和特点 /156
  6.3.3 保险柜的管理 /156
  6.3.4 保险柜的结构 /157
  6.3.5 保险柜的使用方法 /157
6.4 POS 机的使用 /157
  6.4.1 POS 机的简介 /157
  6.4.2 POS 机的特点 /158
  6.4.3 POS 机的使用方法 /158
  6.4.4 POS 机的办理条件 /159
实训 6 /159

## 第7章 财务印鉴使用技能 160

7.1 印章、印鉴的使用 /161
    7.1.1 印章、印鉴的基本知识 /161
    7.1.2 企业印章的种类及使用 /162
7.2 财务印章的管理 /165
    7.2.1 财务印章的种类与刻制注意事项 /165
    7.2.2 财务印章的使用 /166
    7.2.3 识别假印章的方法 /167
7.3 电子印章 /168
    7.3.1 电子印章概述 /169
    7.3.2 电子印章的申请和使用概述 /171
    7.3.3 电子印章的应用存在的问题 /172
    7.3.4 电子印章的应用前景 /172
实训7 /172

## 第8章 会计档案整理与保管技能 174

8.1 会计档案整理 /175
    8.1.1 纸质会计档案整理 /176
    8.1.2 会计电子档案管理 /178
8.2 会计档案装订 /180
    8.2.1 案卷（册）封面的填写及编号 /180
    8.2.2 案卷（册）的装订 /182
8.3 会计档案保管技能 /187
    8.3.1 会计档案的保管 /187
    8.3.2 会计档案的销毁 /188
    8.3.3 会计档案的交接 /189
    8.3.4 单位合并、分立与解散的会计档案管理 /191
    8.3.5 会计档案管理的法律责任 /191
实训8 /192

# 第 1 章 会计数字书写技能

## 职业教育的学习目标

根据会计基础工作的规范要求,学生应正确、规范地书写阿拉伯数字、汉字大写小写数字;掌握小写金额、大写金额的标准写法,财经专用汉字的正确书写方法和用法,阿拉伯数字书写错误的更正方法等;正确填写票据的大写日期及记账凭证、会计账簿等的摘要内容。

## 典型职业工作任务描述

### 1. 工作任务简述

根据经济业务的内容用阿拉伯数字、汉字大写小写数字,填制各种凭证、票据、会计账簿、会计报表等。

### 2. 涉及的业务领域

在会计、审计、统计、金融、税务、营销等工作中办理经济业务的所有岗位。

### 3. 其他说明

会计数字、文字的书写是会计职业的基本功,需要不断练习,提高书写技能。

## 职业描述

### 1. 工作对象

各种会计凭证、会计账簿、会计报表。

### 2. 劳动工具

钢笔或碳素笔、计算机。

新编会计基本技能（第4版）

### 3. 劳动场所

从事会计等各种经济工作的场所。

### 4. 资格和能力

持有会计专业技术资格证书，或者具有会计类专业学历（学位）或相关专业学历（学位）证书，且持续参加继续教育，具备从事会计工作所需要的专业能力。

## 能力训练

| 能力训练项目名称 | 拟实现的能力目标 | 相关支撑知识 | 训练手段 |
| --- | --- | --- | --- |
| 数字的书写 | ① 能准确、规范地书写阿拉伯数字<br>② 能对书写错误进行更正 | ① 阿拉伯数字书写要求<br>② 阿拉伯数字书写错误的更正方法 | 用会计数字练习用纸或账页书写 |
| 中文大写数字的书写 | ① 能正确书写大写数字<br>② 能标准书写大小写金额<br>③ 能正确填写票据的大写日期及凭证、账簿等的摘要内容 | ① 大写数字的书写要求<br>② 大小写金额的标准写法<br>③ 票据大写日期及摘要的书写要求 | 用账页或凭证书写金额、日期、摘要 |

# 1.1 数字的书写

## 1.1.1 阿拉伯数字的书写要求

阿拉伯数字 1、2、3、4、5、6、7、8、9、0 十个计数符号是国际上通用的数码，作为全世界通用的数字广泛应用于各个行业。虽然如今流行用计算机打字、处理工作业务，但正确、规范地书写阿拉伯数字对会计从业人员来说仍是必不可少的基本功。书写正确与否既直接关系到会计记账的准确与否，也是衡量会计人员专业素质高低的一项标准。做好阿拉伯数字的训练，有助于提高会计核算工作的质量。

我国经济工作中常用的数字有两种：阿拉伯数字和汉字大写数字。另外，还有数位名称等财经专用汉字。根据会计基础工作规范的要求，阿拉伯数字书写必须正确、规范、清晰、工整，并符合下列要求。

① 在书写阿拉伯数字时，必须一个一个地写，不得连笔写，并且大小匀称、流畅自然、不刻板、笔顺清晰、排列整齐。

② 书写时应有一定的斜度和高度。倾斜角度一般可掌握在 60°左右；高度一般要求占凭证横格高度的 1/2 以下，还要注意紧靠横格底线书写，不得写满格，使上方留出一定空位，以便需要进行更正时可以再次书写。

③ 书写排列有序。同一组数字的正确书写方法：应按照自左向右的顺序进行，不可逆方向书写；在没有印刷数字格的会计书写中，同一行相邻数字之间应空出半个数字的位置（以不能增加数字为准）。

④ 1 不能写短，且要合乎斜度要求，防止改为 4、6、7、9。

⑤ 2、3、5、8 应各自成体，避免混同。

⑥ 4 的顶部不封口，且注意中竖的斜度，防止写成正体；角"∠"要死折，折角不能圆滑，否则易被改成 6。

⑦ 书写 6 时可适当扩大其字体，使起笔上伸到数码格的 1/4 处，下圆要明显，以防改为 8。

⑧ 7、9 两数字的落笔可下伸到底线外，约占下格的 1/4 位置。7 字书写时，横要平直明显（稍长），竖稍斜，拐弯处不能圆滑，否则易与 1、9 相混淆。

⑨ 书写 8 时，上边稍小，下边稍大，起笔应写成斜 S 形，终笔与起笔交接处应成棱角，防止将 3 改成 8。

⑩ 书写 0 时，紧贴底线，圆要闭合，不宜过小，否则易被改为 9。

⑪ 除 4、5 以外的各单数字，均应一笔写成，不能人为地增加数字的画数。

⑫ 4 位和 4 位以上的整数部分数字可以从小数点向左按"三位一节"用分节号","分开或空一个数字的位置，以便读数和汇总计算，如 3,847,185.27。

⑬ 在会计运算或会计工作底稿中，运用上下几行数字累计加减时，应尽可能地保证纵行累计数字的位数对应，以免计算错误。

总之，在会计核算工作中，一定要按照标准书写要求规范字体，避免出现 0、6 不分，7、9 难辨的情况。数字字体的大小既不能写得太小，密密麻麻，让人难以辨清，更不能超越账页上既定的数格；从字形上看，既不能让数字垂直上下，也不能歪斜过度，更不能左倾右斜，毫无整洁的感觉。一组阿拉伯数字，书写后要让人看着合乎规定要求，保持一致的倾斜度，既流畅美观，又方便纠错更改。

## 1.1.2　阿拉伯数字的标准写法示范

阿拉伯数字的写法有印刷体和手写体两种，日常工作中普遍使用的是手写体。阿拉伯数字的标准写法如图 1.1 所示。

**图 1.1　阿拉伯数字的标准写法**

练习书写时既可使用会计数字练习用纸，也可使用账页，阿拉伯数字手写体如图 1.2 所示。

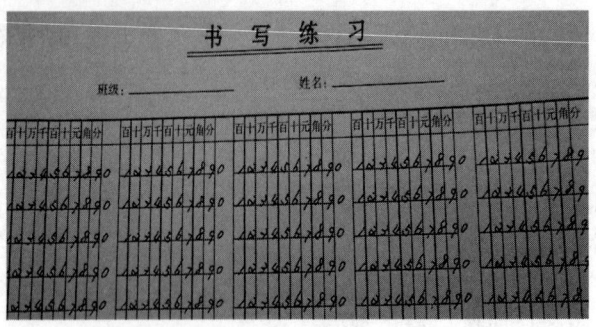

图1.2 阿拉伯数字手写体

### 1.1.3 阿拉伯数字书写错误的更正

在登记会计账簿时，如果阿拉伯数字书写发生了错误，就要进行更正。更正数字要规范化，不能在原来的数字上涂改、挖补、刮擦、贴纸、用涂改液或消字药水消除痕迹，而应当采用划线更正法进行更正。

划线更正法的使用方法：先用红笔在错误的全部数字上画一条单红线（红线不能过粗，要能看到被划掉的原数据），然后在错误的数字上面用蓝色或黑色笔书写全部正确的数字。划线更正法修改的一定是一个完整的数字，不能只改一半，更不能在原数字上涂改其中一个字码，以免混淆不清。只要有部分数字写错，哪怕只有一个字码，也要把全部数字画线勾掉并更正，而且由经办人在更正的数字后面加盖印章，以明确责任。一个结果最多只能修改两次。划线更正法的使用对错示范如图1.3所示。

| 数字的错误更正方法 |   |   |   |   |   |
|---|---|---|---|---|---|
|   |   |   | 7 |   |   |
|   |   | 6 | 2̶ | 3̶ | 9 | 8 |
|   | 3 | 6 | 9 | 5 | 4 | 2 |
|   | 3̶ |   | 5̶ | 9̶ | 5 |   |
|   |   |   |   |   |   |   |
|   | 2̶ | 9̶ |   | 2 | 9 | 7 | 9 |

| 数字的正确更正方法 |   |   |   |   |   |
|---|---|---|---|---|---|
|   |   | 6 | 2 | 7 | 9 | 8 |
|   |   | 6̶ | 3̶ | 7̶ | 9̶ | 8̶ |
|   | 3 | 6 | 9 | 5 | 4 | 2 |
|   | 3̶ |   | 5̶ | 9̶ | 5̶ | 0̶ | 0̶ |
|   |   |   |   | 2 | 9 | 7 | 9 |
|   | 2̶ | 9̶ | 0̶ | 0̶ | 0̶ | 0̶ |

图1.3 划线更正法的使用对错示范

## 1.2 汉字大写数字的书写

### 1.2.1 阿拉伯数字与汉字大写、小写数字的对照

汉字数字分大写和小写两种，都是汉字的重要组成部分。在日常工作和生活中，经常要用到这些数字。

第1章　会计数字书写技能

1. 十以内阿拉伯数字与汉字大写、小写数字的对照

十以内阿拉伯数字与汉字大写、小写数字的对照如表 1.1 所示。

**表 1.1　十以内阿拉伯数字与汉字大写、小写数字的对照**

| 阿拉伯数字 | 1 | 2 | 3 | 4 | 5 | 6 | 7 | 8 | 9 | 0 |
|---|---|---|---|---|---|---|---|---|---|---|
| 汉字小写数字 | 一 | 二 | 三 | 四 | 五 | 六 | 七 | 八 | 九 | 〇 |
| 汉字大写数字 | 壹 | 贰 | 叁 | 肆 | 伍 | 陆 | 柒 | 捌 | 玖 | 零 |

2. 进位阿拉伯数字与汉字大写、小写数字的对照

进位阿拉伯数字与汉字大写、小写数字的对照如表 1.2 所示。

**表 1.2　进位阿拉伯数字与汉字大写、小写数字的对照**

| 阿拉伯数字 | 小写数字 | 大写数字 |
|---|---|---|
| 10 | 十 | 拾 |
| 20 | 二十 | 廿 |
| 30 | 三十 | 卅 |
| 100 | 百 | 佰 |
| 1 000 | 千 | 仟 |
| 10 000 | 万 | 万 |
| 100 000 000 | 亿 | 亿 |
| 10 000 000 000 000 | 兆 | 兆 |
| 10 000 000 000 000 000 | 京 | 京 |
| 100 000 000 000 000 000 000 000 | 顺 | 顺 |

在表 1.1 和表 1.2 中，不论是阿拉伯数字（1，2，3，…），还是汉字小写数字（一、二、三……），由于笔画简单，容易被篡改，因此一般在文书和商业财务票据上的数字都要采用汉字数码大写。汉字数码分为数字（壹、贰、叁、肆、伍、陆、柒、捌、玖、零）和数位（拾、佰、仟、万、亿、元、角、分、整）两个部分。数字的这种繁化写法始于秦代，在唐代时期已经被广泛使用，后来被逐步规范成一套"大写数码"。

## 1.2.2　汉字大写数字的书写要求

汉字大写数字庄重，笔画繁多，通常用于文书、发票、支票、汇票、存单等各种票据的书写。这些重要的票据金额或实物不但要用阿拉伯数字书写，而且还要用汉字大写数字书写，以供互相核对，防止篡改，保证单证上数量或金额的正确，以避免经济损失。

书写汉字大写数字的基本要求如下。

① 汉字大写数字的书写采用正楷或行书字体，不得连笔写。

② 不得用〇（另）、一、二（俩）、三、四、五、六、七、八、九、十等简化字代替，以防被涂改。更不得任意自造简化字。

③ 字体要各自成形，大小匀称，排列整齐，字迹工整、清晰。

练习时可使用会计数字练习用纸或账页进行书写。

汉字大写数字的正楷、行书字体如表 1.3 所示。

表 1.3 汉字大写数字的正楷、行书字体

| 壹 | 贰 | 叁 | 肆 | 伍 | 陆 | 柒 | 捌 | 玖 | 拾 | 佰 | 仟 | 万 | 亿 | 元 | 角 | 分 | 整 |
|---|---|---|---|---|---|---|---|---|---|---|---|---|---|---|---|---|---|
| 壹 | 贰 | 叁 | 肆 | 伍 | 陆 | 柒 | 捌 | 玖 | 拾 | 佰 | 仟 | 万 | 亿 | 元 | 角 | 分 | 整 |

### 1.2.3 大、小写金额的书写

**1. 小写金额的标准写法**

① 阿拉伯数字金额前必须书写货币币种符号，如￥、£、$等。人民币符号"￥"是汉语拼音 yuan 第 1 个字母 Y 的缩写变形，既代表了人民币的币制，又表示人民币"元"的单位。为了区别 Y 和阿拉伯数字之间的误认和误写，在 Y 字母上加上两横而写作"￥"，读音仍为"元"。因此，小写金额前填写人民币符号"￥"后，数字后面可不写"元"字。

② 币种符号和阿拉伯数字之间不得留有空白。例如，"人民币 20500 元"，小写金额应写为"￥20500"，不得写为"￥ 20500"。

③ 以元为单位的阿拉伯数字除表示单价等情况外，一律填写到角分；无角分的，角位和分位可以填写 00，或者填写符号"—"；有角无分的，分位应当填写 0，不得用符号"—"代替。

④ 只有分位金额的，在元和角位上各写一个 0 字，并在元和角之间点一个小数点，如"￥0.03"。

**2. 大写金额的标准写法**

① 大写金额要紧靠货币名称（如"人民币"）书写，不得留有空白。如果大写金额数字前未印有货币名称，则应当加填货币名称。

② 正确运用"整"字。大写金额数字到元或角为止的，在"元"或"角"后应写"整"字；大写金额数字有分的，后面不写"整"字。例如，"￥768.00"应写为"人民币柒佰陆拾捌元整"；"￥562.30"应写为"人民币伍佰陆拾贰元叁角整"；"￥735.26"应写为"人民币柒佰叁拾伍元贰角陆分"，不加"整"字。

③ 正确书写中间的"零"。

- 阿拉伯数字金额中间有 0 时，汉字大写金额要写"零"字。例如，"￥1709.30"应写为"人民币壹仟柒佰零玖元叁角整"。
- 阿拉伯数字金额元位是 0 的，或者数字中间连续有几个 0，元位也是 0，但角位不是 0 时，汉字大写金额既可以只写一个"零"字，也可以不写"零"字。例如，"￥3980.32"大写金额应写为"人民币叁仟玖佰捌拾元零叁角贰分"，或者写为"人民币叁仟玖佰捌拾元叁角贰分"。又如，"￥97000.53"大写金额应写为"人民币玖万柒仟元零伍角叁分"，或者写为"人民币玖万柒仟元伍角叁分"。
- 阿拉伯数字金额角位是 0，而分位不是 0 时，汉字大写金额"元"后面应写"零"字。例如，"￥6309.04"大写金额应写为"人民币陆仟叁佰零玖元零肆分"。

# 第1章 会计数字书写技能

④ 阿拉伯数字金额以 1 开头的，大写金额应加写"壹"字。例如，"¥16.25"大写金额应写为"人民币壹拾陆元贰角伍分"。又如，"¥165700.00"大写金额应写成"人民币壹拾陆万伍仟柒佰元整"。

⑤ 在印有大写金额万、仟、佰、拾、元、角、分位置的凭证上书写大写金额时，金额前面如有空位，可画"⊗"注销；阿拉伯数字金额中间有几个 0（含分位），汉字大写金额就写几个"零"字。例如，"¥600.60"，大写金额应写成"人民币⊗万⊗仟陆佰零拾零元陆角零分"。

⑥ 写错不准涂改。为了防止作弊，银行、单位和个人填写的各种票据和结算凭证的汉字大写金额一律不许涂改。一旦写错，则该凭证作废，需要重新填写。

## 1.2.4 汉字大写票据日期的书写

按照《中华人民共和国票据法》的规定，票据包括汇票、本票和支票。

票据和结算凭证是银行、单位和个人凭以记载账务的会计凭证，是记载经济业务和明确经济责任的一种书面证明。为防止变造票据的出票日期，本票、支票上的出票日期必须使用汉字大写，在金额栏内必须填写正确。

### 1. 具体填写要求

① 票据的出票日期必须使用汉字大写。

② 在填写月、日时，月为 1、2 和 10 的，日为 1 至 9 和 10、20、30 的，应在其前加写"零"。例如，"2018 年 10 月 20 日"，应写成"贰零壹捌年零壹拾月零贰拾日"。

③ 日为 11 至 19 的，应在其前加写"壹"字。例如，"2018 年 1 月 16 日"，应写成"贰零壹捌年零壹月壹拾陆日"。

④ "10 月"要写成"零壹拾月"；"11 月"要写成"壹拾壹月"；"12 月"要写成"壹拾贰月"。

⑤ 如果票据出票日期使用小写数字填写，则银行不予受理。如果大写日期未按要求规范填写，则银行可予受理，但如果由此造成损失，则由出票人自行承担。

零字的具体填写要求如表 1.4 所示。

表 1.4 零字的具体填写要求

| 月 份 | 月份大写 | 日 期 | 日期大写 | 日 期 | 日期大写 |
| --- | --- | --- | --- | --- | --- |
| 1 月 | 零壹月 | 1—9 日 | 零壹日、零贰日…… | 11 日 | 壹拾壹日 |
| 2 月 | 零贰月 | 10 日 | 零壹拾日 | 12 日 | 壹拾贰日 |
| 3 月 | 叁月 | 20 日 | 零贰拾日 | …… | …… |
| 10 月 | 零壹拾月 | 30 日 | 零叁拾日 | 19 日 | 壹拾玖日 |

### 2. 支票的填制要求

① 支票出票日期的填写必须使用汉字大写。例如，"2 月 13 日"应写成"零贰月壹拾叁日"；"10 月 20 日"应写成"零壹拾月零贰拾日"。

② 支票上的收款人、付款行名称应写单位的全称或个人的姓名，不得简写。

③ 签发人签章处应盖上签发人在银行预留的签章（称为印鉴）—— 一般使用本单位授权的财务专用章和法人代表的人名章。

④ 支票上的大、小写金额，日期，以及收款人如果填写错误，则不得修改，修改后的支票无效。

支票填制示例如图 1.4 所示。

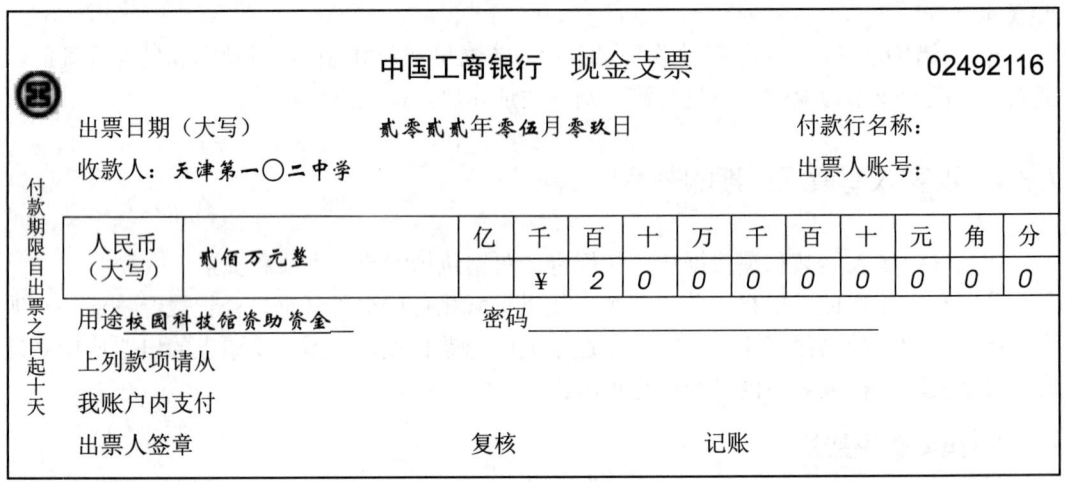

图 1.4　支票填制示例

## 1.2.5　摘要的书写

文字书写中有一部分是摘要的书写，包括记账凭证摘要、各种账簿摘要。会计摘要是用文字等形式记录和反映经济业务简要内容的一种方法。如果会计摘要记录过于简略，则不能完整地反映经济业务内容；如果过于详细，则会受到账页或凭证格式的限制。

在计算机审计中，很多取证、分析工作首先要通过会计摘要，从被审计单位的电子账表中筛选所需数据。如果被审计单位的会计摘要简略、笼统、模糊不清，那么计算机审计就无从下手。

填写摘要时应用简明扼要、详略得当、含义清楚、重点突出、书写整洁的文字，以说明问题为主。写物要有品名、数量、单价；写事要有过程；银行结算凭证要注明支票号码、去向；送存款项要注明现金、支票、汇票等；遇有冲转业务，不应只写冲转，还应写明冲转某年、某月、某日、某项经济业务和凭证号码，也不能只写对方科目，而应将经济业务的内容尽可能全面地表述出来，以反映其经济业务概况。

摘要书写的一般要求如下。

① 填制记账凭证和登记账簿时，必须用蓝黑墨水或碳素墨水书写，不得使用圆珠笔（银行的复写账簿除外）、铅笔书写。字体应使用楷体或行体，不能写成草体。

② 以原始凭证为依据真实反映会计凭证中有关经济业务的内容。

③ 日常收支业务摘要的编写要规范统一、简明扼要。

④ 摘要中需要反映必要的数字。

⑤ 账簿上的“摘要”栏应根据记账凭证上的“摘要”填写。

⑥ 对于填写错误需要更正的文字、数字，不能随意用涂改、刀刮、贴纸、药水洗等方式更正，应按更正错账的要求去更正。

经济业务是编写会计摘要的基础，对经济业务了解得越清楚、越透彻，会计摘要就能编写得越准确、越精练。因此，会计人员必须熟悉本单位业务，掌握资金流动状况，要勤于学习、善于积累，在实践中不断熟悉业务，提高技能。

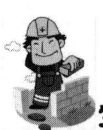

## 实训 1

1. 在下面的账格中书写标准的阿拉伯数字。

会计数字练习

| | | | | | | | | | | | | | | | | | | | | | | | | | | | | | |
|---|---|---|---|---|---|---|---|---|---|---|---|---|---|---|---|---|---|---|---|---|---|---|---|---|---|---|---|---|---|
| | | | | | | | | | | | | | | | | | | | | | | | | | | | | | |
| | | | | | | | | | | | | | | | | | | | | | | | | | | | | | |
| | | | | | | | | | | | | | | | | | | | | | | | | | | | | | |
| | | | | | | | | | | | | | | | | | | | | | | | | | | | | | |
| | | | | | | | | | | | | | | | | | | | | | | | | | | | | | |
| | | | | | | | | | | | | | | | | | | | | | | | | | | | | | |
| | | | | | | | | | | | | | | | | | | | | | | | | | | | | | |
| | | | | | | | | | | | | | | | | | | | | | | | | | | | | | |
| | | | | | | | | | | | | | | | | | | | | | | | | | | | | | |
| | | | | | | | | | | | | | | | | | | | | | | | | | | | | | |
| | | | | | | | | | | | | | | | | | | | | | | | | | | | | | |

2. 在下面的书写练习表格中按标准书写汉字大写数字。

| 壹 | 贰 | 叁 | 肆 | 伍 | 陆 | 柒 | 捌 | 玖 | 拾 | 佰 | 仟 | 万 | 亿 | 元 | 角 | 分 | 零 | 整 |
|---|---|---|---|---|---|---|---|---|---|---|---|---|---|---|---|---|---|---|
| | | | | | | | | | | | | | | | | | | |
| | | | | | | | | | | | | | | | | | | |
| | | | | | | | | | | | | | | | | | | |

3. 请将左侧错误的更正方法改正过来。

| | | | | | | | | | | | | | | | |
|---|---|---|---|---|---|---|---|---|---|---|---|---|---|---|---|
| | | | | | | | | | | 2 | 3<br>~~6~~ | 6<br>~~3~~ | 1 | 0 | 9 |
| | | | | | | | | 5<br>~~5~~ | 2<br>~~2~~ | 1<br>~~1~~ | 6<br>~~0~~ | 7<br>~~7~~ | 3 | 1 | 2 |
| | | | ~~4~~ | ~~8~~ | ~~3~~ | | | | | | 4 | 8 | 3 | 7 | 6 |

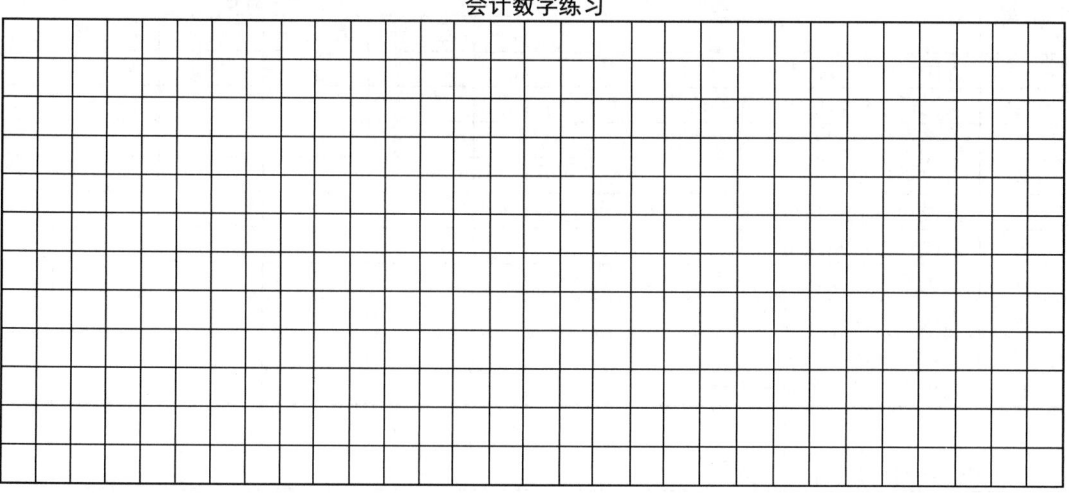

正确的更正方法

| | | | | | | | | | | | | | | | | |
|---|---|---|---|---|---|---|---|---|---|---|---|---|---|---|---|---|
| | | | | | | | | | | | | | | | | |
| | | | | | | | | | | | | | | | | |
| | | | | | | | | | | | | | | | | |

4. 将下列小写金额用汉字大写金额表示。

| 序号 | 小写金额 | 大写金额 |
|---|---|---|
| 1 | ¥300.15 | |
| 2 | ¥56 260.28 | |
| 3 | ¥2 800.06 | |
| 4 | ¥16.00 | |
| 5 | ¥130 006.00 | |
| 6 | ¥3 000.00 | |
| 7 | ¥0.07 | |
| 8 | ¥3 000 750.23 | |
| 9 | ¥106 070 504.01 | |
| 10 | ¥50 289 412.90 | |

5. 将下列汉字大写金额用小写金额表示。

| 序号 | 大写金额 | 千 | 百 | 十 | 万 | 千 | 百 | 十 | 元 | 角 | 分 |
|---|---|---|---|---|---|---|---|---|---|---|---|
| 1 | 人民币壹拾万元整 | | | | | | | | | | |
| 2 | 人民币柒仟陆佰零伍元叁角整 | | | | | | | | | | |
| 3 | 人民币贰拾捌万零玖元零柒分 | | | | | | | | | | |
| 4 | 人民币陆角肆分 | | | | | | | | | | |
| 5 | 人民币叁佰柒拾伍万零贰元玖角叁分 | | | | | | | | | | |
| 6 | 人民币壹拾柒元整 | | | | | | | | | | |
| 7 | 人民币贰仟零陆元零肆分 | | | | | | | | | | |
| 8 | 人民币玖仟叁佰元零伍角整 | | | | | | | | | | |
| 9 | 人民币零元陆角整 | | | | | | | | | | |
| 10 | 人民币柒拾万零肆角贰分 | | | | | | | | | | |

6. 将下列日期用汉字大写表示。

| 序号 | 小写日期 | 大写日期 |
|---|---|---|
| 1 | 2022年1月1日 | |
| 2 | 2022年2月6日 | |
| 3 | 2022年3月12日 | |
| 4 | 2022年10月20日 | |
| 5 | 2022年11月10日 | |
| 6 | 2022年12月30日 | |
| 7 | 2023年5月10日 | |
| 8 | 2023年8月21日 | |
| 9 | 2023年1月18日 | |
| 10 | 2023年7月11日 | |

# 第 2 章 点钞与验钞技能

点钞与验钞技能

## 职业教育的学习目标

要求学生掌握点钞技术及票币的捆扎方法，能够在点钞的同时准确识别假币；掌握手持式单指单张、单指多张、多指多张和扇面式点钞法；熟悉手按式单张点钞，双张点钞，三张、四张点钞法；熟悉人民币的一般防伪特征；掌握鉴别真假人民币的方法；掌握残损人民币的挑剔标准、兑换标准及兑换方法；了解人民币的使用及相关法律常识。

## 典型职业工作任务描述

### 1. 工作任务简述

根据日常人民币收付业务，用点钞方法清点和记录经济业务的收付款数量，登记各种会计账簿，填制各种凭证、报表，并对钞票进行捆扎和挑拣残、破票。

### 2. 涉及的业务领域

银行、企事业单位出纳、会计、柜面收银等办理人民币收付款业务的岗位。

### 3. 其他说明

点钞技能是银行、企事业单位会计、出纳等柜面经办人员必须掌握的一项基本功，需要不断地练习、训练，对假钞要能做出准确、迅速的判断和鉴别，提高点钞、验钞技能。

## 职业描述

### 1. 工作对象

现金、会计凭证、会计账簿、会计报表等。

### 2. 劳动场所

柜面及其他各种经济业务的办理场所。

### 3. 资格和能力

持有会计专业技术资格证书，或者具有会计类专业学历（学位）或相关专业学历（学位）证书，且持续参加继续教育的，具备从事会计工作所需要的专业能力。

| 能力训练项目名称 | 拟实现的能力目标 | 相关支撑知识 | 训练手段 |
| --- | --- | --- | --- |
| 点钞技术 | ① 能用手持式点钞方法准确点钞<br>② 能按要求捆扎钞券 | ① 点钞方法<br>② 捆扎方法 | 持钞、点钞、计数、捆扎按考核标准整点 |
| 验钞技术 | 能准确识别假币 | ① 第五套人民币常识<br>② 假币的识别方法、处理规定 | 眼看、手摸、耳听、尺量、仪器测 |
| 人民币的使用 | 能对残缺、损伤的人民币进行处理、兑换 | 残缺、损伤人民币的处理规定、兑换标准、兑换方法 | 挑拣、粘补、兑换 |

## 2.1 点钞技术

所谓点钞，泛指清点各种票币，通常是对点纸币的一种俗称，是指徒手或借助工具、机器来进行钞票计数的一种应用技术。现在不仅金融系统，其他非金融部门的现金流量也都很大，点钞速度的快慢、点钞水平的高低、点钞质量的好坏，反映了工作人员的专业水平、工作效率和服务质量的高低。如今，电子点钞机凭借其便捷、快速的特点，已普遍应用于银行等各种办公场所，但由于其无法清点破损严重的钞票，且小面值的钞票也需要手工清点，因此手工点钞依旧是一项比较重要的、技术性很强的工作，是银行、企事业单位出纳、会计、柜面收银、营销等工作的一项专业基本技能，在人们的日常生活、经济交往中被广泛采用。

点钞包括整点纸币和清点硬币。点钞的方法有手工点钞和机器点钞两种，两种点钞方法相辅相成，在日常工作中通常结合运用。熟练、准确、迅速地手工清点钞票，并鉴别钞票真假，是考核银行、企事业单位会计人员基本业务素质的重要指标之一，是经济类专业学生应该学习的一项基本技能。

## 2.1.1 手工点钞

### 1. 手工点钞的基本步骤

手工点钞一般要经过持钞、清点计数、挑残破票、墩齐扎把、盖章5个环节。

步骤1 持钞。把待点的成把钞券的封条移至一侧或拆掉。一般左手持钞，持钞的姿势因点钞的方法不同而不同。

步骤2 清点计数。这是指清点钞票数，是直接体现点钞速度和准确度的关键环节。

步骤3 挑残破票。点钞时发现残破票，应随手将残破券折向外边，待点完一把后，抽出残破票，补上完整券。

步骤4 墩齐扎把。钞券点好后必须墩齐（4条边水平，不露头，卷角拉平）才能扎把。用腰条扎紧，以提起把中第1张钞票不被抽出为准，如图2.1所示。

步骤5 盖章。钞券扎好后要加盖经办人人名章。人名章要盖在钞券上侧的腰条纸上，既可以逐把盖章，也可集中盖章；印章要盖得工整、清晰，不要漏盖，以明确责任，如图2.2所示。

图2.1 提起一张

图2.2 盖章

### 2. 手工点钞的基本要求

（1）指法正确，动作协调

掌握正确的点钞方法，正确运用10个手指及其关节；要尽量缩短和不留空隙时间，保持动作的连贯性。

（2）精力集中，环环紧扣

清点时，两手点钞、两眼看钞、脑子计数。要求手、眼、脑相互配合，不错不乱，准确无误。例如，点完100张墩齐钞券后，左手持票，右手取腰条纸，同时左手的钞券跟上去，迅速扎好小把；在右手放票的同时，左手取另一把钞券准备清点，而右手顺手蘸水清点，等等。这样就使扎把和持票及清点各环节紧密地衔接了起来。

（3）稳中求快，快中求准

准确计数是点钞的基本要求，且速度要均匀，不能忽快忽慢。点钞速度能反映出点钞人员的工作形象和工作效率。点钞只有达到一定的速度，才能充分显示出点钞技能的重要意义。

(4) 反假防假，严防差错

手工点钞不但要求又快又准，而且要反假防假，挑剔残钞，严防差错，不出问题。

### 2.1.2 票币的整理和捆扎

票币整理的目的是维护国家货币的信誉，保护国家货币和消费者的利益不受损失，保持人民币的整洁，便于流通。因此，需要对损伤、残缺票币挑拣、粘补、整理，并随时送存银行或办理兑换。

**1. 票币的整理方法**

需清点的钞券必须清理整齐、平直，这是点准钞券的前提，因为钞券不齐不易点准。对折角、弯折、揉搓过的钞券要将其弄直、抹平，明显破裂、质软的钞券要先挑出来，清理好后，将钞券在桌面上墩齐。

(1) 纸币

将钞券按不同面值（100元、50元、10元等）分开摆放，券面同向，打开平铺，然后按券别每100张为一把，用腰条扎好，每10把扎成一捆。例如，100元券的纸币一把即为10 000元，一捆即为100 000元；10元券一把即为1 000元，一捆即为10 000元。不满100张的，从大到小平摊摊放，并核对金额。

(2) 铸币

铸币包括1元、5角、1角。铸币也应按币别整理，同一币别每100枚为一卷，用纸包紧卷好，每10卷为一捆。例如，5角的铸币每一卷即为50元，每一捆即为500元。不满100枚的硬币，用纸包好另行包放。

残缺、破损的纸币，背面的数字模糊不清的铸币，应单独剔出，送银行兑换。如果发现可疑钞券，则还应对其进行真伪鉴别。

**2. 票币的捆扎方法**

捆扎钞券以每百张为一把（同币种），清点无误后用腰条在钞券中间捆扎牢固（不足百张的，在钞券的1/3处捆扎，并将钞券的张数、金额写在腰条的正面）。逐把盖章或集中盖章后，将每10把捆扎好的钞券用专用细绳以"#"字形捆扎成一大捆，以用力推不变形、抽不出票把为准。捆扎后的大捆在顶端贴上封签，并加盖经手人人名章。

小把捆扎常用以下3种方法。

(1) 缠绕法

步骤1 将百张钞券墩齐横持，左手拇指在前，其余四指在后。

步骤2 横握钞券上侧左半部分使之成瓦状（瓦状的幅度影响扎钞的松紧，在捆扎中幅度不能变）。

步骤3 右手捏住腰条纸的一端，送交左手食指将其压住，右手拇指与食指由怀里向

外缠绕两圈，注意在上方要拉紧，左手食指在钞券的上侧压住拉紧的腰条纸不要松动。

步骤 4　右手拇指与食指将腰条纸余端向右方折成 45°，如图 2.3 所示。

步骤 5　用右手食指或中指将腰条纸的余端向左掖在凹面瓦形里，再用右手拇指压紧，把钞券抚平即可。

扎好的票币如图 2.4 所示。

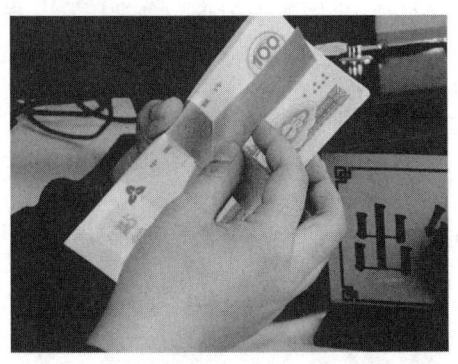

图 2.3　向右方折成 45°

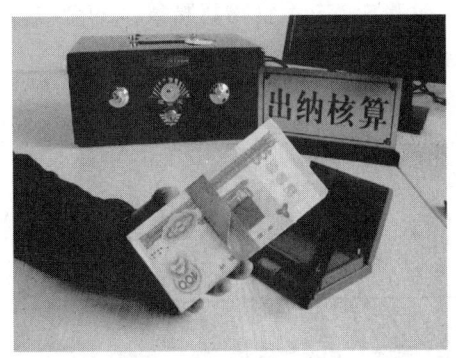

图 2.4　缠绕法扎好的票币

（2）扭结法

步骤 1　将点过的钞券 100 张墩齐。左手握钞，使之成瓦状。

步骤 2　右手将腰条从钞券凸面放置，将两腰条头绕到凹面，左手食指、拇指分别按住腰条与钞券厚度交界处。

步骤 3　右手拇指、食指夹住其中一端腰条头，中指、无名指夹住另一端腰条头，并合在一起，右手顺时针转 180°，左手逆时针转 180°，如图 2.5 所示。

步骤 4　将右手拇指和食指夹住的那一头从腰条和钞券之间瓦状绕过，再打结。

步骤 5　整理、抚平钞券。

扎好的票币如图 2.6 所示。

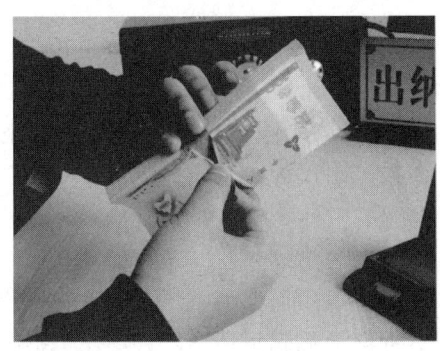

图 2.5　逆时针转 180°

图 2.6　扭结法扎好的票币

（3）银行习惯用的捆扎法

步骤 1　将点过的钞券 100 张墩齐。

步骤 2　左手握钞，使之成瓦状。

步骤 3　右手将腰条从钞券凸面放置，将两腰条头绕到凹面，两腰条头对齐，左手食指、拇指一起捏住腰条，右手拇指、食指在距腰条头大约 6 厘米处将腰条向上折 90°，如图 2.7 所示。

步骤 4　将刚折过的腰条在折角处再向左折，并用右手拇指、食指将有折印的地方捏平，左手略松开钞券。

步骤 5　右手食指将腰条纸的余端掖在凹面瓦形里，再用右手拇指、食指压紧、捏平腰条折印，把钞券抚平即可。

扎好的票币如图 2.8 所示。

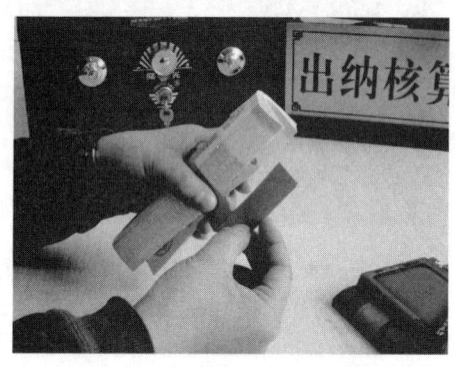

图 2.7　将腰条向上折 90°

图 2.8　扎好的票币

### 2.1.3　手持式点钞方法

手持式点钞是将钞券拿在手上进行清点的点钞方法。手持式点钞一般有手持式单指单张点钞、手持式单指多张点钞、手持式多指多张点钞、扇面式点钞等方法。

#### 1. 手持式单指单张点钞法

手持式单指单张点钞法是点钞中最基本，也是最常用的一种方法，使用范围较广，频率较高，适用于收款、付款和整点各种新旧大小钞票。

其优点：由于持票面积小，清点钞票时能看到票面的 3/4，逐张捻动手感强，因此容易发现假钞，便于挑剔残破券；其缺点：点一张计一个数，比较费力。

其基本要领如下。

(1) 持钞

用左手中指和无名指夹住钞券的左端中间，食指和中指在前面，中指弯曲，食指伸直；无名指和小指放在钞券后面，并自然弯曲，右手将钞券向上翻起呈瓦形，并用左手拇指捏住钞票里侧边缘向外推，右手协助左手拇指，使钞票打开呈微扇形状；右手拇指、食指、中指蘸水做好点钞准备。单指单张持钞如图 2.9 所示。

(2) 点钞

左手持钞稍斜，捻钞从右上角开始，用右手拇指尖向下捻动钞票的右上角，拇指尽量不要抬起离开钞票，动作的幅度也不宜太大，以免影响速度；右手食指在票币背后配合拇指捻动,无名指将捻下来的钞票往怀里方向弹,每捻下一张弹一次,要注意轻点快弹。同时,左手拇指也要配合动作,当右手将钞券下捻时,左手拇指要随即向后移动,并用指尖向外推动钞券,以便捻钞时下钞均匀,边点边计数,如图2.10所示。

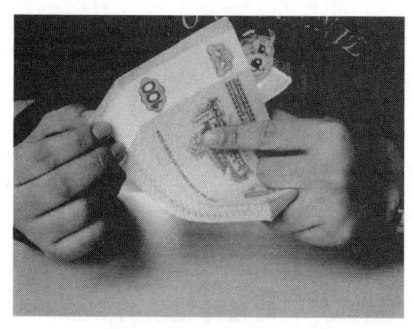

图2.9 单指单张持钞

图2.10 单指单张点钞

在这一环节中,要注意中指翘起不要触及票面,以免妨碍无名指动作;右手拇指捻钞时,主要负责将钞券捻开,下钞主要靠无名指弹拨。

(3) 挑残破券

在清点过程中,如果发现残破券,则应按剔旧标准将其挑出。为了不影响点钞速度,点钞时不要急于抽出残破券,只要用右手中指、无名指夹住残破券将其折向外边,待点完100张后再将残破券抽出,补上完整券即可。

(4) 计数

在清点钞券的同时要计数。由于单指单张每次只捻一张钞券,因此计数也必须一张一张计,直至计到100张。从1到100的数中,绝大多数是两位数,计数速度往往跟不上捻钞速度,所以必须巧记——通常可采用分组计数法。

3种分组计数方法的具体内容如下。

〈1〉第1种分组计数方法

1、2、3、4、5、6、7、8、9、10、11、12、13、14、15、16、17、18、19、2(20)

1、2、3、4、5、6、7、8、9、3(代表30)

1、2、3、4、5、6、7、8、9、4(代表40)

…

1、2、3、4、5、6、7、8、9、10(代表100)

这种方法是每100个数编成8个组,开始计数时习惯从1一直往下数,数到20个数时,可以计20,也可以计为2,然后再从1、2…数到9,9后面就计为3(表示30)。以此类推,直到最后一组最后的一个数是10,表示100,这样正好100张。

〈2〉第2种分组计数方法

1、2、3、4、5、6、7、8、9、1(代表10)

1、2、3、4、5、6、7、8、9、2(代表20)

1、2、3、4、5、6、7、8、9、3(代表30)

…

1、2、3、4、5、6、7、8、9、10(代表100)

第 1 行的最后一个数字 1，表示 10；最后一行的 10，表示 100，这样正好 100 张。

这种方法是每 100 个数编成 10 个组，每个组都由 10 个 1 位数组成，前面 9 个数都表示张数，最后一个数既表示这一组的第 10 张，又表示这个组的组序号码，即第几组。这样，在点数时计数的频率和捻钞的速度能基本吻合。

〈3〉第 3 种分组计数方法

1、2、3、4、5、6、7、8、9、10

2、2、3、4、5、6、7、8、9、10

3、2、3、4、5、6、7、8、9、10

……

10、2、3、4、5、6、7、8、9、10

这种计数方法的原则与前两种相同，不同的是把组的号码放在每组数的前面。

这 3 种计数方法既简捷迅速又省力好记，有利于准确计数，特别是第 1 种和第 2 种。计数时要注意不要念出声来，要用心计，做到手、眼、脑三者密切配合。

（5）扎把、盖章

扎把方法可依据前面介绍的 3 种方法选择其一。扎把也是点钞的一个重要环节，是影响点钞速度的关键，扎把时要注意将钞券横竖墩齐后再扎，印章要盖得清晰。

## 2. 手持式单指多张点钞法

手持式单指多张点钞法是在手持式单指单张点钞法的基础上发展起来的，适用于收款、付款和整点工作。各种钞券的清点都可以使用这种点钞方法。

其优点是点钞效率高，计数简单省力。但是由于拇指一次捻下几张钞券，除第 1 张外，后面几张看到的票面较少，因此不易发现残破券和假钞。这种点钞的操作方法除清点和计数外，其他均与手持式单指单张点钞方法相同。

手持式单指
多张点钞法

（1）持钞

与单指单张点钞的持钞方法相同。

（2）点钞

清点时，右手拇指肚放在钞券正面的右上角，拇指尖略超过票面。例如，点 2 张，先用拇指肚捻下第 1 张，拇指尖捻下第 2 张；再如，点 3 张，先用拇指肚捻下第 1 张、第 2 张，然后用拇指尖捻下第 3 张。要注意拇指均衡用力，捻的幅度也不要太大，食指、中指在钞券后面配合拇指捻动，无名指向怀里弹；在右手拇指往下捻动的同时，左手拇指稍抬，使票面拱起，从侧边分层错开，便于看清张数；左手拇指在拨钞的同时按下其余钞票，左右两手拇指一起一落协调动作，如此循环，直至点完，如图 2.11 和图 2.12 所示。

（3）计数

采用分组计数法，如点 2 张，以 2 张为一组计一个数，50 组就是 100 张；如点 3 张，即以 3 张为一组计一个数，33 组余 1 张就是 100 张，以此类推。

（4）扎把、盖章

与单指单张点钞法相同。

# 第 2 章　点钞与验钞技能

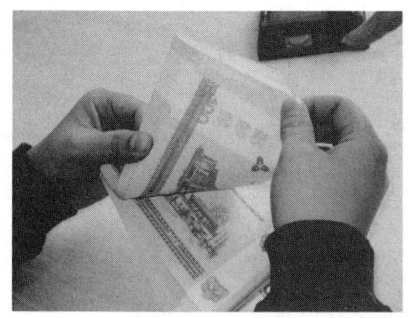

图 2.11　点 2 张

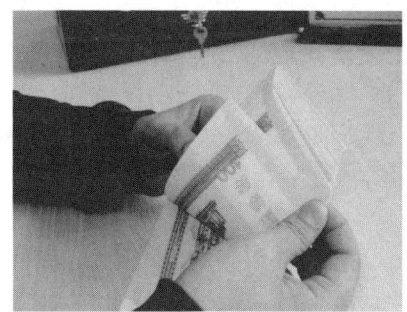

图 2.12　点 3 张

### 3. 手持式多指多张点钞法

手持式多指多张点钞法是指点钞时用小指、无名指、中指、食指依次捻下一张钞票，一次清点 4 张钞票的方法，也叫四指四张点钞法。这种点钞方法不但省力、省脑，而且效率高，点钞轻松、计数省力且方便、快速，适合复点、比赛时使用。

手持式多指多张点钞的持钞方法常用的有以下两种。

(1) 第 1 种

这种持钞的优点是钞券不易散落，速度快，准确度高。

〈1〉持钞

左手竖拿钞券左侧 1/3 处，钞券右侧朝下，左手食指顶住钞券左侧上端，中指、无名指、小指卡住钞券外侧边缘，拇指卡住钞券里侧边缘；把钞券压成瓦形，右手脱下腰条纸，并扶起钞券的另一端向上弯成 U 形，左手各指变换位置，左手拇指卡住 U 形钞券的里侧边缘，中指、无名指、小指卡住 U 形钞券的外侧边缘，食指稍弯曲在 U 形里侧抵住钞券背面中上方，U 形固定，U 形口朝上，如图 2.13 所示。

〈2〉点钞

右手小指先从 U 形钞券的上端（贴近左手拇指的地方）捻起第 1 张，紧接着右手无名指、中指、食指捻起第 2、3、4 张，一指一张，并向身体前方拨钞，四指每捻起一次为一个轮回，循环操作，四指连续拨钞的动作好像一个顺时针旋转的齿轮，动作非常优美，如图 2.14 所示。

手持式多指多张点钞法

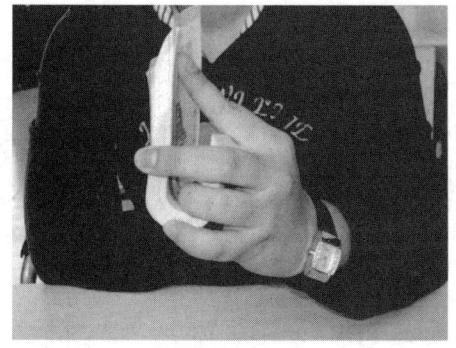

图 2.13　弯成 U 形

图 2.14　四指捻钞

〈3〉计数

采用分组计数法,每 4 张为一组,计一个数,计满 25 组为 100 张。

〈4〉挑残破票

点数时如果发现残破票,则用两手指捏住(其他手指松开)向外折叠,露出一端,待一把钞券点完后,左手将钞券横立桌上,用右手捏住,左手将残破票抽出,补上好票。

〈5〉扎把、盖章

与单指单张点钞法相同。

(2) 第 2 种

这种持钞方法的优点是持钞姿势优美,缺点是钞券容易散落。

左手小指、无名指夹住钞券左侧顶端,左手拇指卡住钞券里侧边缘,左手中指卡住钞券外侧边缘,左手食指弯曲顶住钞券背面上侧,右手把钞券弯成瓦形,使钞票右上角稍向后倾斜成弧形,便于点数。

点钞方法同前一种,用四指拨钞。

多指多张持钞、捻钞如图 2.15 和图 2.16 所示。

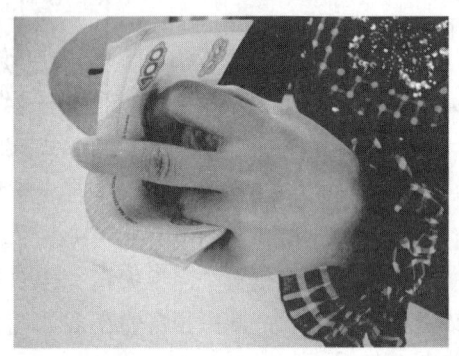 

图 2.15　多指多张持钞　　　　　　　　图 2.16　多指多张捻钞

### 4. 扇面式点钞法

把钞票捻成扇面状进行清点的方法叫作扇面式点钞法。这种点钞方法速度快,最适合用于整点新券及复点,是手工点钞中效率最高的。但这种点钞方法在清点时往往只看票边,票面可视面极小,不便挑剔残破券和鉴别假票,故不适于清点新、旧、破混合钞票。

扇面点钞法一般有持钞、开扇、清点、计数、合扇、墩齐或扎把 6 个基本环节。

(1) 持钞

左手竖拿钞券,左手拇指在钞票前,食指和中指在票后,一并捏住钞券左下部约 1/4～1/3 处,左手无名指和小指自然弯曲。右手拇指在票前,其余四指横在票后约 1/2 处,用右手虎口卡住钞券,扇面持钞如图 2.17 所示。

(2) 开扇

开扇也叫打扇面(见图 2.18),是扇面点钞中最关键的环节。扇面一定要开得均匀,即每张钞券的间隔要均匀,使之在清点过程中不易夹张。扇面开得是否均匀,直接影响点钞的准确性。

扇面式点钞法

## 第 2 章 点钞与验钞技能

图 2.17 扇面持钞

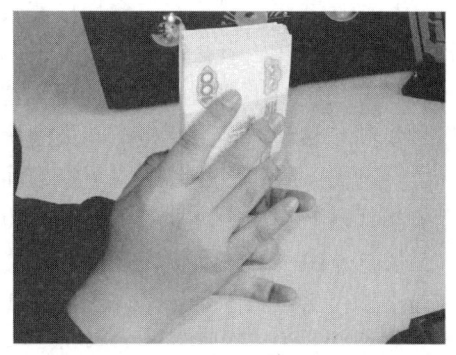

图 2.18 开扇

开扇一般是用左右手一起协调配合完成的，也有用单手完成的。单手开扇速度快，效率高，但难度较大。双手开扇易学，容易掌握，其操作要领如下。

开扇时，以左手拇指与中指捏住的点为轴，右手食指和中指将钞券向怀里左下方压，用右手腕把钞券压弯，稍用力往怀里方向从右侧向左侧转动，转到左侧时右手将压弯的钞券向左上方推起，拇指和食指向左捻动，左手拇指和中指在右手捻动时略放松，并从右向左捻动。这样反复操作，右手拇指逐次由钞券中部向下移动，移至右下角时即可将钞券推成扇形面。使用此法开扇时，应注意两手的动作是同时并连续进行的，扇面如图 2.19 所示。

（3）清点

扇面清点钞票的方法有 3 种：扇面式一按多张清点、扇面式两指交替清点和扇面式四指多张清点。

① 扇面式一按多张清点。左手持扇面，右手中指、无名指、小指托住钞票背面，拇指在钞票右上角 1 厘米处，一次按下 4 张、5 张……10 张；按下后用食指压住，拇指继续向前按第 2 次（为了准确、方便、快速计数，拇指每次按下的张数应相同，且按下的张数不宜过多），以此类推。

清点时，左手同时应随右手点数进度向内转动扇面，以迎合右手按动，右手右臂的肘部也随着点数的进度自然向左移动，这样就不会因为右手向左伸得太远而影响速度。这样拇指单指前进，直到点完 100 张为止，如图 2.20 所示。

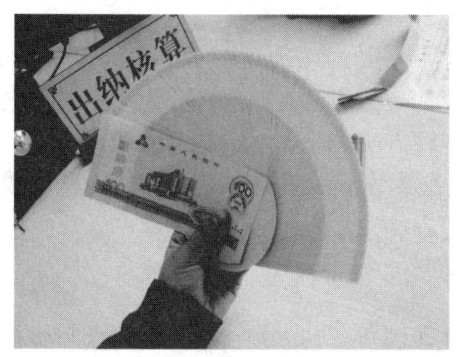

图 2.19 扇面

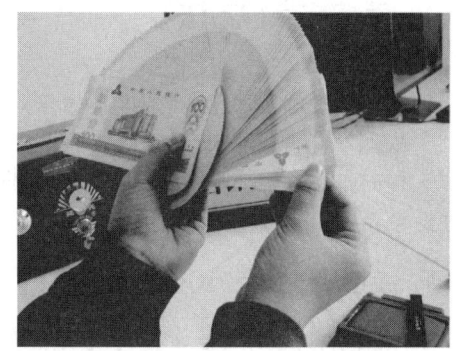

图 2.20 扇面式一按多张清点

② 扇面式两指交替清点。左手持扇面，右手拇指在钞票右上角 1 厘米处，一次按下 4

21

张、5 张……10 张，然后右手食指接着数第 2 个 4 张、5 张……10 张。食指点完后，接着拇指、食指分别开始第 2 轮的按下 4 张、5 张……10 张，以此类推。

这种方法是右手拇指、食指两指交替前进。同时，随着拇指与食指的交替清点，右手右臂逐步向左移动，直到点完 100 张为止，如图 2.21 所示。

③ 扇面式四指多张清点。左手持扇面，先用右手拇指查点第 1 个 4 张、5 张……10 张，然后食指接着数第 2 个 4 张、5 张……10 张，中指、无名指依次接着点第 3 个、第 4 个 4 张、5 张……10 张，右臂要随各手指点数轻轻向左移动。当无名指点完时，拇指则由里边迅速越上去接着点第 5 个 4 张、5 张……10 张（开始第 2 轮操作），4 个手指依次反复清点，直到点完 100 张为止，如图 2.22 所示。

 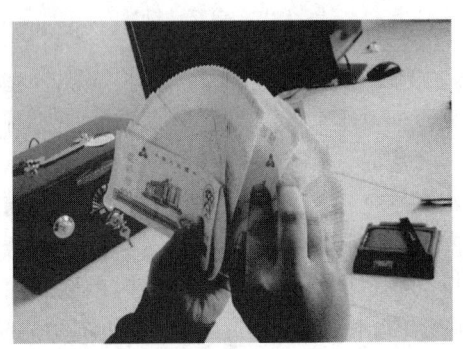

图 2.21　扇面式两指交替清点　　　　图 2.22　扇面式四指多张清点

（4）计数

采用分组计数法。一次按 4 张，即每 4 张为一组，计满 25 组为 100 张；一次按 5 张，即每 5 张，为一组，计满 20 组即为 100 张，以此类推。

（5）合扇

清点完毕即可合扇。合扇时，将左手向右侧，右手用 4 个手指稍弯曲托住钞票的右侧，由右往左合，左右手指稍往中间一起用力，使钞票竖立在桌面上，两手松拢轻墩，然后再把钞票横执墩齐做扎把准备（扎把方法与单指单张点钞法相同）。

## 2.1.4　手按式点钞方法

手按式点钞法是将钞券平放在桌面上进行清点的点钞方法。一般可分为手按式单张点钞，手按式双张点钞，手按式三张、四张点钞等多种方法。

这种方法的优点是可以发挥桌面的辅助作用，钞票不容易散落；缺点是由于无法弹拨，不能做到手指间的分工合作，因此速度不快。

### 1.　手按式单张点钞

手按式单张点钞法是一种传统的点钞方法，在我国流传甚广，适用于收付款和整点各种新旧大小钞券。由于这种点钞方法逐张清点，看到的票面较大，便于挑剔破损券，因此特别适合清点散把钞券和辅币及残破券多的钞券。

基本操作要领：将钞票平放在桌面上，正对自己；用左手的小指、无名指压住钞票的左上方约 1/4 处；用右手拇指托起部分钞票的右下角；右手食指捻动钞票，每捻动一张，左手拇指即往上推动送至左手食指、中指之间夹住，即完成了一次点钞动作，以后依次连续操作。手按式单张点钞如图 2.23 所示。

手按式单张点钞计数方法与手持式单指单张点钞法相同，采用分组计数法，以 10 为一组计数。

### 2. 手按式双张点钞

这种点钞法适用于收款、付款和整点各种新旧主币、角币。它的主要优点是速度比手按式单张点钞法快一些；缺点是挑残破券不方便，因此不适用于整点残破券多的钞票，且这种方法的劳动强度也较大。

基本操作要领：将钞券斜放在桌上，左手的小指、无名指压在钞券的左上方约占票面的 1/4 处，然后用右手食指在钞券的右上角捻起第 1 张，然后用中指再捻起第 2 张，捻起的这 2 张钞票由左手拇指往上推送到左手食指、中指间夹住，以后依次连续操作。手按式双张点钞如图 2.24 所示。

图 2.23　手按式单张点钞

图 2.24　手按式双张点钞

计数采用分组计数，2 张为一组计一个数，数到 50 就是 100 张。

### 3. 手按式三张、四张点钞

手按式三张、四张点钞法是在手按式单张点钞法基础上发展起来的点钞方法，因此其点钞的方式与手按式单张点钞、手按式双张点钞基本相同，只是清点、计数方法略有不同。但由于除第 1 张外，其余各张所能看到的票面较小，因此手按式三张、四张点钞法不宜整点残破券多的钞券，只适用于收付款和整点各种新旧主币、角币。它在速度上明显快于手按式单张和双张点钞法。

基本操作要领：手按式三张、四张点钞时，左手压钞的方法与手按式双张点钞相同，三张点钞时，先用食指捻动第 1 张，随后用中指、无名指顺序捻起第 2 张和第 3 张；四张点钞时，先用食指捻起第 1 张，随后中指、无名指和小指分别捻起第 2 张、第 3 张、第 4 张；将捻起的 3 张或 4 张钞券用左手拇指向上推送到左手的食指和中指之间夹住，如图 2.25 和图 2.26 所示。

图 2.25　手按式三张点钞

图 2.26　手按式四张点钞

在三张、四张点钞时，右手手指的操作顺序上，也可以先用小指捻起第 1 张，随后无名指、中指、食指顺序捻起第 2 张、第 3 张、第 4 张，将捻起的 3 张或 4 张钞券用左手拇指向上推送到左手的食指和中指间夹住。

三张、四张点钞可采用分组计数。三张点钞，3 张为一组计一个数，数到 33 组还剩一张即为 100 张；四张点钞，4 张为一组计一个数，数到 25 组即为 100 张。

### 2.1.5　硬币整点方法

硬币也称铸币或硬辅币，是金属的货币。硬币主要用作辅币（如 1 角、5 角），也有小部分用作主币（如 1 元硬币）和纪念币（金属货币）。主币、辅币均属于国家法定货币，与同面额的纸币价值相等，同时在市场上混合流通。

硬币的整点方法有两种：一是手工整点；二是工具整点。手工整点硬币一般用在收款时收点硬币尾零款；大批硬币整点需要用工具。

#### 1. 手工整点硬币

当数量较少的硬币汇在一起时，可以先按由大到小的顺序挑拣分类，因为大的覆盖面大，比较好选，然后再按个数与面额分别清点。

手工整点成卷硬币，一般分为拆卷、清点、计数、包装、盖章 5 个环节。

（1）拆卷

右手持硬币卷的 1/3 部位，放在待清点完包装纸的中间，左手撕开硬币包装纸的一头。然后，右手大拇指向下从左到右端开包装纸，把纸从卷上面压开后，左手食指平压硬币，右手抽出已压开的包装纸，这样即可准备清点。

（2）清点

用右手拇指和食指将硬币分组清点。每次清点的枚数由个人技术熟练程度而定，既可一次清点 5 枚或 10 枚，也可一次清点 12 枚、14 枚、16 枚等。为保证清点准确无误，可从中间分开查看。例如，一次点 10 枚，即从中间分开，一边为 5 枚，以此类推。

（3）计数

采用分组计数法，一组为一次。例如，一次清点 10 枚，那么点 10 次即为 100 枚。

## 第 2 章 点钞与验钞技能

(4) 包装

清点完毕即可包装，硬币每百枚包一卷。包装时，用双手的无名指分别顶住硬币的两头，用拇指、食指、中指捏住硬币的两端，再用双手拇指把里半边的包装纸向外掀起，并用食指掖在硬币底部。然后，用右手掌心用力向外推卷，随后用双手的拇指、食指和中指分别把两头包装纸向中间方向折压紧贴硬币，再用拇指将后面的包装纸往前压，食指将前面的包装纸向后压使包装纸与硬币贴紧。最后，用拇指、食指向前推币，这样即包装完毕。包装的硬币要求紧，不能松，两端不能露出硬币。

(5) 盖章

硬币包装完毕后，横放在桌面上。用右手将人名章贴在最前面一卷的右端，用左手掌心推动硬币卷向前滚动，右手将人名章逐一盖在硬币卷的右端。

### 2. 工具整点硬币

工具整点硬币是指对大批的硬币用整点工具进行整点。其具体操作步骤如下。

步骤 1　拆卷。

拆卷有以下两种方法。

① 震裂法拆卷。用双手的拇指与食指、中指捏住硬币的两端向下震动，在震动的同时左手稍向里扭动，右手稍向外扭动。

② 刀划法拆卷。首先在硬币整点器的右端安装一个坚硬刃向上的刀片，拆卷时用双手的拇指、食指、中指捏住硬币的两端，从左端向右端从刀刃上划过，这样做可使包装纸被刀刃划破一道口，硬币进入整点器盘内，然后将被划开的包装纸拿开，准备点数。

步骤 2　清点。

将硬币放入整点器内进行清点时，用双手食指扶在整点器的两端，拇指推动弹簧轴，眼睛从左端到右端，看清每格内是否是 5 枚，如有氧化变形币或伪币要随时挑出，并如数补充，然后准备包装。

步骤 3　包装。

工具整点硬币的包装方法与手工整点硬币的方法相同。

### 2.1.6　机器点钞

机器点钞就是使用点钞机整点钞券以代替手工整点。点钞机是一种自动清点钞券数目的机电一体化装置，一般带有荧光检测、磁性检测、红外穿透检测和激光检测等功能。它比手工点钞效率高得多，每小时可点 5 万张左右，已广泛应用于金融行业和有现金流的各企、事业单位。

由于现金流通规模庞大，因此点钞机已成为点钞人员点钞的得力助手和不可或缺的设备，特别是遇到可疑钞券时，点钞机的多种检测功能更能帮助工作人员辨别真伪。使用机器整点票币，不仅可以减轻点钞人员的劳动强度，还可以提高点钞的工作效率、改善服务质量等。

新编会计基本技能（第4版）

### 1. 点钞前的准备工作

（1）放置好点钞机

点钞机放置的位置应该避开强光源，如果光线过强，就会使硅光电池产生损坏、短路等问题，从而缩短点钞机的使用寿命。

（2）放置好钞券和工具

把待点的钞票理好，码放整齐，一般未点的钞券放在机器右侧，按大小票面顺序分开排列，切不可大小夹杂排列；经复点的钞券放在机器左侧；其他各种用具的放置要适当、顺手。为便于分张和下钞流畅，对于压紧的纸币应拍松后再捻开，否则容易出现下双张或"拥塞"的现象。

（3）试机

打开电源，使用时先确定一下点钞机是否处于智能状态（相应的指示灯点亮）。荧光数码显示如果不是00，那么按0键，使其复位为00。调试一般要求达到不松、不紧、不吃、不塞的标准，力求下钞流畅、点钞准确、转速均匀、落钞整齐。

### 2. 点钞机操作程序

点钞机的操作程序与手工点钞的操作程序基本相同。

步骤1　持券拆把。

右手捏住钞票右上角，左手将捆钞纸条撕下（放在桌上不要丢掉，以便查错用），并顺势将钞票捻成前低后高的坡形，这样即可将钞券放入下钞斗。

步骤2　清点。

下钞时，点钞员的眼睛要注意输钞带上的钞券面额，看钞券是否夹有其他票券、损伤券等。处于智能状态的点钞机，在清点过程中如果发现假币，就会自动停止，蜂鸣器发出"嘟嘟"几声报警信号，或者在任意工作状态下指示灯亮，并且闪烁。这时取出假币后按启动键可继续清点。

步骤3　计数。

整把钞券下张完毕后，要查看数码显示是否为100。如果不是100，则必须重新复点。在复点前，应先将数码显示设置为00状态，并保管好原把腰条纸。如果经复点仍是原数，又无其他不正常因素，则说明该把钞券张数有误，应立即将钞券连同原腰条纸用新的腰条纸一起扎好，并在新的腰条纸上写上差错张数，另做处理。

步骤4　取券、扎把、盖章。

在取出刚点完的钞券时，特别要注意取净，防止"吃钞"，造成混把；一把点完，计数为百张，无误后墩齐即可扎把、盖章。

### 3. 机器点钞的注意事项

① 在机器点钞过程中，如果下钞正常，则目光要集中在输钞带上，直至下钞完毕，目光再移到数码显示上，看余额是否准确。

② 在取出刚点完的钞票时，要特别注意取净，防止落下，造成混把。

③ 点完一个单位的钞票后，要清理一次机器底下，看是否有遗张。特别是在发现少款

的情况时，要仔细检查输钞带、捻钞轮底下是否有"吃钞"的现象存在。

### 4. 机器点钞容易发生的差错

① 接钞台留张。左手到接钞台取钞时，有时会漏拿一张，造成留张。
② 机器"吃钞"。钞券较旧，很容易卷到输钞轴上或带进机器腔内。
③ 多计数。钞券破裂，或者一把钞券内残留纸条、杂物等，也会造成多计数。
④ 计数不准。计数不准除电路毛病和钞券本身的问题外，光电管、小灯泡积灰，或者电源异常、电压大幅度升降都会造成多计数或少计数。

### 5. 点钞机的日常保养

"工欲善其事，必先利其器"。仅仅能用好点钞机是不够的，还应注意对点钞机进行日常的保养和维护。这主要包括以下 3 点。

(1) 除尘

保养点钞机最重要的一点就是除尘，如果点钞机积尘过多会造成计数、识别不准确，而且灰尘也不利于人的身体健康，因此每星期至少用毛刷清扫灰尘一次，防止灰尘沉积。

机器内灰尘沉积较多的地方是紫外灯管。紫外灯管是点钞机利用光学技术进行鉴伪的光源，当它被遮挡时，光源的强度就要下降，这时鉴伪的灵敏度也会随之下降。

(2) 及时更换易损件

点钞机的易损件主要包括橡胶器件和紫光灯管。橡胶器件在使用一段时间后会由于磨损而导致摩擦力下降，从而使机器的性能随之下降。紫外灯管在工作一段时间后紫外光的发射能力也会下降，从而导致机器的鉴伪能力下降。

(3) 调节点钞的间隙

点钞机有一个调节摩擦力的机构，外形类似于圆形的钮，可称之为旋钮。将其顺时针调整，摩擦力增加；逆时针调整，摩擦力减小。一般调节两圈就可以了。

另外，使用完点钞机后，应及时关闭电源。这样既能延长点钞机的使用寿命，又能节约用电。

## 2.2 验 钞 技 术

人民币是我国的法定货币，在市场经济条件下，充当着不可替代的重要角色。假钞让很多无辜的人不知不觉地受到损失，严重干扰了国家正常的经济秩序，损害了国家货币的信誉，破坏了国家的经济发展，对国家在国际上的信用会带来极大的负面影响，甚至酿成经济危机和社会危机。制贩假钞是一种严重的经济犯罪行为，应予以严厉打击。

随着网络的发展，无现金支付走进了我们的生活，消费支付不再只有纸币一种选择。虽然手机移动支付在一定程度上降低了假钞流通的概率，但现金在未来相当长的一段时间里，仍会在我们的生活中扮演重要角色，所以掌握一些鉴伪知识是必要的。

### 2.2.1 第五套人民币的常识

**1. 第五套人民币的面额种类**

自中华人民共和国成立以来我国共发行了 5 套人民币，第五套人民币分为 1999 年版、2005 年版、2015 年版和 2019 年版。现行流通的第五套人民币共有 100 元、50 元、20 元、10 元、5 元、1 元、5 角和 1 角 8 种面额。其中，1 元有纸币、硬币 2 种。

为更好地保护人民币持有人的利益，需要根据科学技术的发展，不断提高钞票的防伪技术和印制质量，保持人民币防伪技术的领先地位。

**2. 2015 年 11 月 12 日发行第五套人民币 100 元纸币**

2015 年版百元人民币在保持 2005 年版纸币规格、正背面主图案、主色调、中国人民银行行名、国徽、盲文和汉语拼音行名、民族文字等不变的前提下，对部分图案做了适当调整，对整体防伪性能进行了提升，如图 2.27 所示。

图 2.27　2015 年版 100 元纸币

① 从正面图案来看，票面中部增加了光彩光变数字 100，其下方团花中央花卉图案调整为紫色；取消左下角光变油墨面额数字，调整为胶印对印图案，其上方为双色横号码；正面主景图案右侧增加光变镂空开窗安全线和竖号码；右上角面额数字由横排改为竖排，并对数字样式进行了调整。

② 从背面图案来看，票面年号改为"2015 年"；取消了右侧全息磁性开窗安全线和右下角防复印图案；调整了面额数字样式、票面局部装饰图案色彩和胶印对印图案及其位置。

**3. 第五套人民币的主景、背景图案**

第五套人民币各面额正面均采用毛泽东同志在新中国初期的头像；底衬采用了我国著名花卉图案；背面主景图案分别选用了人民大会堂、布达拉宫、桂林山水、长江三峡、泰山、杭州西湖。背面主景图案通过选用有代表性的、富有民族特色的图案，充分表现了中国悠久的历史和壮丽的山河，弘扬了伟大的中华民族文化。

**4. 第五套人民币的样式**

2015 年版和 2005 年版第五套人民币样币如图 2.28 所示。

图 2.28　2015 年版和 2005 年版第五套人民币样币

图 2.28（续）

根据中国人民银行公告，2019 年版第五套人民币 50 元、20 元、10 元、1 元纸币分别保持 2005 年版第五套人民币 50 元、20 元、10 元纸币和 1999 年版第五套人民币 1 元纸币规格，主图案、主色调、中国人民银行行名、国徽、盲文面额标记、汉语拼音行名、民族文字等要素不变，提高了票面色彩鲜亮度，优化了票面结构层次和效果，提升了整体防伪性能。2019 年版第五套人民币 50 元、20 元、10 元、1 元纸币调整了正面毛泽东同志头像、装饰团花、横号码、背面主景和正背面面额数字的样式，增加了正面左侧装饰纹样，取消了正面右侧凹印手感线和背面右下角局部图案，票面年号改为"2019 年"，如图 2.29 所示。

> 正面中部面额数字调整为**光彩光变面额数字"50"**，左下角光变油墨面额数字调整为胶印对印图案，右侧增加**动感光变镂空开窗安全线和竖号码**。背面取消全息磁性开窗安全线。

图 2.29　2019 版第五套人民币的变化

第 2 章　点钞与验钞技能

正面中部面额数字分别调整为**光彩光变面额数字**"20""10",取消全息磁性开窗安全线,调整左侧胶印对印图案,右侧增加**光变镂空开窗安全线和竖号码**。

正面左侧增加**面额数字白水印**,取消左下角装饰纹样。

图 2.29（续）

调整了正面面额数字的造型，背面花卉图案适当收缩。

图 2.29（续）

## 2.2.2　第五套人民币的防伪常识

### 1. 2015 年版 100 元纸币的防伪特征

2015 年版 100 元纸币的防伪特征如图 2.30 所示。

图 2.30　2015 版 100 元纸币的防伪特征

① 光变镂空开窗安全线位于票面正面右侧。垂直票面观察时，安全线颜色呈品红色；与票面成一定角度后观察，安全线变为绿色；透光观察时，可见安全线中正反交替排列的镂空文字"¥100"。

② 光彩光变数字。在票面正面中部印有光彩光变数字。垂直观察票面时，数字 100 以金色为主；平视观察票面时，数字 100 以绿色为主；随着观察角度的改变，数字 100 的颜色在金色和绿色之间交替变化，并可见到一条亮光带在数字上下滚动。

③ 人像水印。人像水印清晰度明显提升，层次更加丰富。透光观察时，可见毛泽东同志头像。

④ 胶印对印图案。票面正面左下方和背面右下方均有面额数字 100 的局部图案。透光观察时，正背面组成一个完整的面额数字 100。

⑤ 横竖双号码。票面正面左下方采用横号码，其冠字和前两位数字为暗红色，后 6 位数字为黑色；右侧竖号码为蓝色。

⑥ 白水印。位于票面正面横号码下方。透光观察时，可以看到透光性很强的水印面额数字 100。

⑦ 雕刻凹印。票面正面，毛泽东同志头像、国徽、中国人民银行行名、右上角面额数字、盲文及背面人民大会堂等均采用雕刻凹印印刷，用手指触摸有明显的凹凸感。

**2. 2005 年版纸币防伪特征**

（1）固定水印

水印位于各种票面正面左侧的空白处，迎光透视就可以看见。100 元、50 元纸币的固定水印为毛泽东同志头像图案；20 元、10 元、5 元纸币的固定水印分别为荷花、月季花和水仙花图案。2005 年版和 1999 年版纸币仿伪特征的不同之处：2005 年版各种票面的纸币都采用了双水印，在 100 元、50 元、20 元、10 元、5 元纸币正面双色异形横号码的下方，仰光透视就可以看到透光性很强的水印 100、50、20、10、5 字样。

（2）红、蓝彩色纤维

在各券别票面上均可以看到纸张中有不规则分布的红色和蓝色纤维。

（3）安全线

在各券别票面正面中间偏左，均有一条安全线。100 元、50 元纸币的安全线迎光透视，分别可以看到缩微文字 RMB100、RMB50，用仪器检测均有磁性；10 元、5 元纸币安全线均为开窗式，即安全线局部埋入纸张中，局部裸露在纸面上，开窗部分分别可以看到由缩微字符¥10、¥5 组成的全息图案，用仪器检测均有磁性；20 元纸币，迎光透视是一条明暗相间的安全线。

（4）手工雕刻头像

各券别正面主景均为毛泽东同志头像，采用手工雕刻凹版印刷工艺，形象逼真、传神，凹凸感强，易于识别。

（5）隐形面额数字

各券别正面右上方均有一装饰图案，将票面置于与眼睛接近平行的位置，面对光源做平面旋转 45°或 90°，可分别看到面额数字 100、50、20、10、5 字样。

（6）胶印缩微文字

各券别正面胶印图案中，多处均印有缩微文字，20 元纸币背面也有该防伪措施。100 元缩微文字为 RMB100、50 元为 RMB50、20 元为 RMB20、10 元为 RMB10、5 元为 RMB5 等，大多隐藏在花饰中。

（7）雕刻凹版印刷

各券别正面主景毛泽东同志头像、中国人民银行行名、面额数字、盲文面额标记和背面主景图案（20 元纸币除外）等均采用雕刻凹版印刷，用手指触摸有明显凹凸感。

（8）冠字号码

各券别冠字号码均采用 2 位冠字，8 位号码。100 元、50 元纸币票面正面均采用横竖双号码印刷，横号码均为黑色，竖号码分别为蓝色和红色；20 元、10 元、5 元票面正面均采用双色横号码印刷，左侧部分均为红色，右侧部分均为黑色。

(9) 光变油墨面额数字

100 元、50 元票面正面左下方分别印有 100、50 字样,该字样从票面垂直角度观察分别为绿色和金色,倾斜一定角度观察则分别变成蓝色和绿色。

(10) 阴阳互补对印图案

100 元、50 元、10 元票面正面左下角和背面右下角均有一圆形局部图案,迎光透视均可以看到正背面图案合并组成一个完整的古钱币图案。

每个国家的货币每隔 5 至 7 年就会更新一次防伪技术,因为在这段时间中,伪造者有可能学会这些防伪技术。但如果经常更换新样式,货币变化太多、太快,则民众不容易记清真币的票面情况,反而会给造假者以可乘之机。

3. 硬币防伪特征

第五套人民币的硬币有 1 元、5 角、1 角。2000 年以来的硬币,侧面有 RMB 三个字母,没有这些字母的均为假币。

① 1 元硬币的色泽为镍白色,直径为 25 毫米,正面为"中国人民银行"字样、"1 元"和汉语拼音字母 YIYUAN 及年号;背面为菊花图案及中国人民银行的汉语拼音字母 ZHONGGUO RENMIN YINHANG。硬币材质为钢芯镀镍;币外缘为圆柱面,并印有 RMB 字符标记。

② 5 角硬币色泽为金黄色(2019 版改为镍白色),直径为 20.5 毫米,正面为"中国人民银行"字样、"5 角"和汉语拼音字母 WUJIAO 及年号;背面为荷花图案及中国人民银行的汉语拼音字母 ZHONGGUO RENMIN YINHANG。硬币材质为钢芯镀铜合金(2019 版改为钢芯镀镍);币外缘为间断丝齿,共有 6 个丝齿段,每个丝齿段有 8 个齿距相等的丝齿;正背面内周缘 2019 版由圆形调整为多边形。

③ 1 角硬币的色泽为铝白色,直径为 19 毫米,正面为"中国人民银行"字样、"1 角"和汉语拼音字母 YIJIAO 及年号;背面为兰花图案及中国人民银行的汉语拼音字母 ZHONGGUO RENMIN YINHANG。硬币材质为铝合金;币外缘为圆柱面;2019 版在正面边部增加圆点。

### 2.2.3 假币的识别方法及处理规定

1. 假币的概念

假币是指仿照真币纸张、图案、水印、安全线等原样,利用各种技术手段非法制作的伪币。假币按照其制作方法和手段,大体可分为伪造币、变造币两种类型。

① 伪造币是指仿照真币原样,利用各种手段非法重新伪制的各类假票币。

② 变造币是指在真币基础上或以真币为基本材料,通过挖补、剪接、涂改、揭层、拼凑、移位、重印等办法加工处理,改变真币原形态的假币。

假币可通过机制、拓印、复印、照相、描绘、石版、木版、蜡版、油印等手段制作。其中,电子扫描分色制版印刷的机制假币数量最多,伪造水平较高,危害性最大。目前所发现的一些假人民币,已开始仿造有水印、安全线、变色油墨、微缩文字等仿伪技术。犯罪分子改变了过去直接在假人民币背面用淡色油墨盖上水印图案的做法,而是将假币揭层后,在夹层中印上水印图案。虽然这种假水印无法与真钞相比,缺乏人像神采和立体感,但具有很大的欺骗性。

### 2. 假币的特征

① 水印缺乏立体感和层次感,假币是用浅色油墨印上或在纸的夹层中涂上白色糊状物,然后压印上水印图章做成的。

② 手摸没有凹凸感。

③ 图纹图案颜色套不准,常常有断条、重复、留白情况。

④ 磁性不足或根本没有磁性。

⑤ 在紫光灯下有的假币没有汉语拼音和阿拉伯数字字样,有的虽能看出汉语拼音和阿拉伯数字,但色彩偏白、偏淡。

⑥ 假币常在纸张中夹入一条银白色塑料线,有时两头露出未剪齐的断头。

### 3. 人民币真伪识别"四法"

识别人民币纸币的真伪通常采用"一看、二摸、三听、四测"的方法。

(1) 一看

① 看水印。假币的固定人像水印及100白水印均用无色油墨直接印在纸张正面,水印模糊,没有立体感。

② 看安全线。以HD90、HB90打头的100元假币有两种安全线:一种是用银黑色磁带夹在正背面纸张中,并在背面用银色油墨烫印全息图案;另一种是用黑色油墨在假币正面印刷黑色条纹,背面用银色油墨烫印全息图案,并刷上磁粉。

③ 看光变油墨。假币是用珠光油墨印制而成的,无光变效果。

④ 看隐形面额数字。以HD90、HB90等打头的假纸币隐形面额数字用无色油墨印刷,无须旋转角度即可看见面额100的字样。

⑤ 看票面图案是否清晰、色彩是否鲜艳,阴阳互补对印图案错位的纸币肯定是假币。另外,还可以用5倍以上放大镜观察票面,看图案线条、缩微文字等是否清晰干净。

(2) 二摸

摸人像、盲文点、手工雕刻头像、"中国人民银行"等处是否有凹凸感,没有凹凸感的是假币。

(3) 三听

手持钞票用力抖动、手指轻弹或两手一张一弛轻轻对称拉动,能听到清脆响亮的声音;假币为机制胶印,纸质绵软,没有韧性,用手甩动时声音沉闷。

(4) 四测

借助放大镜可以观察票面线条清晰度,胶、凹印缩微文字等;用紫外灯光照射票面,可以观察钞票纸张和油墨的荧光反应;用磁性检测仪可以检测出黑色横号码的磁性。

### 4. 发现假人民币的处理方法

① 单位的财会出纳人员,在收付现金时发现假币,应立即送交附近银行鉴别。

② 单位发现可疑币不能断定真假时，发现单位不得随意加盖假币戳记和没收，应向持币人说明情况，开具临时收据，连同可疑币及时报送当地人民银行鉴定。经人民银行鉴定确属假币时，应按发现假币后的办法处理；如果确定不是假币，则应及时将钞票退还持币人。

③ 广大群众在日常生活中发现假币，应立即就近送交银行鉴定，并向公安机关和银行举报及提供有关详情，协助破案。

④ 银行收到假币时，应按规定予以没收，并当着顾客面在假币上加盖假币戳记印章。同时，开具统一格式的假人民币没收收据给顾客，并将所收假币登记造册，妥善保管，定期上缴中国人民银行当地分支行。

⑤ 假币没收权属于银行、公安和司法部门。其他单位和个人如发现假币，应按上述办法处理或按当地反假币法规规定的办法办理。

## 2.3 人民币的使用

### 2.3.1 爱护与使用人民币的方法

人民币是中华人民共和国的法定货币，爱护人民币是每个公民的义务。使用人民币时应注意以下几点。

① 收付人民币要平铺整理，不要乱揉、乱折。
② 不得在人民币上乱涂、乱画、乱写和乱盖印记。
③ 出售带有油污、污染商品的收款人员，应把手擦干净再收款，以免弄脏人民币。
④ 防止化学药物对人民币的侵蚀，在生活中不要将肥皂、洗涤剂与人民币放在一起。
⑤ 用机具收付款时，应注意避免损伤人民币。
⑥ 不要在金属币上凿字、打眼、锤击、折弯等，以免使硬币变形和受损。
⑦ 对不宜继续使用的残缺人民币要及时粘补，及时到银行营业部门办理兑换。
⑧ 对在人民币上乱写、乱画的不良行为，要进行批评教育。

### 2.3.2 损伤、残缺人民币的处理办法

依据中国人民银行颁布的《残缺人民币兑换办法》，损伤、残缺人民币可以进行兑换。其具体规定如下。

**1. 可持币向银行营业部门全额兑换的情况**

① 票面残缺部分不超过 1/5，其余部分的图案、文字能照原样连接者。
② 票面污损、熏焦、水湿、油浸、变色，但能辨别真假，票面完整或残缺不超过 1/5，票面其余部分的图案、文字能照原样连接者。

## 2. 可半额兑换的情况

票面残缺 1/5～1/2，其余部分的图案、文字能照原样连接者，应持币向银行营业部门照原面额的半数兑换，但不得流通使用。

## 3. 不予兑换的情况

① 票面残缺 1/2 以上者。
② 票面污损、熏焦、水湿、变色不能辨别真假者。
③ 故意挖补、涂改、剪贴、拼凑、揭去一面者。

不予兑换的残缺人民币由中国人民银行收回销毁，不得流通使用。

及时回收市场流通中的损伤、残缺人民币，保持人民币的整洁，维护国家货币的信誉，需要企事业单位、广大群众、银行等各方面的配合。无论是单位还是个人，如果留有不宜流通的损伤、残缺人民币，就不应再次使用或对外找付，应挑拣、粘补整理好，及时送存银行或办理兑换。

### 2.3.3 不宜流通人民币的挑拣标准

① 纸币票面缺少面积在 20 平方毫米以上的。
② 纸币票面裂口在两处以上，长度每处超过 5 毫米的；裂口一处，长度超过 10 毫米的。
③ 纸币票面有纸质较绵软，起皱较明显，脱色、变色、变形，不能保持其票面防伪功能等情形之一的。
④ 纸币票面污渍、涂写字迹面积超过 2 平方厘米的；不超过 2 平方厘米，但遮盖了防伪特征之一的。
⑤ 硬币有穿孔、裂口、变形、磨损、氧化，文字、面额数字、图案模糊不清等情形之一的。

### 2.3.4 法律常识

#### 1.《中国人民银行假币收缴、鉴定管理办法》第六条

金融机构在办理业务时发现假币，由该金融机构两名以上业务人员当面予以收缴。对假人民币纸币，应当面加盖"假币"字样的戳记；对假外币纸币及各种假硬币，应当面以统一格式的专用袋加封，封口处加盖"假币"字样戳记，并在专用袋上标明币种、券别、面额、张（枚）数、冠字号码、收缴人、复核人人名章等细项。收缴假币的金融机构向持有人出具中国人民银行统一印制的假币收缴凭证，并告知持有人如对被收缴的货币真伪有异议，可向中国人民银行当地分支机构或中国人民银行授权的当地鉴定机构申请鉴定。收缴的假币，不得再交予持有人。

### 2.《中国人民银行假币收缴、鉴定管理办法》第十条

持有人对被收缴货币的真伪有异议，可以自收缴之日起 3 个工作日内持假币收缴凭证直接或通过收缴单位向中国人民银行当地分支机构或中国人民银行授权的当地鉴定机构提出书面鉴定申请。

中国人民银行分支机构和中国人民银行授权的鉴定机构应当无偿提供鉴定货币真伪的服务，鉴定后应出具中国人民银行统一印制的货币真伪鉴定书，并加盖货币鉴定专用章和鉴定人人名章。

### 3.《中华人民共和国人民币管理条例》第三十二条

中国人民银行、公安机关发现伪造、变造的人民币，应当予以没收，加盖"假币"字样的戳记，并登记造册；持有人对公安机关没收的人民币的真伪有异议的，可以向中国人民银行申请鉴定。公安机关应当将没收的伪造、变造的人民币解缴当地人民银行。

### 4.《中华人民共和国中国人民银行法》第四十二条

伪造、变造人民币，出售伪造、变造的人民币，或者明知是伪造、变造的人民币而运输，构成犯罪的，依法追究刑事责任；尚不构成犯罪的，由公安机关处 15 日以下拘留、10 000 元以下罚款。

## 实训 2

1. 手工点钞的基本方法有哪些？
2. 用手持式单指单张点钞法对 100 张钞券抽张、清点、捆扎。其考核标准如表 2.1 所示。

表 2.1　考核标准

| 考核方式 | 考核标准 | 成　绩 | 备　注 |
|---|---|---|---|
| 单把 | 30 秒以内 | 优 | 点钞方式：单指单张<br>考核内容：100 张抽张点、捆<br>在正确率 100%的基础上计算成绩；<br>捆钞美观，且符合标准 |
| | 30～35 秒 | 良 | |
| | 36～40 秒 | 中等 | |
| | 41～45 秒 | 及格 | |
| | 超过 46 秒 | 不及格 | |
| 多把 | 8 把 | 优 | 点钞方式：单指单张<br>考核内容：5 分钟计时点、捆<br>在正确率 100%的基础上计算成绩；<br>捆钞美观，且符合标准 |
| | 7 把 | 良 | |
| | 6 把 | 中等 | |
| | 5 把 | 及格 | |
| | 低于 5 把 | 不及格 | |

3. 用手持式单指多张、多指多张、扇面式点钞法，对 100 张钞券抽张、清点、捆扎。

4．用手按式单张、双张、三张、四张点钞法，对 100 张钞券抽张、清点、捆扎。
5．什么是假人民币？假人民币有哪些主要类型？
6．识别人民币真伪的基本方法是什么？
7．发现假人民币后应如何处理？
8．点钞机最重要的日常保养是什么？
9．怎样处理损伤、残缺的人民币？
10．不易流通人民币的挑拣标准是什么？
11．怎样爱护与使用人民币？

# 第 3 章 键盘输入技能

## 职业教育的学习目标

根据会计基础工作的规范要求,学生应熟悉标准键盘的结构;掌握正确的键盘输入指法、正确的键盘输入姿势及功能键的使用,养成良好的职业习惯;熟练地进行汉字和英文的输入。同时,掌握计算器的使用方法。

## 典型职业工作任务描述

### 1. 工作任务简述

根据要求采用正确的指法进行英文和汉字的输入,并运用计算器完成必要的计算。

### 2. 涉及的业务领域

会计、审计、统计、金融、税务、营销等工作中办理经济业务的所有岗位。

### 3. 其他说明

键盘使用方法是计算机操作的基础,正确的输入指法和操作可以大幅提高工作效率。

## 职业描述

### 1. 工作对象

各种会计凭证、会计账簿、会计报表。

### 2. 劳动工具

计算机、计算器。

3. 劳动场所

从事会计等各种经济工作的场所。

4. 资格和能力

持有会计专业技术资格证书，或者具有会计类专业学历（学位）或相关专业学历（学位）证书，且持续参加继续教育，具备从事会计工作所需要的专业能力。

## 能力训练

| 能力训练项目 | 拟实现的能力目标 | 相关支撑知识 | 训练手段 |
| --- | --- | --- | --- |
| 标准键盘输入技能 | ① 熟悉标准键盘的结构<br>② 掌握标准键盘的操作姿势<br>③ 掌握标准键盘的输入指法 | ① 标准键盘按键的分布<br>② 键盘操作的姿势和指法 | 上机操作、按指法要求输入英文内容 |
| 汉字输入技能 | ① 能够使用拼音输入法<br>② 能够使用五笔输入法 | ① 切换中英文输入法<br>② 常用拼音输入法<br>③ 常用五笔输入法 | 上机操作、按指法要求输入中文内容 |
| 计算器使用方法 | ① 掌握计算器的功能<br>② 掌握计算器的指法 | ① 计算器按键的功能<br>② 计算器使用的指法 | 利用计算器对财务数据进行计算和核对 |

# 3.1 标准键盘输入技能

## 3.1.1 标准键盘的结构

键盘是由一组排列好的按键开关组成的计算机输入设备。键盘键数一般分为 83 键、84 键、96 键、101 键、104 键、107 键等。

1. 键盘的种类

（1）按照编码分类

按照编码分类，键盘可分为全编码键盘和非编码键盘。

① 全编码键盘响应速度快，不存在键位冲突问题。但它以复杂的硬件结构为代价，其复杂性随着按键功能的增加而增加，现在已经很少使用。

② 非编码键盘响应速度不如全编码键盘快，存在键位冲突问题。但它可通过软件对键盘的某些按键重新定义，从而为扩充键盘功能提供了极大的方便,因此得到了广泛的使用。

（2）按照接口连接方式分类

按照接口连接方式分类，键盘可分为 PS2（圆头）键盘、USB 键盘、无线（接收器或蓝牙）键盘，如图 3.1 所示。

图 3.1 PS2 键盘和 USB 键盘接口

（3）按照工作原理及轴体分类

按照工作原理及轴体分类，键盘可分为机械键盘、塑料薄膜式键盘和无接点静电电容键盘。

① 机械（mechanical）键盘采用金属接触式开关，工作原理是使触点导通或断开，特点是工艺简单、噪音大、易维护、打字时节奏感强、长期使用手感不会改变等。机械键盘每一个按键都有单独的轴体，也叫作机械轴。

② 塑料薄膜式（membrane）键盘键盘内部共分 4 层，无机械磨损。其特点是低噪音、低成本，长期使用会因为材质问题导致手感变化。但是因耐用性及价格低廉，仍然占据市场上的绝大部分份额。它与机械键盘的区别是触发原理及按压手感不同。

③ 无接点静电电容（capacitives）键盘外号"键盘之皇"。它使用电容式开关原理，利用按键改变电极间的距离引起电容容量的变化从而驱动编码器来进行按键的开和关，无须物理接触点就可以实现敲击。其特点是手感十分轻巧、反应灵敏、无磨损且密封性较好。

**2. 键盘的结构**

标准键盘通常由功能键区、主键盘区、编辑键区、辅助键区和状态指示灯组成，如图 3.2 所示。

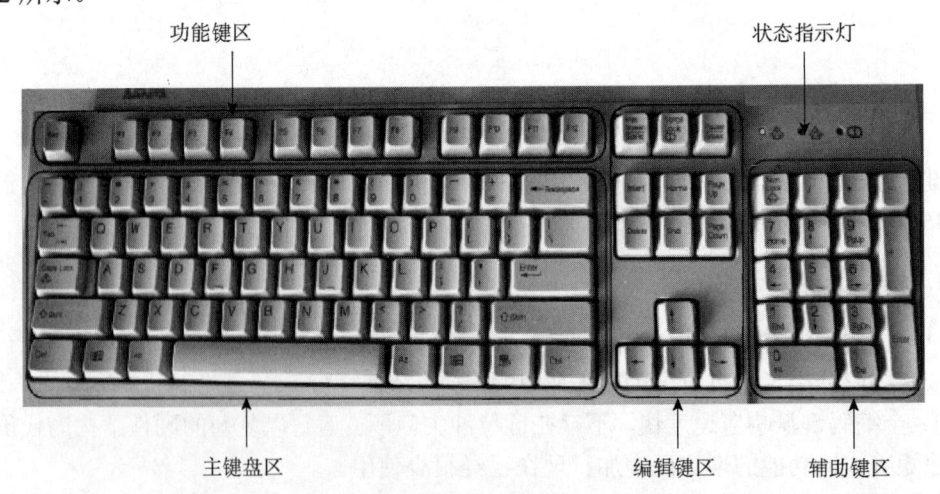

图 3.2 标准键盘

（1）功能键区

功能键区位于键盘的最上端，由 Esc、F1—F12 这 13 个按键组成。Esc 键称为返回或

第 3 章　键盘输入技能

取消键，用于退出应用程序或取消命令；F1—F12 这 12 个按键被称为功能键，在不同程序中有不同的作用。

（2）主键盘区

该区域是我们最常用的键盘区域，由 26 个字母键、10 个数字键及一些符号和控制键组成，如图 3.3 所示。

图 3.3　主键盘

① 数字键。键盘上有 0 至 9 共 10 个数字，敲击数字键可以输入相应的阿拉伯数字。
② 字母键。敲击字母键可以输入相应的小写英文字母。
③ 回车键。该键一般为确认输入的指令，在编辑文档时作为另起一行使用。
④ 空格键。该键是键盘上最大最长的一个按键，按下该键可产生一个字符的空格。
⑤ 上档键。上档键为键盘上的 Shift 键，按下该键的同时再按下某双字符键即可输入该键的上档字符。
⑥ 大写字母锁定。大写字母锁定为键盘上的 Caps Lock 键。当没有按下该键时，系统默认以小写字母输入；当按下该键后，键盘指示灯第 2 个会亮起，这时输入的字母为大写。
⑦ 退格键。退格键即为键盘上的 Backspace 键。在编辑文档时按下该键，会删除光标所在位置的前一个字符。

（3）编辑键区

编辑键区共有 13 个键——上方 9 个按键，下面 4 个按键，如图 3.4 所示。

② 　光标方向键。按下该键，光标将向 4 个方向移动。
② Print Screen 键。该键的作用是将屏幕的当前画面以位图形式保存在剪贴板中。
③ Scroll Lock 键。该键为屏幕滚动锁定键，在 DOS 操作系统时代用处很大。由于当时显示技术限制，屏幕只能显示宽 80 个字符长 25 行的文字，因此在阅读文档时使用该键能非常方便地翻滚页面。
④ Pause Break 键。这是暂停键。在 DOS 操作系统下，按下该键屏幕会暂时停止；在某些计算机启动时，按下该键会停止在启动界面。
⑤ Insert 键。在文档编辑时，该键用于切换插入和改写状态。

图 3.4　编辑键

43

⑥ Home 键。按下该键，光标将移动到当前行的开头位置。
⑦ Page Up 键。按下该键，屏幕向上翻一页。
⑧ Delete 键。按下该键将删除光标所在位置的字符。
⑨ End 键。按下该键，光标将移动到当前行的末尾位置。
⑩ Page Down 键。按下该键，屏幕向后翻一页。

（4）辅助键区

该区域通常也称作小键盘，用以进行数据输入等操作，如图 3.5 所示。当第 1 个键盘指示灯亮起时，该区域键盘被激活，可以使用；当该灯熄灭时，该键盘区域被关闭。

图 3.5 辅助键

（5）状态指示灯

状态指示灯位于键盘的右上方，由 Caps Lock、ScrollLock、Num Lock 三个指示灯组成，如图 3.6 所示。

图 3.6 状态指示灯

### 3.1.2 标准键盘输入的姿势

保持良好的打字姿势与习惯，不但会提高打字速度，而且不易疲劳，对提高工作效率和远离"计算机职业病"都有十分重要的作用。

正确的打字姿势如图 3.7 所示。

良好的打字姿势与习惯包含以下几项要领。

① 上身保持正直。弯腰驼背易造成脊椎伤害。
② 上臂轻靠身体，自然下垂。
③ 小臂伸出时与上臂约成 90°，必要时调整座椅高度及身体与键盘的距离。
④ 手肘应有支撑，不致悬空。
⑤ 手指自然弯曲，放松不可紧绷。
⑥ 打字时轻击键盘，不要过度用力。
⑦ 手腕与上臂尽量成一直线，长期外弯必造成累积性伤害。
⑧ 每隔一段时间要让双手休息一下。

图 3.7 正确的打字姿势

### 3.1.3 标准键盘输入的指法

计算机键盘指法练习是使用计算机的基本功。初期养成良好的键盘指法习惯，对于后期准确且快速地输入文字与操作计算机十分有利。键盘手指键位对照如图 3.8 所示。

**图 3.8　键盘手指键位对照**

盲打的指法：

① 将双手按照图 3.8 的位置放在键盘上，即让左手食指放在字母 F 上（F 键上有一个小突起，我们通常称之为盲打坐标，右手食指放在字母 J 上（J 键也有一个盲打坐标）然后将四指并列对齐分别放在相邻的按键上。

② 手指"平行"移动。也就是说，从把手搭到键盘上起，每个手的 4 个手指要并列对齐并且"同上同下"。

③ 倾斜移动原则，即无论是左手还是右手，都要遵从"左高右低"的方式上下移动。左手的食指的移动规律是 4、R、 F、V 一条线，右手食指的移动规律是 7、U、 J、M 一条线。其中，挨着左手食指的 5、T、 G、 B 四个键由左手食指去打；靠着右手食指的 6、Y、H、N 四个键由右手食指去打。

④ 空格键是输入过程中使用频率最高的一个功能键，可以用两手的大拇指去按；回车（确认）键是使用频率第二高的功能键，由右手小指去按；删除键是在打字过程中使用频率第三高的功能键，通常用于打字错误的修正（删除），也由右手的小指去按。

⑤ 双击键（Shift）是当一个按键上有两个字符时的辅助选择键。例如，标注在数字 1 上的"!"，需要用右手小指压下 Shift 键之后，再用左手小指敲击数字 1 输入计算机。需要说明的是，由于需要双击选择的按键在键盘上左右都有分布，所以这个双击键在键盘上的布局也是左右各有一个，以利于双手配合使用。

## 3.2　汉字输入技能

### 3.2.1　拼音输入法

拼音输入法是利用汉字的读音（汉语拼音）进行输入的一类中文输入法。拼音输入法有多种输入方案,包括全拼和双拼。大部分现代操作系统都附有汉语拼音输入法,如内建于 Windows 的微软拼音;其他商业拼音输入产品有紫光拼音、黑马神拼、南极星字词拼音、讯飞拼音输入法、搜狗拼音输入法等。

① 全拼输入法。输入要输入的字的全拼中的所有字母。例如,中(zhong)、国(guo)。

② 首字母输入法。输入要输入的字的全拼中的第 1 个字母。例如,中(z)、国(g)。由于中文字库数量庞大,同音字有很多,当采用拼音输入法(尤其是采用首字母输入法)输入中文时,会出现大量同音字,因此当要输入的字不在第 1 位时,按下相对应的数字即可输入该字;如果在第 1 位,则按下空格键即可输入该字。

③ A+B 全拼输入法。输入要输入的两字词的全拼中的所有字母。例如,中国(zhongguo)、美丽(meili)。

④ A+B 首字母输入法。输入要输入的两字词的每个字全拼中的首字母。例如,中国(zg)。

⑤ A 首字母+B 全拼输入法。当采用 A+B 首字母输入的两字词并没有出现在输入框首页时,这时采用翻页键查找功能虽然也能找到要输入的字,但没有直接输入 B 全拼快。例如,命令(ml),当输入 ml 时并没有出现这个词,这时只要再补充输入 ing 成为 mling,也就是 A 首字母+B 全拼形式,"命令"就会出现在第 1 位上,比翻页查找要快得多。

⑥ 三字词和四字词拼音输入方法。A+B+C 首字母,如计算机(jsj);A+B+C+D 首字母,如欣欣向荣(xxxr)。

### 3.2.2 五笔字型输入法

五笔字型输入法简称五笔,是王永民在 1983 年 8 月发明的一种汉字输入法。因为发明人姓王,所以也称为王码五笔。五笔字型完全依据笔画和字形特征对汉字进行编码,是典型的形码输入法。五笔是 21 世纪中国及一些东南亚国家如新加坡、马来西亚等国较常用的汉字输入法之一。五笔相对于拼音输入法具有重码率低的特点,熟练后可快速输入汉字。五笔自 1983 年诞生以来,先后推出了 3 个版本:86 五笔、98 五笔和新世纪五笔。

**1. 笔画**

| 笔画名称 | 笔　形 | 编　号 |
|---|---|---|
| 横(提) | 一 ノ | 1 |
| 竖(竖钩) | ｜ 亅 | 2 |
| 撇 | ノ | 3 |
| 捺(点) | 丶 | 4 |
| 折 | 乙 ㄟ ㄑ ㄋ ㄴ ㄥ | 5 |

2．字型

| 字　型 | 结　　构 | 字　例 | 编　号 |
|---|---|---|---|
| 左右 | 左　右　　左中右 | 封　湘 | 1 |
| 上下 | 上　下　　上中下 | 花　亮 | 2 |
| 杂合 | 独　体　　包　围 | 千　边　国 | 3 |

3．字根

详见图3.9。

4．字根分区

| 分　区 | 键　位 |
|---|---|
| 横 区 | GFDSA |
| 竖 区 | HJKLM |
| 撇 区 | TREWQ |
| 捺 区 | YUIOP |
| 折 区 | NBVCX |

5．拆字原则

① 书写顺序：上下、左右。例如，要：西+女；秋：禾+火。

② 字根关系：交，字根互相交叉；连，字根互相连接（不交叉）；散，字根不相连、不交叉。

③ 能连不交：如"于"拆分成"一 +十"。

④ 能散不连：如"国"拆分成"囗+王+丶"。

⑤ 取大优先：如"香"拆分成"禾+日"。

6．汉字输入

① 键名字根：每键上第一字根是键名字根。其输入方法是按所在键位4次。例如，金：QQQQ。

② 单笔画：按所在键位两次，再按两次L键。例如，一：GGLL；|：HHLL；丿：TTLL；丶：YYLL；乙：NNLL。

③ 成字字根：字根表上除键名字根和单笔画外的汉字。其输入方法是所在键位+首笔+次笔+末笔。例如，文：YYGY（文+丶+一+丶）。

④ 一般汉字：输入方法是分别输入这个字的第一字根、第二字根、第三字根和最末字根。例如，热：RVYO（扌+九+丶+灬）。

不足补末笔识别码，如图3.10所示。

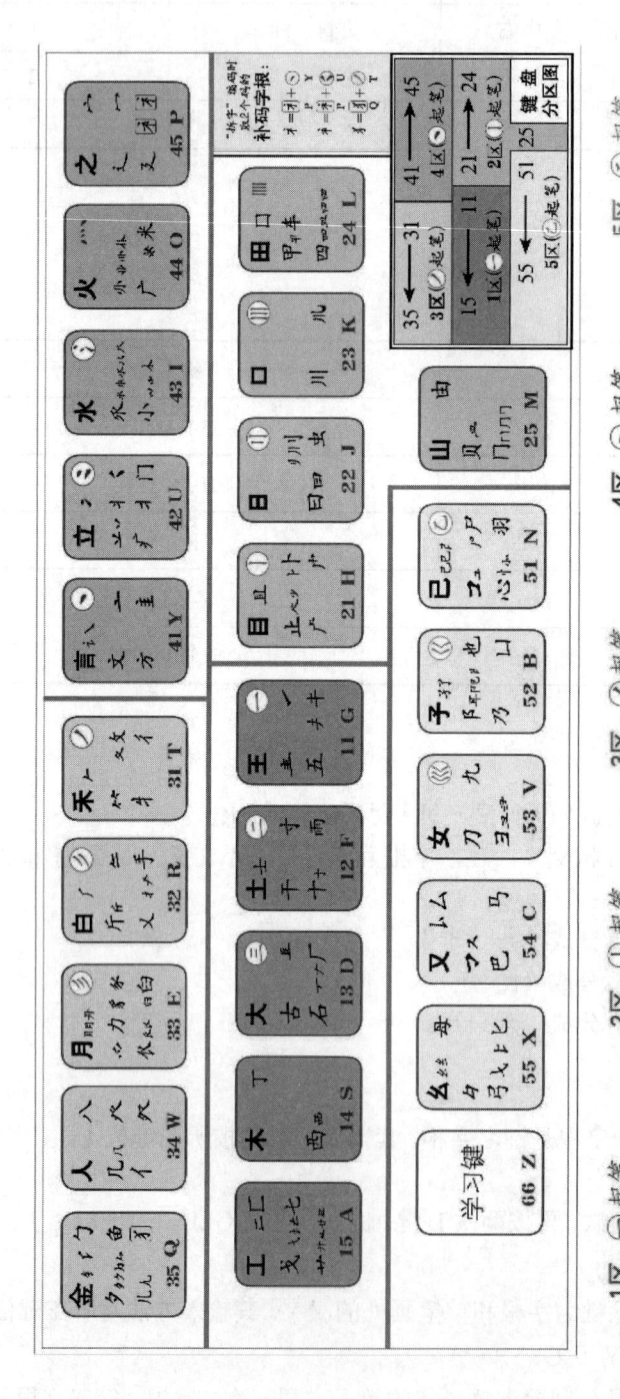

1区：一起笔
11 G 王旁青头五一提
12 F 土士二干十寸雨
13 D 大三肆头古石厂
14 S 木丁西边要变无太
15 A 工戈草头右框七

2区：丨起笔
21 H 目止具头卜虎皮
22 J 日曰两竖与虫依
23 K 口中两川三个竖
24 L 田框四车甲单底
25 M 山由贝骨下框里

3区：丿起笔
31 T 禾竹牛旁卧人立
32 R 白斤气头叉手提
33 E 月舟衣力系豸臼
34 W 人八登察风头几
35 Q 金夕鱼儿包头鱼

4区：丶起笔
41 Y 言文方点卧在四
42 U 立带两点病门里
43 I 水边一撇三点小
44 O 火变三态广二米
45 P 之字宝盖补示衣

5区：乙起笔
51 N 已类左框心尸羽
52 B 子耳了也乃耳底
53 V 女刀九巡录马水
54 C 又巴甬矣与头骆
55 X 幺母绞丝弓三匕

图 3.9 简体字根键位

| 末 笔 | 字 型 |||
|---|---|---|---|
| | 左右型（1） | 上下型（2） | 杂合型（3） |
| 横（1） | G(11) | F(12) | D(13) |
| 竖（2） | H(21) | J(22) | K(23) |
| 撇（3） | T(31) | R(32) | E(33) |
| 捺（4） | Y(41) | U(42) | I(43) |
| 折（5） | N(51) | B(52) | V(53) |

图 3.10　不足补末笔识别码

例如，云：FCU［二+厶+U（上下型，末笔为丶）］。

一般来说，要以最末字根最后一笔为末笔，但是带"辶""廴"的字要以被包围部分最后一笔为末笔。例如，"廷"的末笔是"一"。

⑤ 补码字根：补码字根指有两个编码的字根，包括犭（QT）、礻（PY）、衤（PU）。例如，猫：是 QT(犭)AL。

**7．词组输入**

① 二字词组：取每个字前两码。例如，干净：FGUQ（干+一+冫+冫）。

② 三字词组：每个字第一码+最后一个字第二码。例如，龙井茶：DFAW（ナ+二+艹+人）。

③ 多字词组：前3个字第一码+最后一个字首码。例如，中华人民共和国：KWWL（口+亻+人+囗）。

## 3.3　计算器使用方法

### 3.3.1　计算器概述

计算器是近代发明用于数字运算的工具，如图 3.11 所示。现代的能进行数学运算的手持电子机器拥有集成电路芯片，但结构比计算机简单得多且功能也较弱，但方便、廉价，可广泛运用于商业交易中，是必备的办公用品之一。除显示计算结果外，计算器还常有溢出指示、错误指示等功能。计算器电源采用交流转换器、太阳能转换器或电池。为节省电能，计算器大都采用 CMOS 工艺制作的大规模集成电路。

图 3.11　计算器

### 3.3.2 计算器按键的功能

① 电源开关键 ON、OFF。
② 输入键 0 至 9、正负转换键+、-。
③ 运算功能键＋、－、×、÷。
④ 等号键＝。
⑤ 清除键 C、AC 或 CA、→、CE、MC。清除键功能如下。

C：清除键。清除除存储器内容外的所有数字。

AC 或 CA 键：全部清除键（也称总清除键）。将显示屏所显示的数字全部清除。

→：右移键。荧屏值向右位移，删除最右边的尾数。

CE：部分清除键（也称更正键）。清除当前输入的数字，而不清除以前输入的数字。如果当前输入的数字有误，则按此键可清除，待输入正确的数字后，原运算继续进行。例如，5+13，发现 13 需要更正，按 CE 键可以清除 13，但保留 5。但是输入数字后按过+、-、×、÷键，则再按 CE 键数字不能清除。

MC：累计清除键（也称记忆式清除键）。其功能是清除存储数据，清除存储器中的内容。

⑥ 累计显示键 M+、M-。累计显示键的功能如下。

M+：记忆加法键（也称累加键）。用于计算出结果后加上已经存储的数字——可以连续追加，把目前显示的数值存入存储器中。例如，输入 5×1.6 按 M+键，则 5×1.6 的结果计算出来并存储。然后，输入 10×0.8 按 M+键，则 10×0.8 的结果计算出来并与前面存储的数字相加。接着，输入 15×0.4 按 M+键，则 15×0.4 的结果计算出来并与前面存储的数字相加。最后，按 MR 键把存储的数字全部取出来，则得出结果 22。

M-：记忆减法键（也称累减键）。用于计算出数字后，用已存储的数字减去当前的数字；存储器内容中减去当前显示的数字。例如，计算 50-（23+4），首先输入 50，按 M+把 50 存储起来，再输入 23+4 按 M-键，计算结果是 27，然后按 MR 用存储的 50 减去目前的结果 27，得出 23。

⑦ 存储读出键 MR、MRC、GT。存储读出键的功能如下。

MR：存储读出键。表示用存储器中的数字取代显示数字。按下 MR 后，可使存储在 M+或 M-中的数字显示出来或参加运算，数字仍保存在存储器中。如果有 3 组数字不连续相加，则可使用 MR 键。例如，输入 3+2 后按 M+键，再输入 6+7 后按 M+键，再输入 8+9 后按 M+键，然后按 MR 键，则算出 3 组数字的总和 35。

MRC：MR 和 MC 功能的组合，即存储读出和清除。按一次为 MR 功能，显示存储数字；按第二次为 MC 功能，清除存储数字。

GT：GT 是 Grand Total 的缩写，用来计算总和。按等号后得到的数字全部被累计，按 GT 后显示累计数，再按一次清空。

⑧ MU：损益运算键，即标离功能，进行价格的标离。
⑨ 开关说明如下。

↑（UP）：无条件进位键。

5/4：四舍五入键。

↓（CUT）：无条件舍去键。

这3个键都必须配合数字的小数点设定。例如，0.896+0.561=1.457，当小数点定位在2时，按CUT=1.45，按UP=1.46，按5/4=1.46。

⑩ 小数位数选择如下。

F：表示浮动小数（无限位小数）。

4 2 0：代表小数点以后取4位、2位、0位数，即4表示保留4位小数、2表示保留2位小数、0表示不保留小位数。

A（ADD2）：当开关设定于A时，表示小数已自动设定为2位数（必须在用"+"或"−"的前提下，如果用"×"或"÷"，就不会自动生成2位数）。例如，输入3+5，当输入3后按"+"时就会出现0.03，然后输入5，结果得0.08；如果输入3×5，则不会出现0.03。

## 实训 3

1. 基准键练习。

aaasssdddfffgghhhjjjkkllll ;;;lllkkkjjjhhhgggfffdddsssaaa gfdsahjkl; ;lkjjhgfdsq gfgjhfddjkjk dsl;lkaal

（1）基准键加空格键、换行键练习。

aaa sss ddd fff ggg hhh jjj kkk lll ;;

;;; lll kkk jjj hhh ggg fff ddd sss aaa   Asa sgf fgf jhjkjk lkl l; dfd

（2）食指练习。

Rrr ttt fff ggg vvv bbb yyy uuu hhh jjj nnn mmm

（3）中指练习。

Eee ddd ccc iii kkk ,,, ccc ddd eee ,,, kkk iii

（4）无名指练习。

Sss www xxx lll ooo ws sxs lol l.l lwl sol

（5）小指练习。

Aaa qqq zzz ;; ppp /// \\\ ;;

2. 键位练习。

The only way to travel is on foot

The past ages of man have all been carefully labeled by anthropologists. Descriptions like "Palaeolithic Man", "Neolithic Man", etc., neatly sum up whole periods. When the time comes for anthropologists to turn their attention to the twentieth century, they will surely choose the label "Legless Man". Histories of the time will go something like this: "in the twentieth century, people forgot how to use their legs. Men and women moved about in cars, buses and trains from a very early age. There were lifts and escalators in all large buildings to prevent people from walking.

This situation was forced upon earth dwellers of that time because of miles each day. But the surprising thing is that they didn't use their legs even when they went on holiday. They built cable railways, ski-lifts and roads to the top of every huge mountain. All the beauty spots on earth were marred by the presence of large car parks. "

The future history books might also record that we were deprived of the use of our eyes. In our hurry to get from one place to another, we failed to see anything on the way. Air travel gives you a bird's-eye view of the world—or even less if the wing of the aircraft happens to get in your way.

When you travel by car or train a blurred image of the countryside constantly smears the windows. Car drivers, in particular, are forever obsessed with the urge to go on and on: they never want to stop. Is it the lure of the great motorways, or what? And as for sea travel, it hardly deserves mention. It is perfectly summed up in the words of the old song: "I joined the navy to see the world, and what did I see? I saw the sea." The typical twentieth-century traveler is the man who always says "I've been there." You mention the remotest, most evocative place-names in the world like El Dorado, Kabul, Irkutsk and someone is bound to say "I've been there"—meaning, "I drove through it at 100 miles an hour on the way to somewhere else."

When you travel at high speeds, the present means nothing: you live mainly in the future because you spend most of your time looking forward to arriving at some other place. But actual arrival, when it is achieved, is meaningless. You want to move on again. By traveling like this, you suspend all experience; the present ceases to be a reality: you might just as well be dead. The traveler on foot, on the other hand, lives constantly in the present. For him traveling and arriving are one and the same thing: he arrives somewhere with every step he makes. He experiences the present moment with his eyes, his ears and the whole of his body. At the end of his journey he feels a delicious physical weariness. He knows that sound. Satisfying sleep will be his: the just reward of all true travellers.

3. 使用拼音输入法输入以下文字。

企业会计准则——基本准则

（2006年2月15日财政部令第33号公布，自2007年1月1日起施行。2014年7月23日根据《财政部关于修改<企业会计准则——基本准则>的决定》修改）

第一章 总 则

第一条 为了规范企业会计确认、计量和报告行为，保证会计信息质量，根据《中华人民共和国会计法》和其他有关法律、行政法规，制定本准则。

第二条 本准则适用于在中华人民共和国境内设立的企业（包括公司，下同）。

第三条 《企业会计准则》包括基本准则和具体准则，具体准则的制定应当遵循本准则。

第四条 企业应当编制财务会计报告（又称财务报告，下同）。财务会计报告的目标是向财务会计报告使用者提供与企业财务状况、经营成果和现金流量等有关的会计信息，反映企业管理层受托责任履行情况，有助于财务会计报告使用者做出经济决策。财务会计报告使用者包括投资者、债权人、政府及其有关部门和社会公众等。

第五条 企业应当对其本身发生的交易或者事项进行会计确认、计量和报告。

第六条 企业会计确认、计量和报告应当以持续经营为前提。

第七条 企业应当划分会计期间，分期结算账目和编制财务会计报告。

会计期间分为年度和中期。中期是指短于一个完整的会计年度的报告期间。

第八条 企业会计应当以货币计量。

第九条 企业应当以权责发生制为基础进行会计确认、计量和报告。

第十条 企业应当按照交易或者事项的经济特征确定会计要素。会计要素包括资产、负债、所有者权益、收入、费用和利润。

第十一条 企业应当采用借贷记账法记账。

4. 使用五笔输入法输入以下文字。

第二章 会计信息质量要求

第十二条 企业应当以实际发生的交易或者事项为依据进行会计确认、计量和报告，如实反映符合确认和计量要求的各项会计要素及其他相关信息，保证会计信息真实可靠、内容完整。

第十三条 企业提供的会计信息应当与财务会计报告使用者的经济决策需要相关，有助于财务会计报告使用者对企业过去、现在或者未来的情况做出评价或预测。

第十四条 企业提供的会计信息应当清晰明了，便于财务会计报告使用者理解和使用。

第十五条 企业提供的会计信息应当具有可比性。同一企业不同时期发生的相同或者相似的交易或者事项，应当采用一致的会计政策，不得随意变更。确需变更的，应当在附注中说明。不同企业发生的相同或者相似的交易或者事项，应当采用规定的会计政策，确保会计信息口径一致、相互可比。

第十六条 企业应当按照交易或者事项的经济实质进行会计确认、计量和报告，不应仅以交易或者事项的法律形式为依据。

第十七条 企业提供的会计信息应当反映与企业财务状况、经营成果和现金流量等有关的所有重要交易或者事项。

第十八条 企业对交易或者事项进行会计确认、计量和报告应当保持应有的谨慎，不应高估资产或者收益、低估负债或者费用。

第十九条 企业对于已经发生的交易或者事项，应当及时进行会计确认、计量和报告，不得提前或者延后。

5. 使用计算器计算以下习题。

（1）$0.11×1.8+8.2×0.11=$　　　　　　（2）$0.25×3.2×1.25=$

（3）$6.48÷3.2÷2.5=$　　　　　　　　（4）$2.34×99+2.34=$

（5）$9.99×1.01=$　　　　　　　　　　（6）$1.2×7.6+7.6×6.8=$

（7）$5.4÷2.7×0.8=$　　　　　　　　　（8）$4.63×1.4+46.3×0.86=$

（9）$(9.4-5.8)×2.07=$　　　　　　　　（10）$132×101=$

（11）$17.5÷0.8÷12.5=$　　　　　　　（12）$12.54-4.56-3.44-1.54=$

（13）$6.25÷1.25÷0.8=$　　　　　　　（14）$0.9+9.9+99.9+999.9=$

（15）$(9.36×5+9.36)+9.36×2=$　　　（16）$2.5×16=$

（17）$2.9×99+2.9×1.25=$　　　　　　（18）$6.33×101-6.3=$

（19）$25×11.2×4=$　　　　　　　　　（20）$7.236÷0.18-14.3×0.02=$

# 第4章 传票录入技能

## 职业教育的学习目标

根据会计和金融行业对技能的专业性与实用性要求,学生应了解传票算和账表算的运算程序及方法,以及小键盘或计算器的布局、输入指法及应用;能够运用小键盘或计算器快速、准确地录入数据和翻打传票;能够快速地轧平账表;具备该项技能的初、中级技术水平和操作能力。

## 典型职业工作任务描述

### 1. 工作任务简述

根据传票和账表上的题目,运用小键盘或计算器快速、准确地计算。

### 2. 涉及的业务领域

金融业的储蓄员、收银员和工商企业的出纳员、会计等。

### 3. 其他说明

传票算和账表算具有一定的专业性、实践性和应用性,需要经常练习,为从事相关工作打下坚实的基础。

## 职业描述

### 1. 工作对象

各种会计凭证、会计报表、会计凭证汇总表、结算凭证汇总表。

### 2. 劳动工具

小键盘、小型计算器。

## 第4章 传票录入技能

### 3. 劳动场所

办公室。

### 4. 资格和能力

持有会计专业技术资格证书，或者具有会计类专业学历（学位）或相关专业学历（学位）证书，且持续参加继续教育，具备从事会计工作所需要的专业能力。

## 能力训练

| 能力训练项目名称 | 拟实现的能力目标 | 相关支撑知识 | 训练手段 |
| --- | --- | --- | --- |
| 传票算 | ① 快速准确翻打传票<br>② 会使用易学派平板机录入数据 | ① 传票的找页、翻页<br>② 易学派平板机的操作原理 | 利用易学派平板机或小键盘反复练习录入数据 |
| 账表算 | 快速准确轧平账表 | 计算横行、竖列合计 | 自拟题目对表格进行横行和纵列运算练习 |

# 4.1 传票算

## 4.1.1 认识传票

传票是记账凭证以前的称谓。传票算是指在经济核算过程中对各种单据、发票或凭证进行汇总计算的一种方法，一般采用加减运算。它是加减运算在实际工作中的具体应用，可以为会计核算、财务分析、统计报表提供及时、准确、可靠的基础数字，也是全国会计技能大赛的正式项目。

计算机小键盘翻打传票既是企业会计工作人员应当具备的职业基本功，也是商业银行前台和后台柜员必须具备的基本技能，还是国家职业资格考试考核银行柜员的必考项目之一。

### 1. 传票的种类和规格

（1）传票种类

① 订本式传票。订本式传票是在传票的左上角装订成册，如发票存根、收据存根和各种装订成册的单据等，如图4.1所示。

图 4.1 订本式传票

② 活页式传票。活页式传票又称为百张凭条，有 A、B、C、D 四面，不装订成册，如图 4.2 所示。活页式传票包括会计的记账凭证、银行支票、工资卡片等。全国会计技能大赛采用的传票也是活页式。

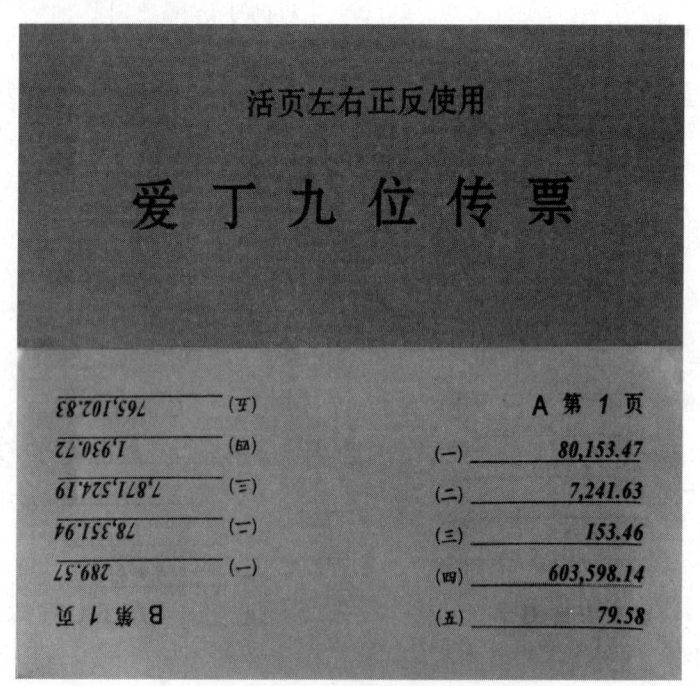

图 4.2 活页式传票

(2) 传票规格

① 长约 19 厘米、宽约 8 厘米的 70 克规格书写纸，用 4 号手写体印制。

② 爱丁九位传票分为爱丁九位 I 型、II 型和 III 型 3 种，每本传票共 100 页，分 A、B 面和 C、D 面，每页每面有 5 行数，由 4 至 9 位数组成。其中，4、9 位数各占 10%，5、6、7、8 位数各占 20%，都有 2 位小数；每页依次印有（一）至（五）的行次标记。

③ 每连续 20 页为一题，计 110 个数字，0 至 9 各字码均衡出现。命题时任意选定起止页数。例如，第一题从第 10 页至 29 页（三）行、第二题从 36 页至 55 页（二）行等。

④ 在每个数字前由上至下依次有题号（一）、（二）、（三）、（四）、（五）。其中，（一）表示第 1 行数字，（二）表示第 2 行数字……（五）表示第 5 行数字。

⑤ 页码印在右上角，一般用阿拉伯数字标明；每一页尺寸一样，并在左上角有空白处，计算时可用夹子夹起计算。

⑥ 比赛时，采用限时不限量的比赛方法，每场规定 10 分钟、15 分钟或 20 分钟。

2. 传票题型

传票的题型如表 4.1 所示。

表 4.1  传票题型

| 题　序 | 起止页码 | 行　次 | 答　案 |
|---|---|---|---|
| 1 | 20～39 | （三） | |
| 2 | 12～31 | （一） | |
| 3 | 46～65 | （四） | |
| 4 | 73～92 | （二） | |
| 5 | 37～56 | （五） | |
| … | … | … | |

在表 4.1 中，"题序"表示计算的顺序，1 表示第 1 道题，2 表示第 2 道题，以此类推。比赛时不允许跳题。"起止页码"中的"起"表示从哪一页开始计算，"止"表示运算到哪一页为止。表中第 1 题的起止页码是 20～39，表示从第 20 页起开始运算，一直运算到第 39 页止。"行次"表示计算每一页的第几行，表格中第 1 题的行次是（三），表示从第 20 页起一直运算到第 39 页，共 20 页都计算第 3 行数字。20 页计算完毕得出的答数，写在表中相应的"答案"栏内，这样就完成了一道题。

### 4.1.2  传票算的基本功

传票运算是一种综合运算，不仅要求熟练运用加减法运算，还要正确掌握左手翻页、找页和心算等基本功。

1. 准备工作

翻打传票除需要准备传票、计算工具、算题、笔外，还需要准备一大一小两个票夹，为固定传票做准备。

2. 传票摆放的位置

在进行传票运算时，一般是左手翻动传票，右手计算。传票应摆放在合适的位置上，如果使用计算机键盘录入，那么可将传票放在键盘下面或上方，如图 4.3 所示。为便于左手翻页，左手放在传票偏左的位置上，用拇指突出的部位翻动传票。

图 4.3 传票摆放

**3. 整理传票**

传票在翻打前，首先要检查传票是否有错误（如有无缺页、重页、数码不清、错行、装订方向错误等），一经发现，应及时更换。为了不使翻动传票时一次翻两页或更多页，在运算前可将传票捻成扇形，并使每张传票自然松动，不出现粘在一起的情况。传票捻成扇形后用票夹夹住，以保持扇形翻页。

打扇形的方法是用两手拇指放在传票的封面上，两手的其余四指放在背面，左手捏住传票的左上角，右手拇指放在传票上面。然后，向下捏，传票自然展开成扇形，扇形幅度不宜过大。最后，用大票夹在传票的左上角呈 45°将其夹住，使扇形固定，防止错乱；用小票夹在最后一页右下角处夹住，垫起传票，方便翻页，如图 4.4 所示。

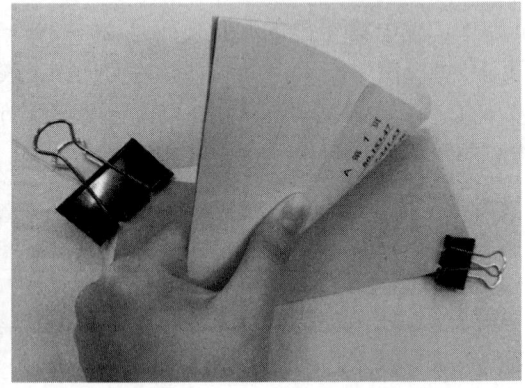

图 4.4 用夹子固定传票

**4. 找页**

找页的动作快慢、准确与否，会直接影响传票运算的速度和准确性。找页是传票运算的基本功之一，必须加强练习。找页的关键是练手感，即摸纸页的厚度，如 10 页、20 页、50 页等的厚度，做到仅凭手的感觉就可一次翻到临近的页码上。然后，用左手向前或向后调整，迅速翻至要找的页码。

找页的基本要求是：右手在书写上一题的答案时，用眼睛的余光看清下一题的起始页数，用左手迅速、准确地找到下一题的起始页数，做到边写答案边找页。

### 5. 翻页

传票算要求用左手翻传票，右手敲打数字小键盘，两手同时进行。

翻页的方法：左手的食指、拇指放在起始页；小指、无名指放在传票封面的左下方；中指挡住已翻过的页；食指配合拇指将传票一页一页掀起。翻页与录入数据必须同时进行，票页不宜翻得过高，角度应适宜，以能看清数据为准。

### 6. 记页数页

在做传票算时，为了避免计算过页或计算不够页，应采取记页数页的方法。记页就是在运算中记住终止页，当估计快要算完该题时，用眼睛的余光扫视传票的页码，以防过页；数页就是边运算边默念已打过的页数，最好每打一页默念一页，打第一次默念 1，打第二次默念 2……默念到 20 时核对该题的起止页数，如果无误，则立即书写答数。

### 7. 看数与记数

看数和记数既是翻打传票很关键的一步，也是翻打传票的一项基本功。在做传票算时，翻页、看数、记数要协调进行。看数时，应按小数点或分节号将较长的某行数字分成几部分，以便于识记，并做到计算到当前页最后几位数时，手已翻开下页。看数采用 3 位分节看数法，即以千分符为分隔，3 位一分节，每次看一节（一节 3 个数），一节一看，一节一敲数。

例如，275 363.29 需要看 3 次，分为 275-363-29，每次看一节并默记录入。再如，4 208.56 需要看两次，分为 4208-56，两次看完并默记录入。

翻打传票练习到一定水平后，就必须掌握一目一行看数与记数法，即对应千分符、小数点有节奏地一次性看完并记住。这就需要进行大量练习。只有看数水平提高了，才能提高传票翻打的水平。

## 4.1.3 翻打传票

### 1. 爱丁易学派翻打平板机

（1）设备组成

爱丁易学派翻打平板机由平板机、安卓接口键盘、平板充电器、传票组成，如图 4.5 所示。

图 4.5 爱丁易学派翻打平板机

(2) 设备基本操作

平板机右侧面有两个按键，上方为开关机/息屏键、下方为音量"＋""－"键；中间有3个孔，分别是充电器插口、键盘插口、耳机插口。

按住平板机右侧面最上面的开机键，两三秒后开机。开机后，平板机为自动锁屏状态，向右滑动屏幕上的小锁，即可解锁，显示出各功能图标，如图4.6所示。

图4.6　平板机功能键

2. 数字传票录入

单击"数字传票录入"，选择"传票录"，如图4.7所示。

(1) 传票录

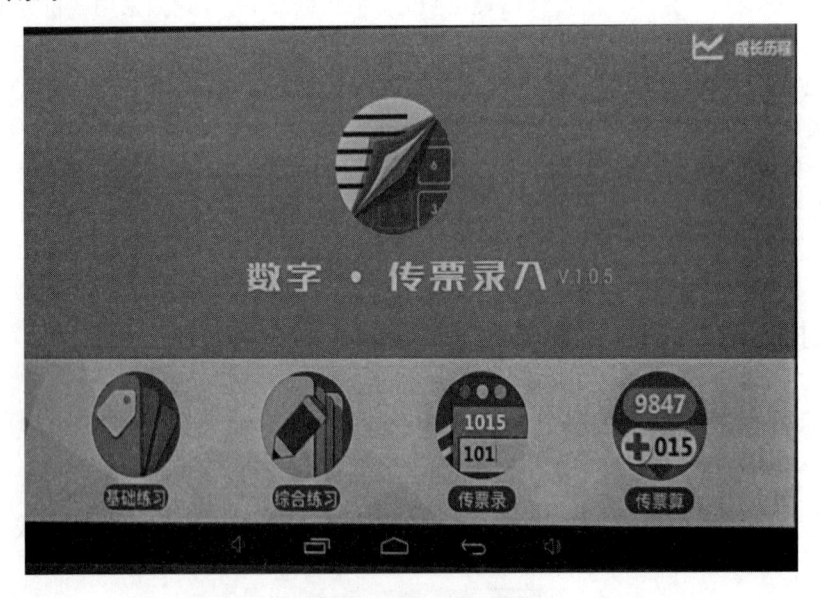

图4.7　数字传票录入

操作方法如下。
步骤1　选择9位传票的类型（9位传票Ⅰ型、Ⅱ型和Ⅲ型）。
步骤2　选择跳转方式（随机、顺序）。
步骤3　选择翻打传票的票面（每型有A、B、C、D四面）。
步骤4　选择每组页数（5页、10页、15页、20页）。
步骤5　设置时间（5分钟、10分钟、15分钟、20分钟、25分钟、30分钟）。
以上5种选项设置，可根据需要自行选择，如图4.8所示。

图 4.8　传票录爱丁 I 型选项

**步骤 6**　单击"开始练习"或"开始测试",进入操作环节。

屏幕上随机跳转出现第 1 组题,即"40～59 第 5 行",屏幕下方显示 10 分钟,从录入数据开始进入 10 分钟的倒计时,如图 4.9 所示。

图 4.9　第 1 组传票录练习题

录入方法是按规定的起始页至终止页及规定的行数进行录入,每录完一页的数字,按一次回车键,然后翻页继续,直至录完。此时,系统自动跳转,随机出现第 2 组题。系统在设置的 10 分钟内会跳转多组题目,规则是"限时不限量",直至 10 分钟时间到。

录入过程中,要求多指盲打操作。眼睛可以看传票和屏幕,杜绝看键盘;多指操作要求食指负责 1、4、7 键;中指负责 0、2、5、8、/键;无名指负责 3、6、9、.、* 键;无名指或尾指负责+、-、回车键。传票录入可反复多次练习,熟练指法。

10 分钟结束后,系统自动弹出成绩,如图 4.10 所示。可以单击"查看详情",显示正确输入、错误输入及每小题的得分情况,如图 4.11 所示。

图 4.10 成绩

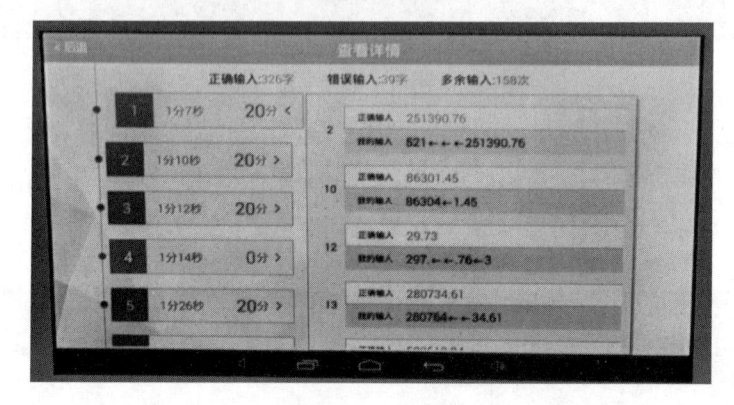

图 4.11 查看详情

(2) 传票算

单击"数字传票录入",选择"传票算",如图 4.12 所示。

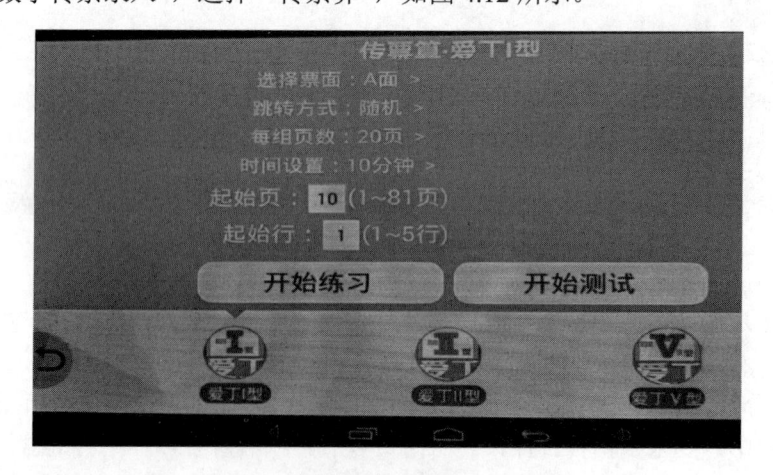

图 4.12 传票算

操作方法如下。

步骤 1　选择传票票面:A 面(或 B、C、D 面)。

步骤 2　选择跳转方式:随机(或顺序、国赛)。

步骤 3　时间设置是 10 分钟（也可以设置为 5、15、20、25 或 30 分钟）。
步骤 4　屏幕上显示的起始页是第 10 页，也可以自行设定起始页（范围在 1～81 页）。起始页一旦设定，终止页也就确定了。
步骤 5　屏幕上起始行显示是 1，也可以自行设定起始行（范围在 1～5 行）。
步骤 6　单击"开始练习"或"开始测试"，进入操作环节，如图 4.13 所示。

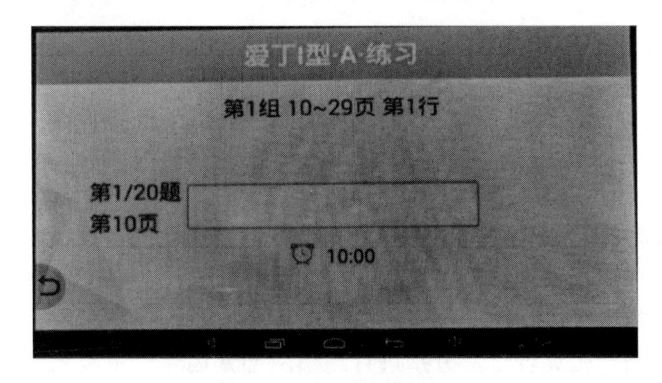

图 4.13　传票算录入界面

每次录完一页的数据，按"+"键，系统自动累加。录完一组 20 页的数据按回车键，累加的合计数显示在矩形框的上方。此时，系统会随机跳转出下一组题，如图 4.14 所示。

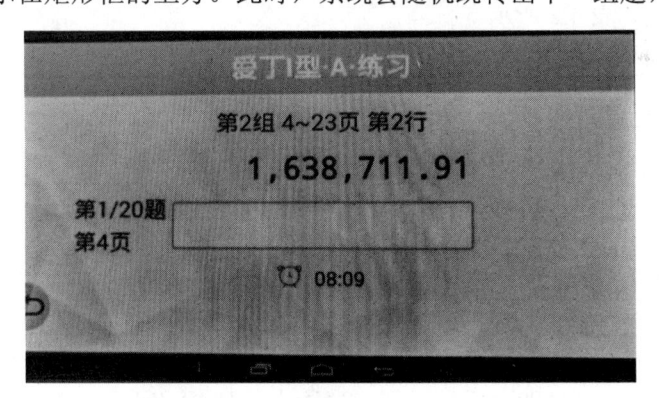

图 4.14　传票算录完 1 组后

录入过程中，录入要求与传票录相同，即多指盲打，杜绝看键盘。
10 分钟结束后，系统自动弹出成绩，可以单击"查看详情"，显示正确输入、错误输入及每小题的得分情况。
传票算与传票录的操作方法略有区别，主要有以下 3 点不同。
① 传票算的题型起始页可以自行设定，起始行也可以自己选择；传票录不可以。
② 传票算每录完一页的数据，需要按"+"键；传票录按回车键。
③ 传票算计算的是一段时间或业务数据的总和；传票录录入的是各阶段的数据。
两者的共同点是都具有练习录入指法与翻页的协调程度的功能，传票录是传票算的基础。
其他项，如"选择页面""跳转方式""每组页数""时间设置"等选项，传票算与传票录的规定没有区别。

在使用爱丁易学派翻打平板机的过程中,可以导出本月的成长记录,其中记录了本月保存的关于传票录和传票算的练习和测试结果,从而方便学生了解自己的学习情况。单击相应的系统时间,即可查看该时间段所做练习和测试的情况。成长记录里涵盖了"练习方式"(传票录、传票算)、"每组题数"、"成绩"、"用时"和系统时间(何时做的练习或测试)。

## 4.2 账表算

账表算又称表格算、表册算,是指将账表上所记录的数据进行纵向和横向加减运算的过程。账表算是会计工作日常结账和汇总数据的重要计算业务,会计报表的合计、累计、分组算等都属于此类运算,是会计核算中的一项基本技能。

账表算就是在同一张算表上,分别进行纵横两部分运算,将竖列表算和横行表算的两个合计数相互轧平(竖列、横行两个合计数相等)。

账表算的轧平,需要竖列和横行的每一道题都计算正确,如果竖列表算的合计数与横行表算的合计数计算相等,则此表轧平,否则将无法相等。

账表算的格式如表 4.2 所示。

表 4.2 账表算的格式

| 序 数 | 一 | 二 | 三 | 四 | 五 | 答 数 |
|---|---|---|---|---|---|---|
| 1 | 65 347 | 6 835 | 93 560 124 | 732 843 | 5 523 296 | |
| 2 | 265 384 | 10 974 | 6 629 721 | 42 196 053 | 3 586 | |
| 3 | 14 265 039 | 653 824 | 8 334 | 8 904 217 | 40 719 | |
| 4 | 9 801 724 | 21 453 096 | 31 708 | 5 368 | 456 283 | |
| 5 | 8 635 | 8 902 471 | 158 265 | -90 147 | 21 439 065 | |
| 6 | 27 483 650 | 458 649 | 4 693 | 37 102 | 9 307 124 | |
| 7 | 307 216 | 6 289 580 | 685 941 | 195 864 | -9 658 | |
| 8 | 30 217 | 3 902 417 | 9 856 | 74 258 360 | 71 203 | |
| 9 | 3 856 247 | 7 869 | 186 495 | 3 904 271 | 23 701 | |
| 10 | 4 217 039 | 54 307 | 65 368 921 | 5 986 | 164 958 | |
| 11 | 50 891 | 3 942 109 | 842 736 | 13 950 274 | 4 672 | |
| 12 | 827 364 | 7 624 | 39 140 572 | 5 619 308 | 10 985 | |
| 13 | 13 950 274 | 60 518 | 6 581 903 | -7 642 | 336 427 | |
| 14 | 6 581 903 | 321 642 | 2 674 | 80 153 | 632 678 | |
| 15 | 4 267 | 56 140 572 | 71 320 475 | 864 271 | 8 593 801 | |
| 16 | 968 042 | 97 025 | 45 724 136 | 6 130 | 3 108 579 | |
| 17 | 54 546 | 982 064 | 1 109 758 | 52 073 | 3 641 | |
| 18 | 3 108 574 | 57 813 462 | 9 340 | 946 025 | -29 057 | |
| 19 | 6 413 | 1 305 987 | 23 092 | 62 936 243 | 968 042 | |
| 20 | 4 057 | 4 163 | 814 086 | 1 307 891 | 57 832 614 | |
| 答 数 | | | | | | |

## 第 4 章　传票录入技能

从纵向看，账表上有 5 列数据，其中 3 列是纯加法，另 2 列是加减混合计算；从横向看，共 20 行数据，即 20 个小题。在实际工作中，由于账表内容反映的经济业务的时间不同，其行数与列数也不尽相同。

在比赛中，限时 10 分钟，每张表纵向 5 题，每题 14 分；横向 20 题，每题 5 分；两个合计数相互轧平，再加 30 分，总计 200 分。要按顺序做题，前表未做完，后表不计分。

### 实训 4

1. 计算器基本键位练习。

（1）竖式练习。

0、1、4、7，0、0、2、5、8，·、3、6、9 的练习如下。

食指：0、1、4、7 键。

中指：00、2、5、8 键。

无名指：·、3、6、9 键。

（2）横排练习。

1、2、3，4、5、6，7、8、9 的练习如下。

1、2、3 指法具体分工：食指 1 键、中指 2 键、无名指 3 键。

4、5、6 指法具体分工：食指 4 键、中指 5 键、无名指 6 键。

7、8、9 指法具体分工：食指 7 键、中指 8 键、无名指 9 键。

（3）交叉练习。

1、5、9，3、5、7 的练习如下。

1、5、9 指法具体分工：食指 1 键、中指 5 键、无名指 9 键。

3、5、7 指法具体分工：无名指 3 键、中指 5 键、食指 7 键。

（4）混合练习。

1、3、5、7、9，2、4、6、8、0 的练习如下。

1、3、5、7、9 指法具体分工：食指 1 键、无名指 3 键、中指 5 键、食指 7 键、无名指 9 键。

2、4、6、8、0 指法具体分工：中指 2 键、食指 4 键、无名指 6 键、中指 8 键、食指 0 键。

2. 用计算器快速计算各组练习题。

（1）513＋143＋623＋432＋238＋462＋262＋126－231＋152－798＝

（2）879＋302＋987－089－080＋978＋003－907－135＋178＋249＝

（3）347＋169＋511＋250－260＋529＋529－358＋516－191＋093＝

（4）7 016＋2 973－6 301＋1 689＋1 321＋1 682＋2 670＋6 179＋9 197＋4 561＋9 560＝

（5）5 983＋6 890＋421－5 619＋4 075＋4 216＋5 918－4 321＋4 201－8 391＋4 759＝

（6）1 267＋4 842－3 138＋976＋5 721＋2 160＋5 239－8 165＋9 326－8 255＋5 903＝

3．用计算器计算以下各题。

（1）传票算练习一。

| 题 序 | 起止页码 | 行 次 | 答 案 | 题 序 | 起止页码 | 行 次 | 答 案 |
| --- | --- | --- | --- | --- | --- | --- | --- |
| 1 | 75～94 | （五） |  | 11 | 41～60 | （一） |  |
| 2 | 26～45 | （一） |  | 12 | 57～76 | （二） |  |
| 3 | 50～69 | （四） |  | 13 | 23～42 | （三） |  |
| 4 | 37～56 | （三） |  | 14 | 19～38 | （四） |  |
| 5 | 69～88 | （二） |  | 15 | 15～34 | （五） |  |
| 6 | 75～94 | （三） |  | 16 | 72～91 | （二） |  |
| 7 | 25～44 | （五） |  | 17 | 43～62 | （四） |  |
| 8 | 38～57 | （二） |  | 18 | 18～37 | （三） |  |
| 9 | 26～45 | （一） |  | 19 | 79～98 | （五） |  |
| 10 | 63～82 | （四） |  | 20 | 24～43 | （一） |  |

（2）传票算练习二。

| 题 序 | 起止页码 | 行 次 | 答 案 | 题 序 | 起止页码 | 行 次 | 答 案 |
| --- | --- | --- | --- | --- | --- | --- | --- |
| 1 | 27～46 | （一） |  | 11 | 19～38 | （四） |  |
| 2 | 45～64 | （三） |  | 12 | 36～55 | （五） |  |
| 3 | 16～35 | （五） |  | 13 | 25～44 | （二） |  |
| 4 | 39～58 | （二） |  | 14 | 62～81 | （一） |  |
| 5 | 73～92 | （四） |  | 15 | 80～99 | （三） |  |
| 6 | 27～46 | （三） |  | 16 | 29～48 | （四） |  |
| 7 | 48～67 | （五） |  | 17 | 37～56 | （三） |  |
| 8 | 17～36 | （二） |  | 18 | 15～34 | （五） |  |
| 9 | 40～59 | （一） |  | 19 | 61～80 | （一） |  |
| 10 | 53～82 | （三） |  | 20 | 70～89 | （二） |  |

（3）传票算练习三。

| 题 序 | 起止页码 | 行 次 | 答 案 | 题 序 | 起止页码 | 行 次 | 答 案 |
| --- | --- | --- | --- | --- | --- | --- | --- |
| 1 | 33～52 | （五） |  | 11 | 29～48 | （五） |  |
| 2 | 40～59 | （一） |  | 12 | 24～43 | （二） |  |
| 3 | 49～68 | （三） |  | 13 | 19～39 | （二） |  |
| 4 | 51～70 | （四） |  | 14 | 26～45 | （四） |  |
| 5 | 53～72 | （五） |  | 15 | 12～31 | （二） |  |
| 6 | 56～75 | （二） |  | 16 | 73～92 | （四） |  |
| 7 | 59～78 | （一） |  | 17 | 41～60 | （五） |  |
| 8 | 60～79 | （三） |  | 18 | 35～54 | （一） |  |
| 9 | 6～25 | （一） |  | 19 | 28～47 | （三） |  |
| 10 | 71～90 | （三） |  | 20 | 30～49 | （二） |  |

# 第4章 传票录入技能

（4）传票算练习四。

| 题 序 | 起止页码 | 行 次 | 答 案 | 题 序 | 起止页码 | 行 次 | 答 案 |
|---|---|---|---|---|---|---|---|
| 1 | 8～27 | （一） | | 11 | 58～77 | （四） | |
| 2 | 76～95 | （四） | | 12 | 7～26 | （一） | |
| 3 | 65～84 | （五） | | 13 | 16～35 | （二） | |
| 4 | 25～44 | （二） | | 14 | 36～55 | （一） | |
| 5 | 47～66 | （三） | | 15 | 63～82 | （三） | |
| 6 | 28～47 | （四） | | 16 | 35～54 | （四） | |
| 7 | 75～94 | （一） | | 17 | 2～21 | （三） | |
| 8 | 5～24 | （三） | | 18 | 52～71 | （四） | |
| 9 | 13～32 | （二） | | 19 | 15～34 | （三） | |
| 10 | 41～60 | （四） | | 20 | 4～23 | （二） | |

（5）传票算练习五。

| 题 序 | 起止页码 | 行 次 | 答 案 | 题 序 | 起止页码 | 行 次 | 答 案 |
|---|---|---|---|---|---|---|---|
| 1 | 58～77 | （五） | | 11 | 23～42 | （三） | |
| 2 | 12～31 | （四） | | 12 | 51～70 | （一） | |
| 3 | 44～63 | （二） | | 13 | 75～94 | （五） | |
| 4 | 31～50 | （五） | | 14 | 19～38 | （一） | |
| 5 | 65～84 | （三） | | 15 | 20～39 | （四） | |
| 6 | 22～41 | （一） | | 16 | 33～52 | （二） | |
| 7 | 1～20 | （三） | | 17 | 16～35 | （五） | |
| 8 | 17～36 | （五） | | 18 | 54～73 | （三） | |
| 9 | 8～27 | （四） | | 19 | 43～62 | （一） | |
| 10 | 66～85 | （二） | | 20 | 38～57 | （四） | |

（6）传票算练习六。

| 题 序 | 起止页码 | 行 次 | 答 案 | 题 序 | 起止页码 | 行 次 | 答 案 |
|---|---|---|---|---|---|---|---|
| 1 | 18～37 | （一） | | 11 | 38～57 | （五） | |
| 2 | 25～44 | （二） | | 12 | 22～41 | （一） | |
| 3 | 35～54 | （二） | | 13 | 36～55 | （二） | |
| 4 | 75～94 | （四） | | 14 | 47～66 | （三） | |
| 5 | 48～67 | （五） | | 15 | 78～97 | （四） | |
| 6 | 43～62 | （三） | | 16 | 58～77 | （五） | |
| 7 | 27～46 | （四） | | 17 | 37～56 | （二） | |
| 8 | 66～85 | （五） | | 18 | 43～62 | （四） | |
| 9 | 15～34 | （一） | | 19 | 22～41 | （三） | |
| 10 | 47～66 | （二） | | 20 | 37～56 | （二） | |

(7) 传票算练习七。

| 题 序 | 起止页码 | 行 次 | 答 案 | 题 序 | 起止页码 | 行 次 | 答 案 |
|---|---|---|---|---|---|---|---|
| 1 | 72～91 | (三) |  | 11 | 71～90 | (五) |  |
| 2 | 45～64 | (五) |  | 12 | 63～82 | (二) |  |
| 3 | 21～40 | (二) |  | 13 | 54～73 | (三) |  |
| 4 | 57～76 | (一) |  | 14 | 8～27 | (一) |  |
| 5 | 6～25 | (三) |  | 15 | 51～70 | (四) |  |
| 6 | 30～59 | (五) |  | 16 | 75～94 | (三) |  |
| 7 | 27～46 | (二) |  | 17 | 39～58 | (二) |  |
| 8 | 14～33 | (四) |  | 18 | 41～60 | (五) |  |
| 9 | 38～57 | (三) |  | 19 | 33～52 | (一) |  |
| 10 | 24～43 | (一) |  | 20 | 66～85 | (三) |  |

(8) 传票算练习八。

| 题 序 | 起止页码 | 行 次 | 答 案 | 题 序 | 起止页码 | 行 次 | 答 案 |
|---|---|---|---|---|---|---|---|
| 1 | 53～72 | (四) |  | 11 | 45～64 | (五) |  |
| 2 | 29～48 | (二) |  | 12 | 73～92 | (三) |  |
| 3 | 30～49 | (五) |  | 13 | 11～30 | (二) |  |
| 4 | 11～30 | (三) |  | 14 | 59～78 | (四) |  |
| 5 | 65～84 | (四) |  | 15 | 5～24 | (一) |  |
| 6 | 32～51 | (一) |  | 16 | 36～55 | (二) |  |
| 7 | 8～27 | (五) |  | 17 | 68～87 | (二) |  |
| 8 | 70～89 | (二) |  | 18 | 71～90 | (三) |  |
| 9 | 7～26 | (三) |  | 19 | 2～21 | (一) |  |
| 10 | 55～74 | (四) |  | 20 | 47～66 | (二) |  |

(9) 传票算练习九。

| 题 序 | 起止页码 | 行 次 | 答 案 | 题 序 | 起止页码 | 行 次 | 答 案 |
|---|---|---|---|---|---|---|---|
| 1 | 19～38 | (四) |  | 11 | 9～28 | (二) |  |
| 2 | 40～59 | (五) |  | 12 | 31～50 | (一) |  |
| 3 | 56～75 | (三) |  | 13 | 45～64 | (三) |  |
| 4 | 79～98 | (二) |  | 14 | 69～88 | (四) |  |
| 5 | 76～95 | (一) |  | 15 | 66～85 | (五) |  |
| 6 | 11～30 | (三) |  | 16 | 14～33 | (五) |  |
| 7 | 33～52 | (四) |  | 17 | 30～49 | (三) |  |
| 8 | 55～74 | (二) |  | 18 | 51～70 | (四) |  |
| 9 | 72～91 | (四) |  | 19 | 67～86 | (一) |  |
| 10 | 79～98 | (一) |  | 20 | 50～69 | (二) |  |

(10) 传票算练习十。

| 题 序 | 起止页码 | 行 次 | 答 案 | 题 序 | 起止页码 | 行 次 | 答 案 |
|---|---|---|---|---|---|---|---|
| 1 | 8～27 | (一) | | 11 | 4～23 | (五) | |
| 2 | 29～48 | (二) | | 12 | 10～29 | (三) | |
| 3 | 52～71 | (五) | | 13 | 47～66 | (四) | |
| 4 | 68～87 | (三) | | 14 | 20～39 | (一) | |
| 5 | 75～94 | (四) | | 15 | 61～80 | (二) | |
| 6 | 9～28 | (四) | | 16 | 6～25 | (四) | |
| 7 | 29～48 | (五) | | 17 | 21～40 | (一) | |
| 8 | 52～71 | (一) | | 18 | 13～32 | (二) | |
| 9 | 68～87 | (二) | | 19 | 35～56 | (五) | |
| 10 | 77～96 | (三) | | 20 | 5～26 | (三) | |

**4．账表算练习题。**

(1) 账表算练习题一。

| 序 数 | 一 | 二 | 三 | 四 | 五 | 答 数 |
|---|---|---|---|---|---|---|
| 1 | 97 068 413 | 8 729 | 46 305 | 217 983 | 6 105 432 | |
| 2 | 6 205 431 | 40 653 | 179 823 | 89 076 413 | 9 827 | |
| 3 | 9 782 | 312 897 | 43 791 086 | 2 603 145 | 30 546 | |
| 4 | 30 546 | 14 398 067 | 5 210 436 | 9 872 | 397 128 | |
| 5 | 371 289 | 2 601 354 | 2 789 | −64 035 | 14 386 079 | |
| 6 | 2 679 | 492 736 | 15 238 709 | 85 401 | 6 805 413 | |
| 7 | 54 108 | 31 587 920 | 6 804 531 | 469 273 | −6 792 | |
| 8 | 436 927 | 8 601 345 | 6 297 | 53 192 870 | 54 108 | |
| 9 | 53 179 280 | 9 276 | 18 504 | 8 603 154 | 427 369 | |
| 10 | 6 805 413 | 41 805 | 473 692 | 9 627 | 31 597 280 | |
| 11 | 90 264 | 9 782 406 | 3 751 | 48 690 153 | 231 587 | |
| 12 | 215 873 | 5 713 | 40 629 | 9 746 802 | 86 430 951 | |
| 13 | 48 690 153 | 60 942 | 287 315 | −5 731 | 7 924 608 | |
| 14 | 7 924 608 | 258 731 | 64 810 359 | 20 496 | 1 753 | |
| 15 | 3 175 | 86 430 951 | 7 968 204 | 273 158 | 90 264 | |
| 16 | 672 031 | 65 019 | 29 513 487 | 4 738 | 8 402 956 | |
| 17 | 52 937 814 | 621 073 | 8 406 592 | 91 056 | 8 734 | |
| 18 | 842 956 | 95 248 371 | 7 834 | 637 102 | −16 095 | |
| 19 | 3 748 | 4 809 652 | 61 095 | 52 479 318 | 672 013 | |
| 20 | 59 016 | 7 483 | 613 027 | 4 805 269 | 9 518 247 | |
| 答 数 | | | | | | |

(2) 账表算练习二。

| 序 数 | 一 | 二 | 三 | 四 | 五 | 答 数 |
|---|---|---|---|---|---|---|
| 1 | 65 347 | 6 835 | 93 560 124 | 732 843 | 5 523 296 | |
| 2 | 265 384 | 10 974 | 6 629 721 | 42 196 053 | 3 586 | |
| 3 | 14 265 039 | 653 824 | 8 334 | 8 904 217 | 40 719 | |
| 4 | 9 801 724 | 21 453 096 | 31 708 | 5 368 | 456 283 | |
| 5 | 8 635 | 8 902 471 | 158 265 | −90 147 | 21 439 065 | |
| 6 | 27 483 650 | 458 649 | 4 693 | 37 102 | 9 307 124 | |
| 7 | 307 216 | 6 289 580 | 685 941 | 195 864 | −9 658 | |
| 8 | 30 217 | 3 902 417 | 9 856 | 74 258 360 | 71 203 | |
| 9 | 3 856 247 | 7 869 | 186 495 | 3 904 271 | 23 701 | |
| 10 | 4 217 039 | 54 307 | 65 368 921 | 5 986 | 164 958 | |
| 11 | 50 891 | 3 942 109 | 842 736 | 13 950 274 | 4 672 | |
| 12 | 827 364 | 7 624 | 39 140 572 | 5 619 308 | 10 985 | |
| 13 | 13 950 274 | 60 518 | 6 581 903 | −7 642 | 336 427 | |
| 14 | 6 581 903 | 321 642 | 2 674 | 80 153 | 632 678 | |
| 15 | 4 267 | 56 140 572 | 71 320 475 | 864 271 | 8 593 801 | |
| 16 | 968 042 | 97 025 | 45 724 136 | 6 130 | 3 108 579 | |
| 17 | 54 546 | 982 064 | 1 109 758 | 52 073 | 3 641 | |
| 18 | 3 108 574 | 57 813 462 | 9 340 | 946 025 | −29 057 | |
| 19 | 6 413 | 1 305 987 | 23 092 | 62 936 243 | 968 042 | |
| 20 | 4 057 | 4 163 | 814 086 | 1 307 891 | 57 832 614 | |
| 答 数 | | | | | | |

(3) 账表算练习题三。

| 序 数 | 一 | 二 | 三 | 四 | 五 | 答 数 |
|---|---|---|---|---|---|---|
| 1 | 56 093 124 | 3 685 | 19 407 | 826 534 | 9 807 142 | |
| 2 | 2 417 089 | 10 974 | 265 384 | 42 195 053 | 3 586 | |
| 3 | 8 365 | 653 824 | 14 265 039 | 8 904 217 | 40 719 | |
| 4 | 91 704 | 21 453 096 | 9 801 724 | 5 368 | 456 283 | |
| 5 | 538 264 | 8 902 471 | 8 635 | 90 147 | 21 439 065 | |
| 6 | 5 698 | 158 649 | 27 483 650 | 37 102 | 9 307 124 | |
| 7 | 30 217 | 42 736 580 | 9 301 742 | 195 864 | −9 658 | |
| 8 | 685 941 | 3 902 417 | 9 856 | 74 258 360 | 71 203 | |
| 9 | 3 856 247 | 5 869 | 23 701 | 3 904 271 | 186 495 | |
| 10 | 4 217 039 | 12 307 | 164 958 | 5 986 | 42 765 830 | |
| 11 | 50 891 | 5 638 109 | 4 672 | 13 950 274 | 842 736 | |

(续表)

| 序　数 | 一 | 二 | 三 | 四 | 五 | 答　数 |
|---|---|---|---|---|---|---|
| 12 | 827 364 | 7 624 | 10 985 | 5 619 308 | 39 140 572 | |
| 13 | 13 950 274 | 90 518 | 836 427 | −7 642 | 6 581 903 | |
| 14 | 6 581 903 | 873 642 | 91 320 475 | 80 159 | 2 674 | |
| 15 | 4 267 | 39 140 572 | 6 593 801 | 864 273 | 50 891 | |
| 16 | 968 042 | 97 025 | 85 724 136 | 6 134 | 3 108 579 | |
| 17 | 78 546 | 982 064 | 3 109 758 | 52 079 | 3 641 | |
| 18 | 3 108 574 | 57 813 462 | 6 341 | 946 028 | −29 057 | |
| 19 | 6 413 | 1 305 987 | 75 092 | 78 561 243 | 968 042 | |
| 20 | 2 057 | 4 163 | 924 086 | 1 307 895 | 57 832 614 | |
| 答　数 | | | | | | |

5. 账表算应用题。

（1）账表算应用题一。

某商业企业 2022 年 6 月 11 日至 17 日销售额计算如下。

| 品　类 | 日　期 | | | | | | | 合　计 |
|---|---|---|---|---|---|---|---|---|
| | 11 日 | 12 日 | 13 日 | 14 日 | 15 日 | 16 日 | 17 日 | |
| 食品类 | 9 527.42 | 5 360.91 | 4 540.16 | 5 738.47 | 1 341.25 | 3 927.32 | 9 540.76 | |
| 水果类 | 2 618.28 | 6 849.73 | 5 713.59 | 2 210.24 | 1 398.91 | 7 592.24 | 5 016.59 | |
| 饮料类 | 5 953.07 | 8 728.15 | 6 380.08 | 5 139.76 | 3 279.17 | 1 975.87 | 6 190.08 | |
| 调味类 | 537.92 | 1 109.83 | 915.42 | 1 328.61 | 2 310.93 | 637.82 | 905.42 | |
| 粮油类 | 2 219.29 | 7 572.78 | 419.46 | 8 421.83 | 4 155.30 | 5 920.39 | 569.46 | |
| 服装类 | 925.07 | 928.15 | 573.08 | 127.76 | 1 785.17 | 625.07 | 330.98 | |
| 家电类 | 95 671.26 | 33 289.73 | 95 713.59 | 22 490.24 | 41 358.91 | 27 608.26 | 45 213.79 | |
| 合　计 | | | | | | | | |

（2）账表算应用题二。

某书店 2022 年 6 月 11 日至 17 日销售额计算如下。

| 品　类 | 日　期 | | | | | | | 合　计 |
|---|---|---|---|---|---|---|---|---|
| | 11 日 | 12 日 | 13 日 | 14 日 | 15 日 | 16 日 | 17 日 | |
| 文学类 | 1 327.22 | 1 368.61 | 540.16 | 3 738.47 | 1 341.25 | 1 927.32 | 2 540.76 | |
| 经济类 | 618.28 | 849.73 | 2 713.59 | 210.24 | 1 328.91 | 2 592.24 | 3 016.59 | |
| 儿童类 | 2 953.07 | 3 728.15 | 2 380.08 | 1 139.76 | 3 279.17 | 1 975.87 | 3 190.08 | |
| 科技类 | 537.92 | 1 109.83 | 915.42 | 1 328.61 | 2 310.93 | 637.82 | 205.42 | |
| 美术类 | 2 219.29 | 572.78 | 419.46 | 421.83 | 4 155.30 | 920.39 | 569.42 | |
| 音乐类 | 995.07 | 928.15 | 973.08 | 127.76 | 1 785.17 | 625.07 | 530.98 | |
| 历史类 | 671.26 | 3 289.73 | 5 713.59 | 2 490.24 | 1 358.91 | 7 608.26 | 213.79 | |
| 合　计 | | | | | | | | |

（3）账表算应用题三。

某运动服装商场2022年6月11日至17日销售额计算如下。

| 品 类 | 日 期 ||||||| 合 计 |
| --- | --- | --- | --- | --- | --- | --- | --- | --- |
| | 11日 | 12日 | 13日 | 14日 | 15日 | 16日 | 17日 | |
| 耐克 | 19 527.42 | 25 360.91 | 14 540.16 | 15 738.47 | 11 341.25 | 13 927.32 | 9 540.76 | |
| 阿迪 | 12 618.28 | 16 849.73 | 15 713.59 | 12 210.24 | 11 398.91 | 18 592.24 | 15 016.59 | |
| 李宁 | 25 953.07 | 8 728.15 | 16 380.08 | 25 139.76 | 23 279.17 | 1 975.87 | 6 190.08 | |
| 安踏 | 3 537.92 | 1 109.83 | 3 915.42 | 1 328.61 | 2 310.93 | 1 637.82 | 1 905.42 | |
| 公鸡 | 12 219.29 | 17 572.78 | 419.46 | 8 421.83 | 14 155.30 | 25 920.39 | 1 569.46 | |
| kappa | 1 925.07 | 2 928.15 | 2 573.08 | 9 127.76 | 11 785.17 | 22 625.07 | 33 330.98 | |
| 纳迪亚 | 95 671.26 | 33 289.73 | 95 713.59 | 22 490.24 | 41 358.91 | 27 608.26 | 45 213.79 | |
| 合 计 | | | | | | | | |

（4）账表算应用题四。

某计算机耗材公司2022年6月11日至17日销售额计算如下。

| 品 类 | 日 期 ||||||| 合 计 |
| --- | --- | --- | --- | --- | --- | --- | --- | --- |
| | 11日 | 12日 | 13日 | 14日 | 15日 | 16日 | 17日 | |
| 主板类 | 69 527.42 | 35 360.91 | 24 540.06 | 25 738.47 | 41 341.25 | 23 927.32 | 19 540.76 | |
| 机箱类 | 32 618.28 | 26 849.73 | 15 713.59 | 12 210.24 | 11 983.91 | 18 592.24 | 15 016.59 | |
| 显卡类 | 25 953.07 | 18 728.15 | 16 380.08 | 25 139.76 | 23 279.17 | 11 975.87 | 16 190.08 | |
| 内存类 | 56 537.92 | 1 109.99 | 34 915.42 | 21 328.61 | 12 310.93 | 22 637.82 | 92 905.42 | |
| 电源类 | 2 219.29 | 7 572.78 | 25 419.46 | 18 421.83 | 4 155.30 | 15 920.39 | 22 569.46 | |
| 硬盘类 | 18 925.07 | 65 928.15 | 82 573.08 | 65 271.76 | 11 785.17 | 23 625.07 | 330.98 | |
| 光驱类 | 95 671.26 | 33 289.73 | 95 713.59 | 22 490.24 | 41 358.91 | 27 608.26 | 45 213.79 | |
| 合 计 | | | | | | | | |

# 第 5 章
# 出纳岗位技能

## 职业教育的学习目标

出纳是企业管理库存现金、银行存款、票据和有价证券、办理货币资金收付并进行序时核算与监督的一项重要工作。本章主要讲述企业出纳工作的岗位认知、现金业务操作、银行账户开立及变更、银行结算业务、企业网上银行操作技能等内容。

## 典型职业工作任务描述

### 1. 工作任务简述

广义的出纳工作既包括对各种票据、货币资金、有价证券的收付、保管和核算工作，也包括各单位业务部门的货币资金收付和保管工作；狭义的出纳工作仅指各企业财会部门专设出纳岗位的基础性工作。

### 2. 涉及的业务领域

出纳工作涉及库存现金的收付、银行结算等活动，其业务领域概括起来可分为实物保管与清点及货币资金收付结算两大部分。

### 3. 其他说明

出纳工作是一项政策性很强的经济管理工作，如果出纳对政策不熟悉，那么是绝对做不好出纳工作的。因此，出纳人员必须熟悉和掌握国家有关会计、财税、金融等方面的法律法规与企业货币资金管理制度。

## 职业描述

### 1. 工作对象

各种会计凭证、会计账簿、会计报表。

### 2. 劳动工具

钢笔或碳素笔、计算机。

### 3. 劳动场所

从事会计等各种经济工作的场所。

### 4. 资格和能力

持有会计专业技术资格证书,或者具有会计类专业学历(学位)或相关专业学历(学位)证书,且持续参加继续教育,具备从事会计工作所需要的专业能力。

## 能力训练

| 能力训练项目 | 拟实现的能力目标 | 相关支撑知识 | 训练手段 |
| --- | --- | --- | --- |
| 现金业务操作技能 | ① 熟悉现金相关管理制度<br>② 掌握现金收付业务操作<br>③ 掌握库存现金日记账的设置和登记 | ① 现金管理制度<br>② 现金收付款业务办理流程及账务处理<br>④ 现金日记账开设登记要求 | ① 填写借款单、现金缴款单、差旅费报销单等原始凭证,填写现金收付业务的记账凭证<br>② 登记库存现金日记账 |
| 银行账户开立及变更操作技能 | ① 熟悉银行存款账户开立、变更、撤销业务流程<br>② 能编制银行存款余额调节表 | ① 4种账户开立的条件<br>② 银行账户变更的规定<br>③ 银行账户撤销的规定<br>④ 编制银行存款余额调节表 | ① 填写开立银行存款账户申请书<br>② 填写银行存款余额调节表 |
| 银行结算业务操作技能 | ① 熟悉各种银行结算方式的结算特点和适用范围<br>② 能针对不同的经济业务,选择适当的银行结算方式并办理银行结算 | ① 支票结算<br>② 汇兑结算<br>③ 商业汇票结算<br>④ 银行汇票结算<br>⑤ 银行本票结算<br>⑥ 委托收款结算<br>⑦ 托收承付结算 | ① 填写支票、汇票等银行结算票据<br>② 办理支票、汇票等银行结算业务 |

# 5.1 出纳岗位认知

## 5.1.1 出纳岗位

**1. 出纳的概念**

出纳是随着货币兑换业务的出现而产生的,在不同的场合有着不同的含义。所谓"出",是支出、付出的意思,"纳"是收入的意思。这两个字相组合非常准确地表明了出纳业务的核心要义是货币资金的收入与支出。就内容来看,出纳至少包括两层意思:一是出纳工作;二是出纳人员。

出纳工作是指负责管理货币资金、票据、有价证券收付的一切工作。出纳工作有广义和狭义之分:从广义上讲,只要涉及票据、货币资金和有价证券的收付、保管、核算,就属于出纳工作的范围;从狭义上讲,出纳工作仅指各单位财会部门专设出纳岗位或人员所负责的各项工作。

出纳人员通常简称出纳,也有广义和狭义之分:从广义上讲,出纳既包括会计部门的出纳工作人员,又包括各业务部门的各类收银员(收款员);从狭义上讲,出纳仅指财会部门的出纳。本书所涉及的出纳均指狭义上的出纳。

**2. 出纳工作的基本原则**

出纳工作的基本原则是指内部牵制原则。《中华人民共和国会计法》(以下简称《会计法》)第三十七条规定:会计机构内部应当建立稽核制度。这是指出纳人员可登记现金日记账、银行存款日记账、固定资产卡片明细账和存货明细账,不得兼管稽核、会计档案保管和收入、支出、费用、债权债务账目的登记工作。

内部牵制原则的作用体现在:两个或两个以上的人或部门无意识地犯同样错误的机会是很小的;两个或两个以上的人或部门有意识地合伙舞弊的可能性大大低于单独一个人或部门舞弊的可能性。

## 5.1.2 出纳与会计的关系

**1. 出纳的配备**

《会计法》对各单位会计、出纳机构的设置和人员配备没有做出硬性规定,要求各单位根据实际需要来设定。各单位应当结合自身经济活动的特点、规模和业务量的大小及会计数量等设置出纳机构,配备必要的出纳,建立健全出纳规章制度和岗位责任制。出纳人员配备的多少,取决于本单位出纳业务量的多少和工作的繁简程度,要以满足业务要求为原则,一般可采用一人一岗、一人多岗和一岗多人3种形式。出纳的配备如表5.1所示。

表 5.1　出纳的配备

| 形　式 | 适用范围 |
|---|---|
| 一人一岗 | 规模不大的单位。出纳工作量不大，可设专职出纳一名 |
| 一人多岗 | 规模较小的单位，出纳工作量不大，可设兼职出纳一名 |
| 一岗多人 | 规模较大的单位，出纳工作量较大，可设多名出纳，分管现金、银行存款票据核算业务等 |

**2. 出纳工作的回避要求**

我国《会计基础工作规范》（2019 年修订）中明确规定：国家机关、国有企业、事业单位任用会计人员应当实行回避制度。单位领导人的直系亲属不得担任本单位的会计机构负责人、会计主管人员；会计机构负责人、会计主管人员的直系亲属不得在本单位会计机构中担任出纳工作，如表 5.2 所示。直系亲属是指和自己有直接血缘关系或婚姻关系的人，即直系血亲和直系姻亲。

表 5.2　需回避的亲属关系

| 需回避的亲属关系 | 夫妻关系 |
|---|---|
|  | 直系血缘关系 |
|  | 三代以内旁系血亲及配偶血亲关系 |

### 5.1.3　出纳基本工作和岗位职责

**1. 出纳的基本工作**

（1）出纳的基本工作

出纳的基本工作包括以下几个方面。

〈1〉办理库存现金和银行存款的收付业务

出纳要严格按照国家有关现金和银行结算的管理规定办理库存现金与银行存款的收付业务。

〈2〉办理资金核算业务

出纳根据会计制度的规定，在办理现金和银行存款的收付业务时，要严格审核有关原始凭证，据以编制收付款凭证。然后，根据编制的收付款凭证，序时登记库存现金日记账和银行存款日记账，并结出余额。

〈3〉保管库存现金、有价证券、空白票据及有关印章

出纳必须保管好库存现金和有价证券，确保其安全完整；出纳必须妥善保管空白支票、空白收据和有关印章，严格按照其规定的用途使用。

〈4〉办理外汇出纳业务

出纳应熟悉国家外汇管理制度，及时办理结汇、购汇、付汇，避免国家外汇损失。

## 2. 出纳的岗位职责

出纳的岗位职责主要包括以下几个方面。

① 出纳负责现金、支票、发票的保管工作，要做到收有记录、支有签字。

② 现金业务要严格按照财务制度和现金管理制度所要求的办理。对现金收支的原始凭证应认真稽核，不符合规定的有权拒付。

③ 现金要日清月结，按日逐笔记录现金日记账并按日核对库存现金，做到记录及时、准确、无误。

④ 支票的签发要严格执行银行支票管理制度，不得签发逾期支票、空头支票；对签发的支票必须填写用途、限额，除特殊情况外，需要填写收款人；应定期监督支票的收回情况。

⑤ 办理其他银行业务时，要核对发票金额是否正确、准确并经领导批准后签发，不得随意办理汇款。

⑥ 收付现金双方必须当面点清，防止发生差错。

⑦ 对库存现金要严格按照限额留用，不得肆意超出限额；要妥善保管现金、支票、发票，不得丢失。

⑧ 杜绝白条抵库，发现问题及时汇报领导。

⑨ 按期与银行对账，按月编制银行存款余额调节表，随时处理未达账项。

⑩ 对领导交予的其他事项按规定办理。

### 5.1.4 出纳工作制度

#### 1. 货币资金支付业务管理制度

(1) 支付申请

有关部门或个人用款时，应当提前向审批人提交货币资金支付申请，注明款项的用途、金额、预算、支付方式等内容，并附有效经济合同或相关证明。

(2) 支付审批

审批人根据其职责、权限和相应程序对支付申请进行审批。对不符合规定的货币资金支付申请，审批人应当拒绝批准。

(3) 支付复核

复核人应当对批准后的货币资金支付申请进行复核。复核货币资金支付申请的批准范围、权限、程序是否正确，手续及相关单证是否齐备，金额计算是否准确，支付方式、支付单位是否妥当等。复核无误后，交由出纳人员办理支付手续。

(4) 办理支付

出纳应当根据复核无误的支付申请，按规定办理货币资金支付手续，及时登记现金和银行存款日记账。

(5) 审批、审核流程

业务经办人→部门负责人（复核）→会计（复核）→审批人（复核）→出纳支付

### 2. 付款程序及注意事项

① 外购、工程承包款应根据统一发票、普通凭证,以及收到货物、器材的验收单,附请购单,经有关部门审核,报审批人核准后,出纳方能付款。

② 预付、暂付款项应根据合同或批准文件,由经办部门填写请款单,注明合同文件字号,报审批人核准后,出纳方能付款。

③ 一般费用应根据发票、收据或内部凭证,经有关部门审核,报审批人核准后,出纳方能付款。

④ 出纳支付(包括公私借用)每一笔款项,不论金额大小均须审批人批准签字。审批人外出,应由出纳设法通知审批人,审批人同意后可先付款后补签。

⑤ 所有支出凭证应由出纳严格审核其内容与金额是否与实际相符、领款人的印鉴是否相符,如有疑问必须查证无误后方能支付。

⑥ 支付款项应在原始凭证上加盖领款人印鉴,付讫后加盖付讫日期及经手人戳记。

## 5.1.5 出纳工作流程

出纳应当有一份自己的工作流程表,才能使工作有条不紊。出纳岗位的每日工作流程如表 5.3 所示。对于收支业务频繁的大中型企业,为了提高工作效率和资金安全,通常以每周为一个出纳工作周期。出纳岗位的每周工作流程如表 5.4 所示。

表5.3 出纳岗位的每日工作流程

| 步　骤 | 工作内容 |
| --- | --- |
| 第1步 | 上班第一时间检查保险箱里的现金、有价证券及其他贵重物品是否完好无损 |
| 第2步 | 请示领导或财务主管对当日资金的收支安排,在当日工作安排簿上一一列明 |
| 第3步 | 如库存现金不足先到银行提取现金 |
| 第4步 | 按规定办理各项收付款业务 |
| 第5步 | 根据审核无误的收付款记账凭证或原始凭证登记库存现金日记账和银行存款日记账,并每日结出余额 |
| 第6步 | 逐笔注销工作安排簿中已完成事项 |
| 第7步 | 必须在银行规定的现金解缴截止时间内送存超额现金 |
| 第8步 | 下班前,对库存现金进行盘点,做到账实相符;对银行支票进行清点,核实当日银行收支额;对发票、收据等进行清点,核实当日相关业务 |
| 第9步 | 对因特殊情况未完成的工作应明确列出,第二天优先办理 |
| 第10步 | 编制出纳日报表,反映当日资金收支情况 |
| 第11步 | 临下班前,检查保险柜、抽屉是否锁好,资料凭证是否收好 |

表 5.4　出纳岗位的每周工作流程

| 步　骤 | 工作内容 |
| --- | --- |
| 第 1 步 | 各部门及结算单位报送付款申请或付款通知书 |
| 第 2 步 | 领导审批付款申请或付款通知书后，通知财会部门付款 |
| 第 3 步 | 财会部门审核付款单证后安排付款 |
| 第 4 步 | 出纳根据审批单据办理资金收付，登记出纳日记账 |
| 第 5 步 | 出纳根据出纳日记账编制出纳报告 |

## 5.2　现金业务操作技能

### 5.2.1　现金概念及有关规定

#### 1. 现金的概念

现金有广义和狭义之分：广义的现金包括库存现金、银行活期存款、银行本票、银行汇票、信用证存款、信用卡存款等内容，西方会计惯例所称现金即广义的现金，与我国会计中的货币资金概念几乎一致；我国会计惯例所称现金为狭义的现金，即库存现金，是可由企业任意支配使用的纸币、硬币。

#### 2. 现金的使用范围

① 职工工资、津贴。
② 个人劳务报酬。
③ 根据国家有关制度的规定，颁发给个人的科学技术、体育等方面的各种奖金。
④ 各种劳保、福利及国家规定对个人的其他支出。
⑤ 向个人收购农副产品和其他物资的价款。
⑥ 出差人员必须随身携带的差旅费。
⑦ 结算起点（1 000 元）以下的零星支出。
⑧ 中国人民银行确定需要现金支付的其他支出。
超过上述范围的一切经济业务往来，都应通过开户银行转账结算。

#### 3. 库存现金限额管理

（1）库存现金限额的核定

为了保证现金的安全，规范现金管理，同时又能保证开户单位的现金正常使用，按照《现金管理暂行条例》及实施细则的规定，库存现金限额由开户银行和开户单位根据具体情况核定——凡在银行开户的单位，银行根据实际需要核定 3 天至 5 天的日常零星开支数额作为该单位的库存现金限额；边远地区和交通不便地区的开户单位，其库存现金限额的核定天数可以适当放宽到 5 天以上，但最多不得超过 15 天的日常零星开支的需要量。

(2) 库存现金限额的核定程序

① 开户单位与开户银行协商核定库存现金限额。

库存现金限额=每日零星支出额×核定天数每日零星支出额

＝月（或季）平均现金支出额（不包括定期性的大额现金支出和不定期的大额现金支出）÷月（或季）平均天数

② 开户单位填制库存现金限额核算表，示例如图 5.1 所示。

**库存现金限额核算表**

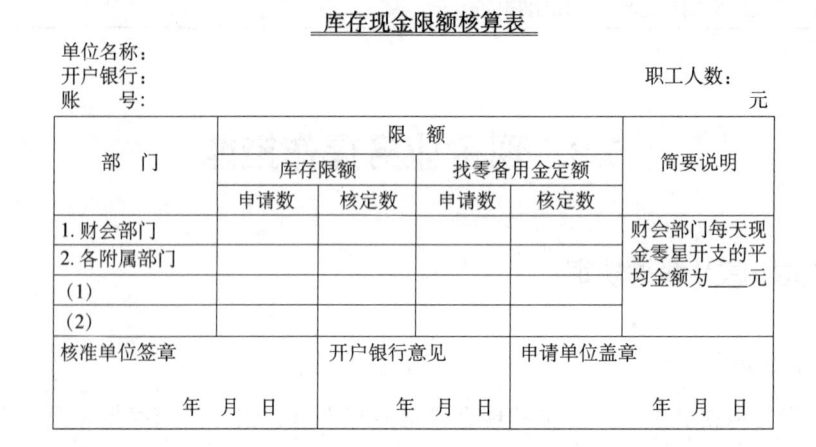

单位名称：
开户银行：　　　　　　　　　　　　　　　　　职工人数：
账　　号：　　　　　　　　　　　　　　　　　　　　　　元

| 部　门 | 限　额 ||||简要说明 |
|---|---|---|---|---|---|
| | 库存限额 || 找零备用金定额 |||
| | 申请数 | 核定数 | 申请数 | 核定数 | |
| 1. 财会部门 | | | | | 财会部门每天现金零星开支的平均金额为____元 |
| 2. 各附属部门 | | | | | |
| （1） | | | | | |
| （2） | | | | | |

核准单位签章　　　　　　　开户银行意见　　　　　　　申请单位盖章

　　年　月　日　　　　　　　年　月　日　　　　　　　年　月　日

图 5.1　库存现金限额核算表

③ 开户单位将库存现金限额核算表报送单位主管部门，经主管部门签署意见，再报开户银行审查批准，开户单位凭开户银行批准的限额数作为库存现金限额。

现金限额的核定程序如图 5.2 所示。

与开户银行协商核定限额 → 填写"库存现金限额核算表" → 申报、批准限额

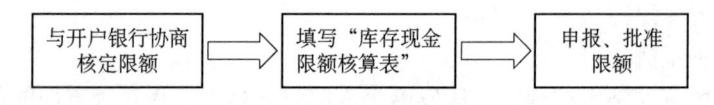

图 5.2　现金限额的核定程序

库存现金限额经银行核定批准后，开户单位应当严格遵守，每日现金的结存数不得超过核定的限额。当库存现金不足限额时，可从银行提取现金，不得在未经开户银行准许的情况下坐支现金。

库存现金限额一般每年核定一次。单位因生产和业务发展、变化需要增加或减少库存现金限额时，可向开户银行提出申请，经批准后方可进行调整，单位不得擅自超出核定库存现金限额增加库存现金。

**4. 现金收支的基本规定**

① 开户单位收入现金应于当日送存开户银行，当日送存确有困难的，由开户银行确定送存时间。

② 开户单位支付现金，可以从本单位库存现金中支付或从开户银行提取，不得从本单位的现金收入中直接支付，即不得"坐支"现金。因特殊情况需要坐支现金的单位，应事先报经有关部门审查批准，并在核定的范围和限额内进行，同时收支的现金必须入账。

③ 开户单位从开户银行提取现金时，应如实写明提取现金的用途，由本单位财会部门负责人签字盖章，并经开户银行审查批准后予以支付。

④ 因采购地点不确定、交通不便、抢险救灾及其他特殊情况必须使用现金的单位，应向开户银行提出书面申请，由本单位财会部门负责人签字盖章，并经开户银行审查批准后予以支付。

⑤ 不准用不符合国家统一会计制度的凭证顶替库存现金，即不得"白条顶库"。

⑥ 不准谎报用途套取现金。

⑦ 不准用银行账户代替其他单位和个人存入或支取现金。

⑧ 不准用单位收入的现金以个人名义存入储蓄。

⑨ 不准保留账外公款，即不得"公款私存"，不得设置"小金库"等。

### 5.2.2 现金收款业务操作技能

现金收款业务是指各单位在其所开展的生产经营和非生产经营性业务过程中取得现金的业务，包括企事业单位由于销售商品、提供劳务而取得的现金收入业务，机关、团体、部队、企事业单位提供非经营性服务而取得的现金收入，以及单位内部的现金收入，如出差人员报销差旅费退回的多余款项、向单位职工收取的违反制度罚款、执法单位取得的罚没收入等。

#### 1. 现金收款业务的主要类型

现金收款业务在出纳工作中非常频繁。企业的现金收款业务一般有以下几种：从银行提取备用金；职工退回多余的预借差旅费；收取零售款；收取押金；收取赔偿金；收取罚款；等等。出纳在收取现金款项的过程中，一定要特别谨慎、细心。

#### 2. 现金收款业务的办理注意事项

① 审核原始凭证。原始凭证主要包括发票、非经营性收据和内部收据。应确定该项业务是否真实、合法，凭证反映的商品数量、单价、金额等是否有误，现金收款业务有无刮擦涂改迹象，有无有关领导的签字或盖章等。

② 点收交来的现金。收妥现金后，在现金收款原始凭证上加盖"现金收讫"章。

③ 编制现金收款凭证，借方填写"库存现金"科目，贷方科目根据现金业务的不同而不同。

#### 3. 现金收款业务的流程

（1）确认收款依据

出纳办理现金收款业务时，必须先核实该业务的真实性、合法性，根据发票、协议等收款依据确认应收取的金额，如有错误则要求其改正或重办。

（2）收取款项

点钞验钞时，要注意识别假币。如果收到残损币，则应根据残损的情况做出准确处理。点验无误后应确认收款。

### (3) 开具收据

开具收据在出纳现金收款业务中经常发生,因此准确开具收据也是出纳必备的技能之一。实务中的收据会比较多样化,格式、联次均有所差异,但要点和内容大同小异。收据示例如图 5.3 所示。

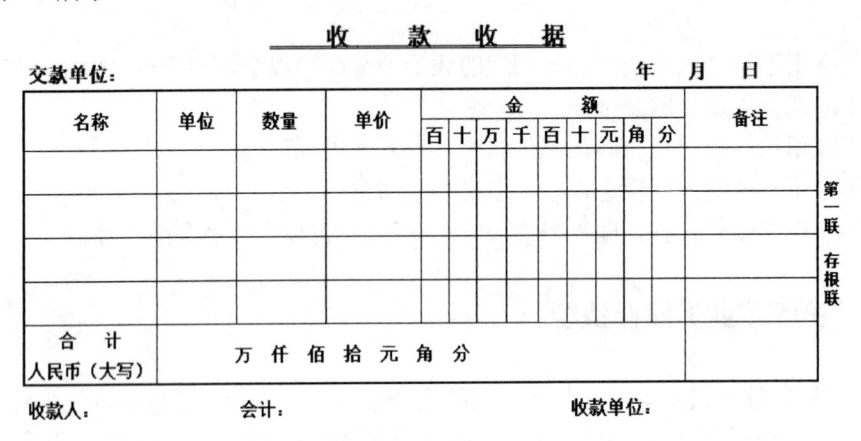

图 5.3 收据示例

收据一般为两联或三联无碳复写,属于自制原始凭证,既可在会计用品店或税务局购买,也可以由企业自己设计,再打印出来。收据开具主要有填写、盖章、使用 3 个步骤。

〈1〉填写

下面以"2022 年 3 月 4 日收到佳丽有限责任公司交来现金货款 700 元"为例,填写一张收据并盖章,如图 5.4 所示。

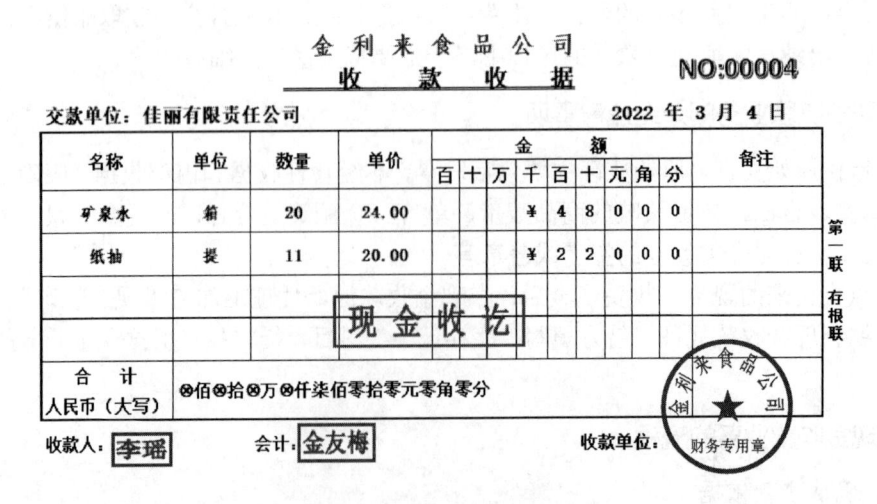

图 5.4 收据的填写与盖章

注意,收据上的相关人员签字,一般填写相关的经办人(交款人)和出纳(收款人)。

〈2〉盖章

如果是三联式收据,则在收据联的收款单位处加盖公章或财务专用章后,在记账联加盖现金收讫章。

〈3〉使用

填写完毕并盖章后,将收据联撕给付款方作为收款证明,存根联保留在收据本上备查。当日终了后,将当天开具的所有收据的记账联统一交给会计做账。

4. 现金收款账务处理

企业根据规定签发现金支票后,应根据审核无误的支票存根和相应的发票、单据等原始凭证编制记账凭证,如图5.5所示。

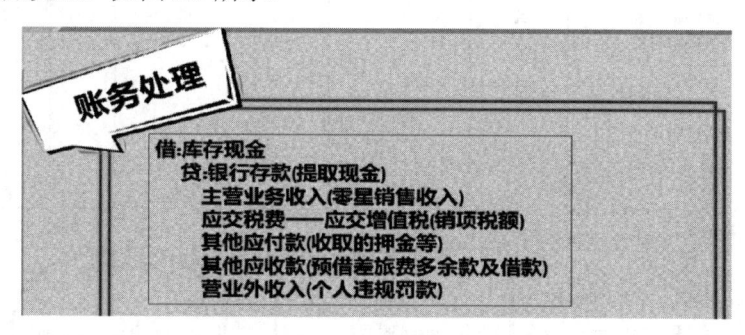

```
账务处理

借:库存现金
    贷:银行存款(提取现金)
       主营业务收入(零星销售收入)
       应交税费——应交增值税(销项税额)
       其他应付款(收取的押金等)
       其他应收款(预借差旅费多余款及借款)
       营业外收入(个人违规罚款)
```

图 5.5 现金收款的账务处理

5. 现金收款业务的操作

（1）收到小额零星货款

**例 5-1** 2022年3月7日,金利来食品公司收到佳佳有限责任公司购买达利园面包和百事可乐的现金货款271.20元,当日开具增值税电子普通发票,货已自提运走。

步骤1 金利来食品公司销售部门根据佳佳有限责任公司购买达利园面包和百事可乐的销售业务,填写产品销售通知单,如图5.6所示。

金 利 来 食 品 公 司
产 品 销 售 通 知 单    XT 20170320
2022年 3 月 7 日

| 客户全称 | 佳佳有限责任公司 | | 税号 | | |
|---|---|---|---|---|---|
| 地址 | | | 电话 | | |
| 开户银行 | | | 账号 | | |
| 产品名称 | 品牌 | 单位 | 数量 | 单价 | 备注 |
| 面包 | 达利园 | 袋 | 30 | 6.00 | |
| 可乐 | 百事 | 瓶 | 30 | 2.00 | |
| | | | | | |
| 提货人:佳佳有限责任公司 | | | 营销部: | 张明祥 | |

②财务联

图 5.6 产品销售通知单

步骤2 金利来食品公司收到转交的销售通知单后,依据销售通知单内容开具增值税电子普通发票(见图5.7),并交复核会计审核。

## 新编会计基本技能（第4版）

**北京增值税电子普通发票**

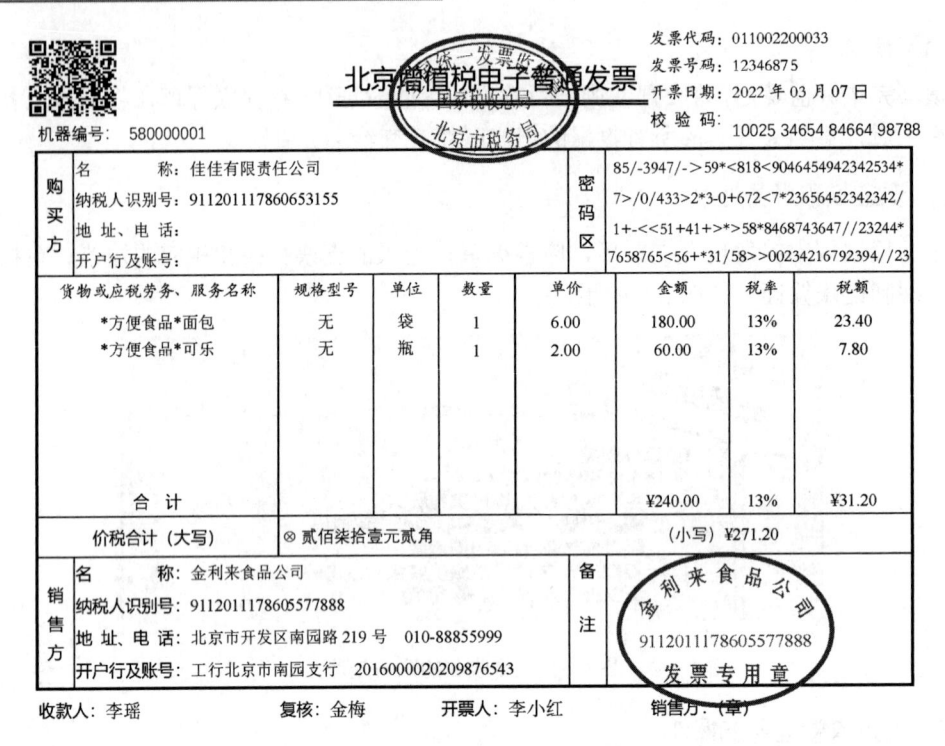

发票代码：011002200033
发票号码：12346875
开票日期：2022 年 03 月 07 日
校验码：10025 34654 84664 98788

机器编号：580000001

| | | | | | | | |
|---|---|---|---|---|---|---|---|
| 购买方 | 名　称：佳佳有限责任公司<br>纳税人识别号：911201117860653155<br>地　址、电话：<br>开户行及账号： | | | | | 密码区 | 85/-3947/->59*<818<9046454942342534*<br>7>/0/433>2*3-0+672<7*23656452342342/<br>1+-<<51+41+>*>58*8468743647//23244*<br>7658765<56+*31/58>>00234216792394//23 |

| 货物或应税劳务、服务名称 | 规格型号 | 单位 | 数量 | 单价 | 金额 | 税率 | 税额 |
|---|---|---|---|---|---|---|---|
| *方便食品*面包 | 无 | 袋 | 1 | 6.00 | 180.00 | 13% | 23.40 |
| *方便食品*可乐 | 无 | 瓶 | 1 | 2.00 | 60.00 | 13% | 7.80 |
| 合　计 | | | | | ¥240.00 | 13% | ¥31.20 |

价税合计（大写）　⊗ 贰佰柒拾壹元贰角　（小写）¥271.20

| | |
|---|---|
| 销售方 | 名　称：金利来食品公司<br>纳税人识别号：9112011178605577888<br>地　址、电话：北京市开发区南园路 219 号　010-88855999<br>开户行及账号：工行北京市南园支行　2016000020209876543 |

收款人：李瑶　　　复核：金梅　　　开票人：李小红　　　销售方：（章）

**图 5.7　增值税电子普通发票**

步骤 3　金利来食品公司收到佳佳有限责任公司的现金购货款，出纳李瑶当面清点货款无误后开具收据，并加盖"现金收讫"章，如图 5.8 所示。然后将收据转交复核会计进行审核。

**金利来食品公司**
**收　款　收　据**　　NO:00009

交款单位：佳佳有限责任公司　　　　　2022 年 3 月 7 日

| 名称 | 单位 | 数量 | 单价 | 金　额（百十万千百十元角分） | 备注 |
|---|---|---|---|---|---|
| 面包 | 袋 | 30 | 6.00 | ¥　　1 8 0 0 0 | |
| 可乐 | 瓶 | 30 | 2.00 | ¥　　　6 0 0 0 | |
| 税费 | | | | ¥　　　3 1 2 0 | |
| 合计<br>人民币（大写） | ⊗佰⊗拾⊗万⊗仟贰佰柒拾壹元贰角零分 | | | ¥271.20 | |

收款人：李瑶　　　会计：金友梅　　　收款单位：财务专用章

**图 5.8　收据**

步骤 4　业务员持销售通知单和销售发票来到公司仓库办理商品发货手续，仓库保管员填写一式三联的产品出库单并签字。业务员将出库单的记账联转交财会部门，材料会计依据库存商品成本明细账填写发出商品单价后，将产品出库单交由复核会计审核，如图 5.9 所示。

## 第 5 章 出纳岗位技能

金利来食品公司
产品出库单
2022 年 3 月 7 日

客户名称：佳佳有限责任公司

| 产品名称 | 品牌 | 单位 | 请领数量 | 实领数量 | 单价 | 成本 | 备注 |
|---|---|---|---|---|---|---|---|
| 面包 | 达利园 | 袋 | 30 | 30 | 6.00 | 4.50 | |
| 可乐 | 百事 | 瓶 | 30 | 30 | 2.00 | 1.50 | |
| 合计 | | | 60 | 60 | 240.00 | | |

销售部：王新员　　公司：郝平　　保管人：刘明

②财务

**图 5.9　产品出库单**

步骤 5　复核会计将审核无误的原始凭证交由出纳编制收款凭证，如图 5.10 所示。然后将收款凭证交由复核会计审核。

收款凭证

借方科目：库存现金　　2022 年 3 月 7 日　　现收字第 3 号

| 摘要 | 贷方科目 | | 金额 | 记账 |
|---|---|---|---|---|
| | 总账科目 | 明细科目 | 千百十万千百十元角分 | |
| 零售商品 | 主营业务收入 | 面包 | 1 8 0 0 0 | |
| | | 可乐 | 6 0 0 0 | |
| | 应交税费 | 应交增值税（销项税额） | 3 1 2 0 | |
| | 合计金额 | | ￥2 7 1 2 0 | |

附原始凭证 3 张

会计主管　　记账　　出纳：李瑶　　审核：金友梅　　制单：李伟

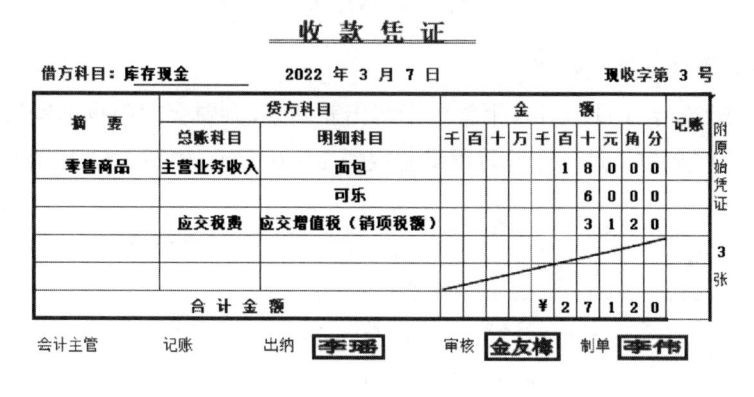

**图 5.10　收款凭证**

**（2）收到小额零星罚款**

**例 5-2**　2022 年 3 月 15 日，金利来食品公司营业员刘明于本月 4 日无故旷工一天，按照员工管理制度的规定，被处以 100 元罚款。

步骤 1　责任人刘明交纳罚款，当面清点 100 元罚金，开具收据，并加盖"现金收讫"的章，如图 5.11 所示。

金利来食品公司
收款收据　　NO:00004
交款单位：刘明　　2022 年 3 月 15 日

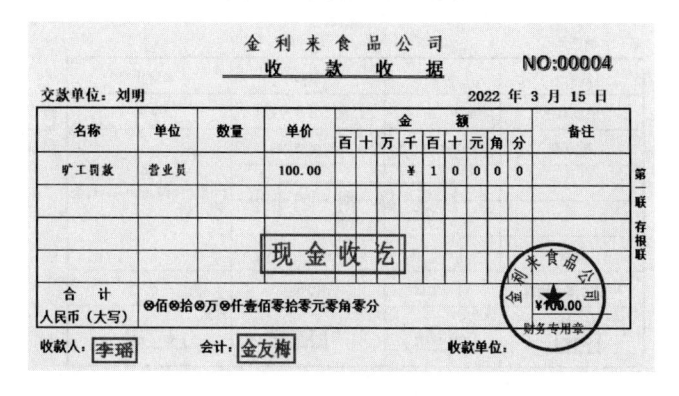

| 名称 | 单位 | 数量 | 单价 | 金额 百十万千百十元角分 | 备注 |
|---|---|---|---|---|---|
| 旷工罚款 | 营业员 | | 100.00 | ￥1 0 0 0 0 | |

现金收讫

合计人民币（大写）：⊗佰⊗拾⊗仟壹佰零拾零元零角零分　￥100.00

收款人：李瑶　　会计：金友梅　　收款单位：（金利来食品公司财务专用章）

第一联　存根联

**图 5.11　收据**

步骤2  出纳将收据交给复核会计审核无误后编制收款凭证，如图 5.12 所示。然后将收款凭证交给复核会计审核。

**收款凭证**

借方科目：库存现金　　2022 年 3 月 15 日　　现收字第 5 号

| 摘要 | 贷方科目 | | 金额 | 记账 |
|---|---|---|---|---|
| | 总账科目 | 明细科目 | 千百十万千百十元角分 | |
| 收到罚款 | 营业外收入 | 刘明 | 1 0 0 0 0 | |
| | | | | |
| | | | | |
| 合计金额 | | | ¥ 1 0 0 0 0 | |

会计主管　　记账　　出纳 李瑶　　审核 金友梅　　制单 李伟

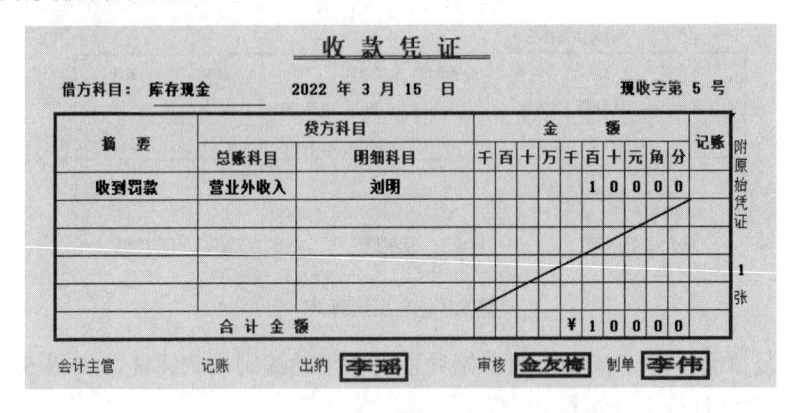

附原始凭证 1 张

图 5.12　收款凭证

（3）退回多余的预借差旅费

**例 5-3**　2022 年 3 月 16 日，销售员李恺出差回来，到财会部门报销差旅费 1 791 元，并退回剩余借款现金 209 元（出差前预借差旅费 2 000 元），如图 5.13 和图 5.14 所示。

金利来食品公司
借款单
NO:27839

2022 年 3 月 7 日

| 部门 | 销售部门 | 姓名 | 李恺 |
|---|---|---|---|
| 事由 | 预借差旅费 | 地点 | 北京 |
| 金额（大写） | 贰仟元整 | ¥2000 | |
| 备注 | 现金付讫 | | |
| 总经理：蒋李印海 | 部门主管：刘疆 | 会计主管：徐朗 | 借款人：李恺 |

第二联 记账联

图 5.13　借款单

**金利来食品公司报销审批单**

部门：销售部门　　2022 年 3 月 16 日

| 经手人 | 李恺 | 事由 | 洽谈业务 |
|---|---|---|---|
| 项目名称 | 金额（元） | 付款（结算方式） | 备注 |
| 差旅费 | 1791.00 | 现金支付 | 预借差旅费2000元，现金退回209元 |
| | 现金付讫 | | |
| 合计 | ¥1791.00 | | |
| 单位负责人审批 | 财务主管 | 部门领导 | 出纳 |
| 同意：蒋李印海 | 同意：徐朗 | 同意：李胜利 | 同意：李瑶 |

附单据 5 张

图 5.14　报销审批单

## 第 5 章  出纳岗位技能

步骤 1  销售员李恺出差回来，持相关票据填写差旅费报销单，如图 5.15 所示。经有关部门领导签字批准后到财会部门办理报销及退款手续。

图 5.15  差旅费报销单

步骤 2  复核会计审核相关发票和差旅费报销单后，将相关票据转交出纳办理报销业务。出纳复核后按照凭证金额，收回剩余差旅费预借款 209 元并开具收据，加盖"现金收讫"章，如图 5.16 所示。

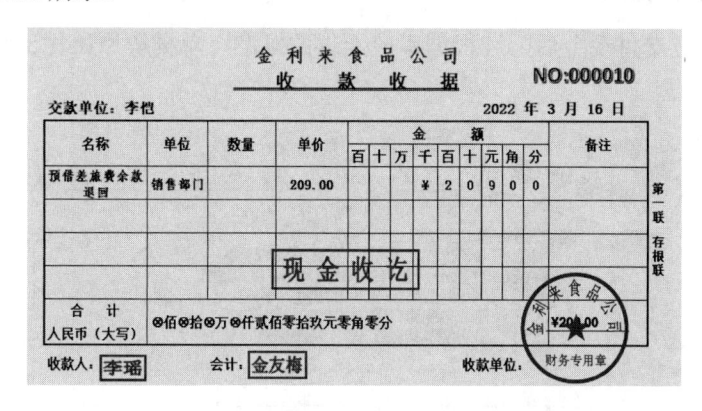

图 5.16  收据

步骤 3  制单人员依据审核无误的原始凭证编制收款凭证（见图 5.17）和转账凭证（见图 5.18）。

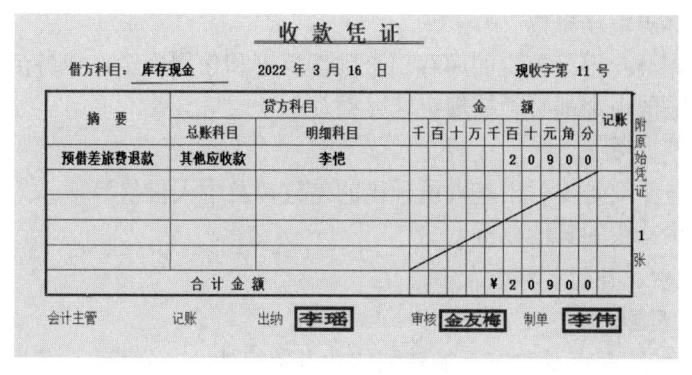

图 5.17  收款凭证

转 账 凭 证

2022 年 3 月 16 日　　　　　　　　　　　　　　转字第 1 号

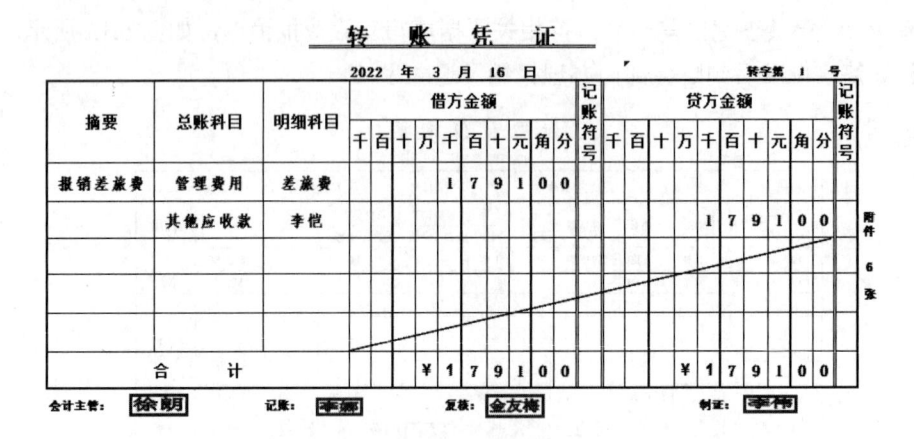

| 摘要 | 总账科目 | 明细科目 | 借方金额 千百十万千百十元角分 | 记账符号 | 贷方金额 千百十万千百十元角分 | 记账符号 |
|---|---|---|---|---|---|---|
| 报销差旅费 | 管理费用 | 差旅费 | 1 7 9 1 0 0 | | | |
| | 其他应收款 | 李恺 | | | 1 7 9 1 0 0 | |
| 合　　计 | | | ¥ 1 7 9 1 0 0 | | ¥ 1 7 9 1 0 0 | |

附件 6 张

会计主管：徐朗　　记账：李娜　　复核：金友梅　　制证：李梅

图 5.18　转账凭证

### 5.2.3　现金付款业务操作技能

#### 1. 现金付款业务的账务处理

企业根据规定支付现金后，应根据审核无误的发票、单据等原始凭证编制记账凭证，如图 5.19 所示。

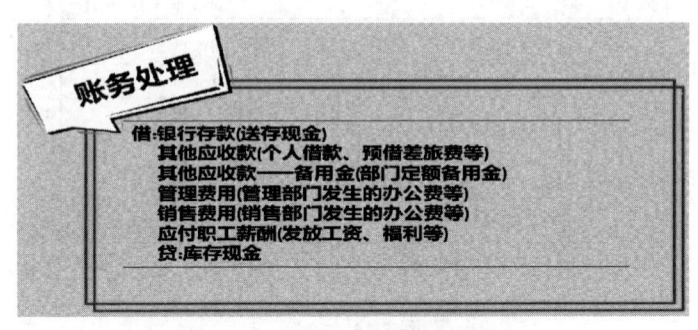

**账务处理**

借：银行存款(送存现金)
　　其他应收款(个人借款、预借差旅费等)
　　其他应收款——备用金(部门定额备用金)
　　管理费用(管理部门发生的办公费等)
　　销售费用(销售部门发生的办公费等)
　　应付职工薪酬(发放工资、福利等)
贷：库存现金

图 5.19　现金付款业务的账务处理

#### 2. 现金付款业务的类型

（1）将库存现金送存银行

企业必须依据开户银行核定的库存现金限额保管和使用现金，业务活动取得的现金及超过库存现金限额的现金都必须按规定送存银行。

（2）现金借款业务

现金借款业务主要是支付出差人员预借的差旅费及个人借款等。

（3）库存现金减少的其他业务

① 报销差旅费、补付差额款。

② 支付职工薪酬。

③ 支付不足转账起点及对方不能转账的业务招待费、办公费、广告宣传费、外购物资的价税及运杂费等。

## 3. 现金付款业务的操作

(1) 将库存现金送存银行

**例 5-4** 2022 年 3 月 17 日，金利来食品公司的出纳将超过库存现金限额的现金 2 000 元（100 元 15 张、50 元 6 张、10 元 20 张的纸币）存入银行，开户行为中国工商银行北京市南园支行，账号为 2016000020209876543。

步骤 1 出纳填写现金缴款单（见图 5.20），持现金与现金缴款单前往银行办理现金缴存业务，并将现金缴款单（回单）交由复核会计审核。

步骤 2 复核会计将审核无误的现金缴款单交由制单人员编制付款凭证，如图 5.21 所示。

**图 5.20 现金缴款单**

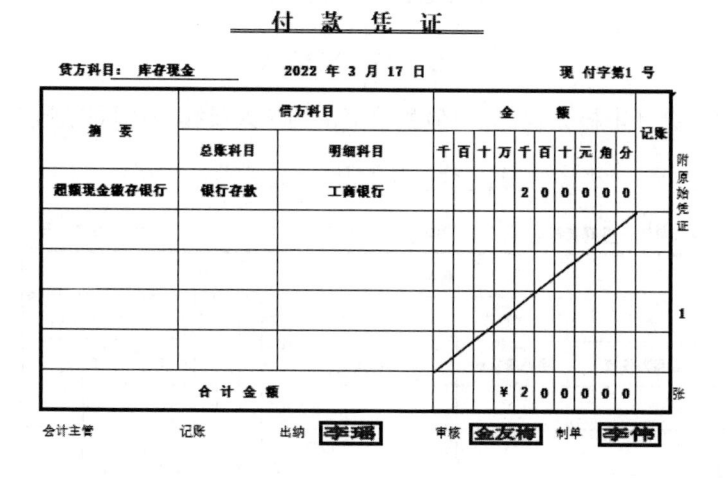

**图 5.21 付款凭证**

(2) 出差人员预借的差旅费

**例 5-5** 2022 年 3 月 20 日，金利来食品公司采购部杨林因公出差，预借差旅费 4 000 元。

步骤 1 采购部杨林在出差前填写借款单，如图 5.22 所示。本人签字并经公司主管领导批准签字后到财会部门办理借款业务。

金利来食品公司
借款单
NO:27840
2022 年 3 月 20 日

| 部门 | 采购部 | 姓名 | 杨林 |
|---|---|---|---|
| 事由 | 预借差旅费 | 地点 | 北京 |
| 金额（大写） | 肆仟元整 | | ¥4000 |
| 备注 | | | |

总经理：[李海印] 部门主管：[刘强] 会计主管：[陈明] 借款人：杨林

第二联 记账联

图 5.22 借款单

步骤 2　出纳审核借款单，审核无误后向杨林支付现金 4 000 元并要求他当面清点。然后在借款单上加盖"现金付讫"章（见图 5.23），并将借款单交由复核会计审核。

金利来食品公司
借款单
NO:27840
2022 年 3 月 20 日

| 部门 | 采购部 | 姓名 | 杨林 |
|---|---|---|---|
| 事由 | 预借差旅费 | 地点 | 北京 |
| 金额（大写） | 肆仟元整 | | ¥4000 |
| 备注 | | 现金付讫 | |

总经理：[李海印] 部门主管：[刘强] 会计主管：[陈明] 借款人：杨林

第二联 记账联

图 5.23 借款单

步骤 3　复核会计审核无误后，将借款单交由制单人员编制付款凭证，如图 5.24 所示。

付　款　凭　证

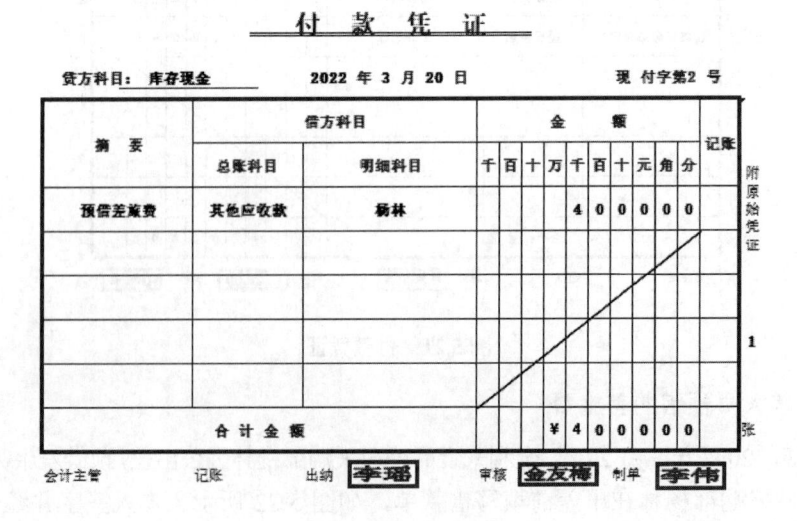

贷方科目：库存现金　　2022 年 3 月 20 日　　现 付字第 2 号

| 摘要 | 借方科目 | | 金额 | 记账 |
|---|---|---|---|---|
| | 总账科目 | 明细科目 | 千百十万千百十元角分 | |
| 预借差旅费 | 其他应收款 | 杨林 | 　　　 4 0 0 0 0 0 | |
| | | | | |
| | | | | |
| | | | | |
| 合计金额 | | | ¥ 4 0 0 0 0 0 | |

会计主管　　记账　　出纳 [李瑶]　　审核 [金友梅]　　制单 [李伟]

附原始凭证 1 张

图 5.24 付款凭证

### (3) 发放困难补助

**例 5-6**　2022 年 3 月 21 日，金利来食品公司决定支付生产车间困难职工孙盛阳生活困难补助款 1 000 元。

步骤 1　出纳按照困难补助发放表金额支付现金给孙盛阳。当面清点后，收款人在困难补助发放表上签字确认收款。出纳在补助发放表上加盖"现金付讫"章后，将相关原始凭证交由复核会计审核，如图 5.25 所示。

**金利来食品公司职工困难补助发放表**

2022 年 3 月 21 日

| 序号 | 姓名 | 部门 | 内容 | 金额 | 签名 |
|---|---|---|---|---|---|
| 1 | 孙盛阳 | 生产车间 | 困难补助 | 1000.00 | |
| | | | | | |
| | | | 现金付讫 | | |
| | | | | | |
| | | 合 计 | | 1000.00 | |

审批：李海（印）　复核：金友梅　会计主管：徐朗　制表：李伟

**图 5.25　困难补助发放表**

步骤 2　复核会计将审核无误的相关原始凭证交给制单人员编制付款凭证，如图 5.26 所示。

**付 款 凭 证**

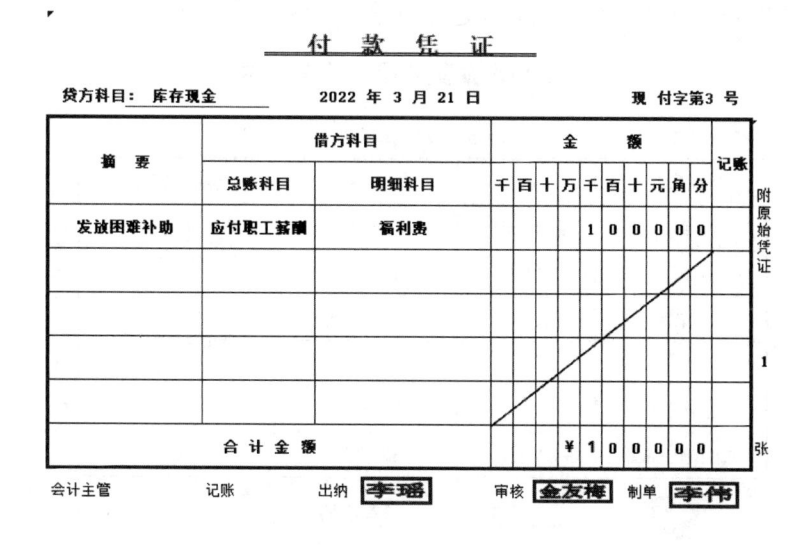

贷方科目：库存现金　　2022 年 3 月 21 日　　现 付字第 3 号

| 摘要 | 借方科目 | | 金额 | 记账 |
|---|---|---|---|---|
| | 总账科目 | 明细科目 | 千百十万千百十元角分 | |
| 发放困难补助 | 应付职工薪酬 | 福利费 | 　　　1 0 0 0 0 0 | 附原始凭证 1 张 |
| | | | | |
| | | | | |
| | | | | |
| 合计金额 | | | ¥　1 0 0 0 0 0 | |

会计主管　　记账　　出纳：李瑶　　审核：金友梅　　制单：李伟

**图 5.26　付款凭证**

### (4) 购买办公用品

**例 5-7**　2022 年 3 月 25 日，金利来食品公司办公室主任周梅用现金购买办公用品 395.50 元，交付相关部门使用。

步骤 1　金利来食品公司办公室主任周梅用现金购买办公用品 395.50 元并取得购货发票，如图 5.27 所示。

| 1100192160 | | 天津增值税专用发票 | | | № 20221211 1100192160 | | |
|---|---|---|---|---|---|---|---|
| | | 发票联 | | | 开票日期：2022 年 03 月 25 日 | | |
| 购买方 | 名　称：金利来食品公司 纳税人识别号：9112011178605577888 地址、电话：北京市开发区南园路 219 号　010-88855999 开户行及账号：工行北京市南园支行　2016000020209876543 | | | | 密码区 | 358=947/->59-<865<90>59*<818<9092 2>/0/433>2-3-0+672<7*+672<7>23472<7 0+-<=-1-41+>/58*8460>58*8460372<72 8*765<56+*31/58>09661/58>>00272<76 | |
| 货物或应税劳务、服务名称 | 规格型号 | 单位 | 数量 | 单价 | 金额 | 税率 | 税额 |
| *纸制品*打印纸 | | 包 | 10 | 25.00 | 250.00 | 13% | 32.50 |
| *纸制品*笔记本 | | 个 | 10 | 25.00 | 100.00 | 13% | 13.00 |
| 合　计 | | | | | ¥350.00 | | ¥45.50 |
| 价税合计（大写） | ⊗ 叁佰玖拾伍元伍角整 | | | | （小写）¥395.50 | | |
| 销售方 | 名　称：天津东纺文具用品商店 纳税人识别号：91120204637288785 地址、电话：天津市泰安道 2940 号　022-27489698 开户行及账号：农行泰安道支行　3561234890987653246 | | | | 备注 | | |
| 收款人：李凤玲　　　复核：高央　　　开票人：马艳红　　　销售方：（章） | | | | | | | |

**图 5.27　购货发票**

步骤 2　办公室主任周梅根据购货发票的采购内容填写报销审批单，办理报销审批手续，并将购货发票一并转交给复核会计进行审核，如图 5.28 所示。

**金利来食品公司报销审批单**

部门：办公室　　　　2022 年 3 月 26 日

| 经手人 | 周梅 | 事由 | 购买办公用品 | |
|---|---|---|---|---|
| 项目名称 | 金额（元） | 付款（结算方式） | 备注 | 附单据 5 张 |
| 打印纸 | 282.50 | 现金支付 | | |
| 笔记本 | 113.00 | | 未曾预借差旅费 | |
| 合计 | | ¥395.50 | | |
| 单位负责人审批 | 财务主管 | 部门领导 | 出纳 | |
| 同意：（李海印） | 同意：（徐朗） | 同意：（赵文武） | 同意： | |

**图 5.28　报销审批单填写与审核**

步骤 3　复核会计将审核无误的相关凭证交给出纳，出纳依据凭证金额付款。当面清点后，出纳在报销审批单上签字并加盖"现金付讫"章，如图 5.29 所示。

# 第 5 章  出纳岗位技能

**金利来食品公司报销审批单**

部门：办公室　　　2022 年 3 月 26 日

| 经手人 | 周梅 | 事由 | 购买办公用品 | |
|---|---|---|---|---|
| 项目名称 | 金额（元） | 付款（结算方式） | 备注 | 附单据 5 张 |
| 打印纸 | 282.50 | 现金支付 | 未曾预借差旅费 | |
| 笔记本 | 113.00 | **现金付讫** | | |
| 合计 | ￥395.50 | | | |
| 单位负责人审批 | 财务主管 | 部门领导 | 出纳 | |
| 同意：薄李印海 | 同意：徐朗 | 同意：赵文武 | 同意：李瑶 | |

**图 5.29　报销审批单签字与盖章**

步骤 4　出纳将报销审批单及所附发票传递给制单人员填制付款凭证，如图 5.30 所示。

**付　款　凭　证**

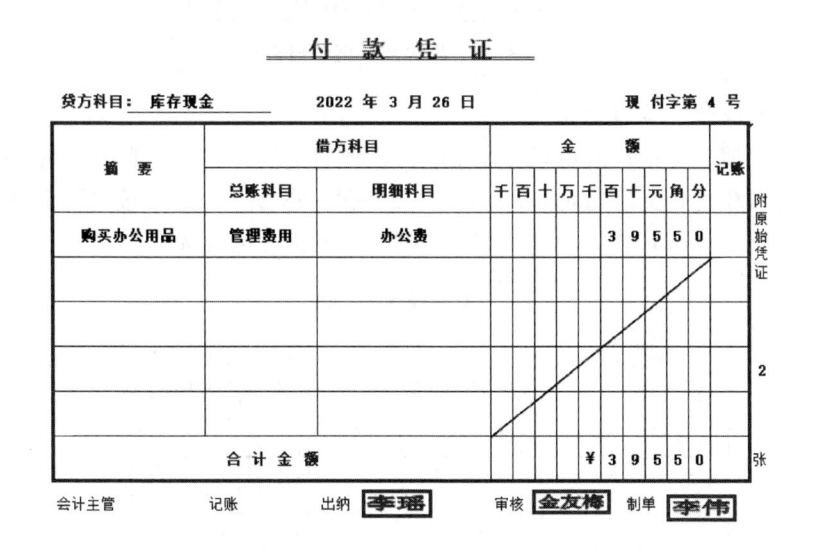

贷方科目：库存现金　　　2022 年 3 月 26 日　　　现 付字第 4 号

| 摘　要 | 借方科目 | | 金　额 | 记账 |
|---|---|---|---|---|
| | 总账科目 | 明细科目 | 千 百 十 万 千 百 十 元 角 分 | |
| 购买办公用品 | 管理费用 | 办公费 | 　　　　　3 9 5 5 0 | 附原始凭证 2 张 |
| | | | | |
| | | | | |
| | | | | |
| 合计金额 | | | ￥3 9 5 5 0 | |

会计主管　　　记账　　　出纳 李瑶　　　审核 金友梅　　　制单 李伟

**图 5.30　付款凭证**

## 5.2.4　库存现金日记账的登记

库存现金是企业很重要的一项资产。为了核算和监督库存现金每天的收入、支出和结存情况，企业需要设置库存现金日记账。

### 1. 库存现金日记账的概念

库存现金日记账是用来逐日反映库存现金的收入、付出及结余情况的特种日记账。库存现金日记账由单位出纳根据审核无误的现金收付款凭证和从银行提现的银付凭证，按照经济业务发生的顺序逐日逐笔进行登记。

## 2. 库存现金日记账的种类

库存现金日记账可以分为三栏式日记账和多栏式日记账两种。其中，多栏式日记账还可以详细分为库存现金收入日记账和库存现金支出日记账。实务工作中企业多使用三栏式日记账。

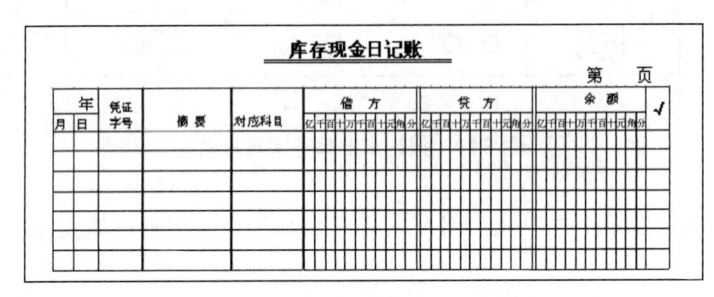

(1) 三栏式库存现金日记账

三栏式库存现金日记账是现金收入和现金支出在同一张账页上，各个对应科目不另设专栏反映的一种日记账格式，其三栏分别为"借方""贷方""余额"，如图 5.31 所示。登记时由出纳根据审核无误后的会计凭证序时逐笔登记，并随时结出余额。

图 5.31 三栏式库存现金日记账

(2) 多栏式库存现金日记账

多栏式库存现金日记账既可以将现金收入和现金支出并在一本账中，也可以分别设置现金收入日记账和现金支出日记账，如图 5.32 和图 5.33 所示。账中按照现金收付的对应科目分别设置专栏进行序时登记，各单位可根据本单位实际情况选用。

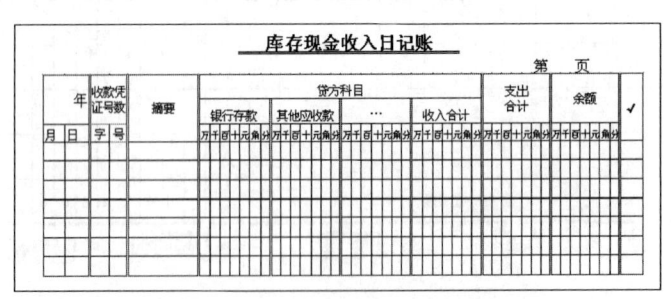

图 5.32 多栏式库存现金收入日记账

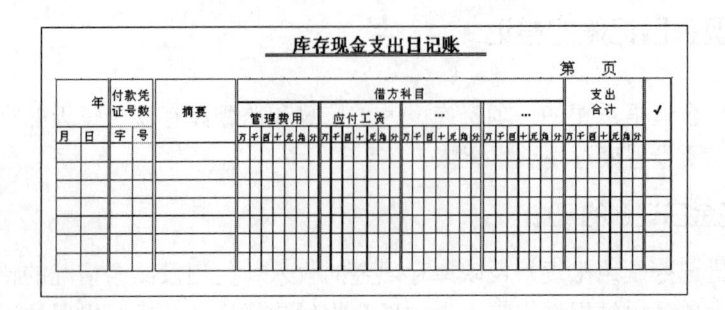

图 5.33 多栏式库存现金支出日记账

## 3. 库存现金日记账的登记方法（见图 5.34）

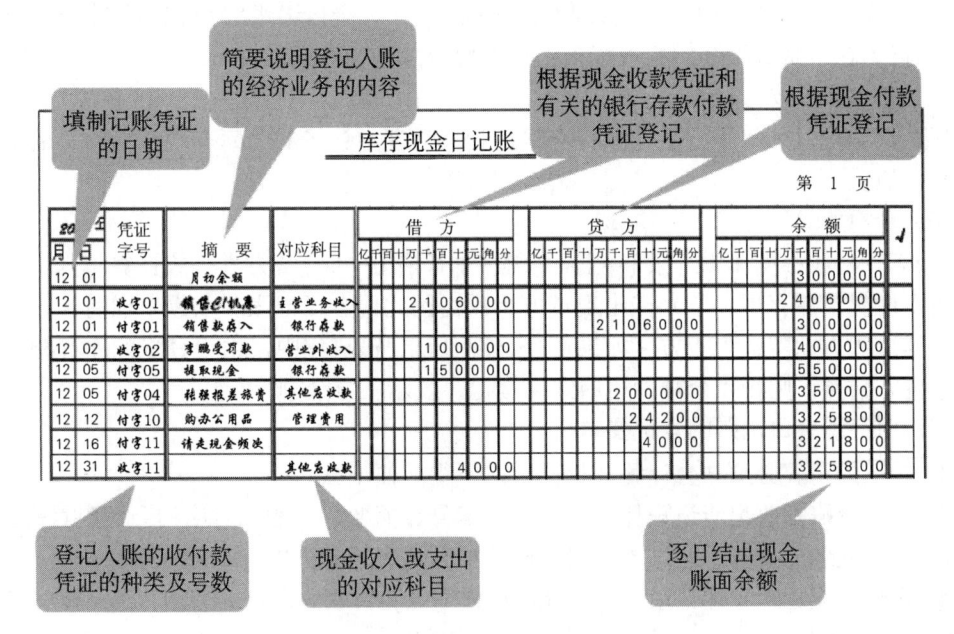

图 5.34　库存现金日记账的登记方法

（1）库存现金日记账登记的内容

登记现金日记账时，除遵循账簿登记的基本要求外，还应注意以下栏目的填写方法。

〈1〉日期

日期栏中填入的应为据以登记账簿的会计凭证上的日期，现金日记账一般依据记账凭证登记，因此此处日期为编制该记账凭证的日期。不能填写原始凭证上记载的发生或完成该经济业务的日期，也不是实际登记该账簿的日期。

〈2〉凭证字号

"凭证字号"栏中应填入据以登记账簿的会计凭证类型及编号。例如，企业采用通用凭证格式，根据记账凭证登记现金日记账时，填入"记字×号"；企业采用专用凭证格式，根据现金收款凭证登记现金日记账时，填入"收字×号"。

〈3〉摘要

"摘要"栏简要说明入账的经济业务的内容，力求简明扼要。

〈4〉对应科目

"对应科目"栏应填入会计分录中"库存现金"科目的对应科目，用以反映库存现金增减变化的来龙去脉。在填写对应科目时，应注意以下 3 点。

① 对应科目只填总账科目，不需要填明细科目。

② 当对应科目有多个时，应填入主要对应科目。例如，销售产品收到现金，则"库存现金"的对应科目有"主营业务收入"和"应交税费"，此时可在"对应科目"栏中填入"主营业务收入"，在"借方"金额栏中填入取得的现金总额，而不能将一笔现金增加业务拆分成两个对应科目金额填入两行。

③ 当对应科目有多个且不能从科目上划分出主次时，可在"对应科目"栏中填入其中

金额较大的科目，并在其后加上"等"字。例如，用现金 800 元购买零星办公用品，其中 300 元由车间负担、500 元由行政管理部门负担，则在现金日记账"对应科目"栏中填入"管理费用等"，在"贷方"金额栏中填入支付的现金总额 800 元。

〈5〉借方、贷方

"借方"金额栏、"贷方"金额栏应根据相关凭证中记录的"库存现金"科目的借贷方向及金额填入。

〈6〉余额

"余额"栏应根据"本行余额=上行余额+本行借方-本行贷方"公式计算填入。

正常情况下库存现金不允许出现贷方余额，因此现金日记账"余额"栏前未印有借贷方向，其余额方向默认为借方。如果在登记现金日记账过程中，由于登账顺序等特殊原因出现了贷方余额，则在"余额"栏用红字登记，表示贷方余额。

(2) 库存现金日记账的登记要求

① 登记的内容必须与会计凭证相一致，不得随便增减。

② 每一笔账都要记清记账凭证的日期、编号、摘要、金额和对应的会计科目等。

③ 经济业务的摘要不能过于简略，应能清晰地表述业务内容，便于事后查对。

④ 日记账应逐笔分行记录，既不得将收款凭证和付款凭证合并登记，也不得将付款凭证相抵后以差额登记。

⑤ 登记完毕，应当逐项复核，复核无误后在记账凭证上的"过账"一栏标上过账符号"√"，表示已经登记入账。

(3) 库存现金日记账的重要事项

① 现金日记账必须每月结出余额，并与现金实际数进行核对，以检查每日现金收付是否有误。

② 计算公式：本日余额=上日余额+本日收入-本日支出。

③ 过次页：每一账页记完后，必须按照规定转页。

④ 承前页：在本月最后一行和下一页的第一行进行"过次页"和"承前页"的填写。

⑤ 在本页最后一行内结出本月发生额合计数及余额，然后填写"过次页"并在下一页第一行填写"承前页"。

⑥ 库存现金日记账需要结计本月发生额，即"过次页"的本页合计数应当为自本月初起至本页末止的发生额合计数。

(4) 库存现金日记账的红线画法

〈1〉月结

每月结账时，应在各账户本月份最后一笔记录下面画一条通栏红线，表示本月结束。在红线下面结出本月发生额和月末余额，如果没有余额，则在"余额"栏内写上"平"或"θ"符号。同时，在"摘要"栏内注明"本月合计"或"$X$ 月份发生额及余额"字样。最后，再在下面画一条通栏红线，表示完成月结工作。

〈2〉季结

季结的结账方法与月结基本相同，但在"摘要"栏内注明"本季合计"或"第 $X$ 季度发生额及余额"字样。

〈3〉年结

办理年结时,应在12月份月结下面结算填列全年12个月的月结发生额和年末余额,如果没有余额,则在"余额"栏内写上"平"或"θ"符号。同时,在"摘要"栏内注明"本年合计"或"年度发生额及余额"字样。然后,将年初借(贷)方余额抄列于下一行的借(贷)方栏内,并在"摘要"栏内注明"结转下年"字样。最后,分别加计借贷方合计数,并在合计数下面画通栏双红线表示封账,完成年结工作。

需要更换新账的,应在新账有关账户的第一行"摘要"栏内注明"上年结转"或"年初余额"字样,并将上年的年末余额以相应方向记入新账的"余额"栏内。

库存现金日记账的登记及画线如图5.35所示。

| 2022年 |  | 凭证编号 | 摘要 | 对方科目 | 借方 | 核对 | 贷方 | 核对 | 余额 | 核对 |
|---|---|---|---|---|---|---|---|---|---|---|
| 月 | 日 |  |  |  |  |  |  |  |  |  |
|  |  |  | 承前页 |  | 8449420 00 |  | 11571628 10 |  | 14686467 76 |  |
| 12 | 19 | 26 | 偿还贷款 |  |  |  | 440050 00 |  | 14246417 76 |  |
| 12 | 20 | 27-1/2 | 提现 |  |  |  | 8000 00 |  | 14238417 76 |  |
| 12 | 20 | 28 | 采购微波炉 |  |  |  | 40950 00 |  | 14197467 76 |  |
| 12 | 21 | 27-1/3 | 出售专利权 |  | 600000 00 |  |  |  | 14797467 76 |  |
| 12 | 28 | 32 | 收回长江贷款 |  | 966000 00 |  |  |  | 15763467 76 |  |
| 12 | 28 | 33 | 交电话费 |  |  |  | 2865 70 |  | 15760602 06 |  |
| 12 | 28 | 34 | 活期存款利息收入 |  | 4621 86 |  |  |  | 15765223 92 |  |
| 12 | 30 | 36 | 收取代销款 |  | 1227050 00 |  |  |  | 28035572 92 |  |
| 12 | 31 | 37 | 交加油费 |  |  |  | 58500 00 |  | 27977229 92 |  |
| 12 | 31 | 38 | 归还借款 |  |  |  | 3414000 00 |  | 24563229 92 |  |
| 12 | 31 | 46 | 缴纳社保 |  |  |  | 720533 16 |  | 23842690 76 |  |
| 12 | 31 | 66 | 缴纳所得税 |  |  |  | 1589941 84 |  | 22252748 92 |  |
|  |  |  | 本月合计 |  | 2229054 186 |  | 17834646 80 |  | 22252748 92 |  |
|  |  |  | 本年累计 |  | 2229054 186 |  | 17834646 80 |  | 22252748 92 |  |
|  |  |  | 结转下年 |  |  |  |  |  |  |  |

图5.35 库存现金日记账的登记及画线

## 5.2.5 现金清查

为了加强对出纳工作的监督,及时发现可能发生的现金差错或丢失,防止贪污、盗窃、挪用公款等不法行为的发生,确保库存现金安全完整,各单位应建立库存现金清查制度,由有关领导和专业人员组成清查小组,定期或不定期地对库存现金情况进行清查盘点,重点放在账款是否相符、有无白条抵库、有无私借公款、有无挪用公款、有无账外资金等违纪违法行为上。

现金清查的基本步骤如图5.36所示。

现金日记账结余 → 整理清点现金 → 核对现金余额 → 编制现金日记账

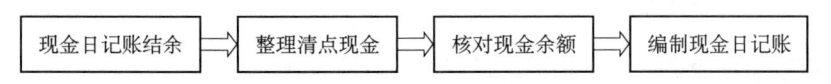

图5.36 现金清查的基本步骤

在日常工作中,出纳每日终了清点库存现金实有数额,并及时与现金日记账的余额相核对,编制现金日报表。

定期或不定期清查时，一般应组成清查小组并负责现金清查工作，清查人员应在出纳在场时清点现金，核对账实，注明实存数与账面余额，并根据清查结果填制库存现金盘点表，如图 5.37 所示。

**库 存 现 金 盘 点 表**

盘点日期：　　年　　月　　日

| 项目编号 | 项目名称 | 项目金额 ||||||
|---|---|---|---|---|---|---|---|
| | | 票面 | 张数 | 金额 | 票面 | 张数 | 金额 |
| 1 | 实际盘点金额 | 壹佰元 | | | 伍角 | | |
| | | 伍拾元 | | | 壹角 | | |
| | | 贰拾元 | | | | | |
| | | 壹拾元 | | | | | |
| | | 伍元 | | | | | |
| | | 壹元 | | | 合计 | | |
| 2 | 加：已付讫未入账的账单 | | | | | | |
| 3 | 减：已收讫未入账的账单 | | | | | | |
| 4 | 调整后的实际盘点金额 | | | | | | |
| 5 | 库存日记账账面余额 | | | | | | |
| 6 | 盘点结果 | 长款金额 ||| 短款金额 |||
| 处理意见： | | | | | | | |

会计主管：　　　　　　　　　　监盘人：　　　　　　　　　　出纳：

图 5.37　库存现金盘点表

如果发现现金账实不符或有其他问题，则应查明原因，报告主管负责人或上级领导部门处理。对于预付给职工或内部单位尚未使用的备用金或剩余备用金，应及时催促报销或交回。采用定额备用金制度的企业，一般是在年终时进行一次清理，收回拨付的定额数，下一年度再根据实际需要重新规定定额，拨付现金。

1. 现金清查程序

现金清查的主要方法是通过实地盘点库存现金的实存数，然后与现金日记账相核对，确定账存与实存是否相等。其步骤如下。

步骤 1　盘点前，出纳应先将库存现金收付款凭证全部登记入账，结出现金余额并填列在库存现金盘点表的"项目金额"栏内。

步骤 2　盘点时，出纳必须在场，库存现金由出纳经手盘点，清查人员在旁监督。

步骤 3　盘点结束后，应将盘点结果填入库存现金盘点表，并由清查人员和出纳签名盖章。对发现的差错应查明原因及时处理。

2. 现金清查注意事项

① 库存现金清查务必严格保密，最好采用突检方式进行。

② 清查库存现金的时间，应当选择当日上班前或下班后。

③ 在同一时间内对所有经管现金的单位统一清查。

④ 已清点的库存现金应加以封库，直至清点完毕。注意在清点期间是否有人擅自开封。

⑤ 清查人员进行清点时，必须要求现金保管人员自始至终都在现场。
⑥ 库存现金清查结束后，清查人员应根据清查情况填入库存现金盘点表。

### 3. 现金清查账务处理

① 现金盘盈的账务处理如图 5.38 所示。

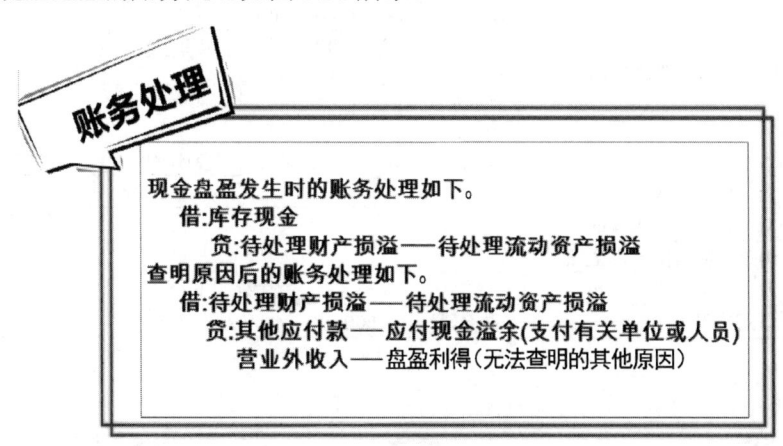

**账务处理**

现金盘盈发生时的账务处理如下。
  借：库存现金
    贷：待处理财产损溢——待处理流动资产损溢
查明原因后的账务处理如下。
  借：待处理财产损溢——待处理流动资产损溢
    贷：其他应付款——应付现金溢余（支付有关单位或人员）
      营业外收入——盘盈利得（无法查明的其他原因）

图 5.38　盘盈账务处理表

② 现金盘亏的账务处理如图 5.39 所示。

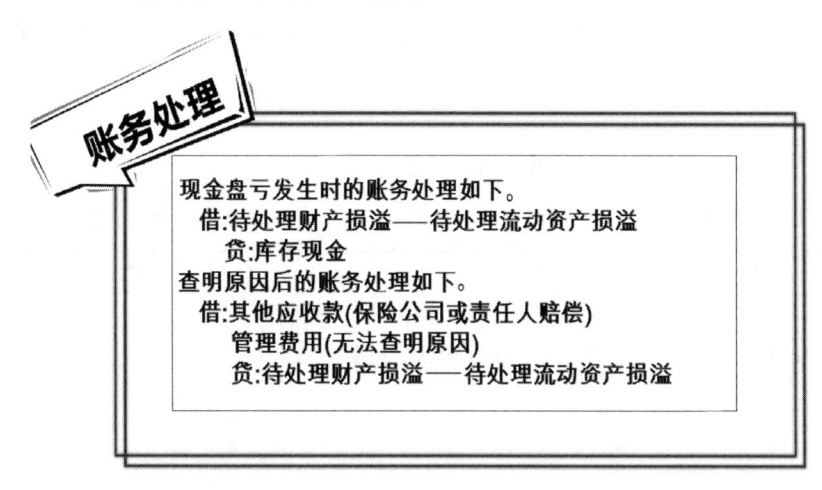

**账务处理**

现金盘亏发生时的账务处理如下。
  借：待处理财产损溢——待处理流动资产损溢
    贷：库存现金
查明原因后的账务处理如下。
  借：其他应收款（保险公司或责任人赔偿）
    管理费用（无法查明原因）
    贷：待处理财产损溢——待处理流动资产损溢

图 5.39　盘亏账务处理表

### 4. 现金清查的业务操作

**例 5-8**　2022 年 3 月 28 日，金利来食品公司在进行现金清查时，发现库存现金实存金额为 2 627 元、账存金额为 2 127 元，实存金额比账存金额多出 500 元。经查，其中 300 元为应付给吉林食品公司的货款；其余 200 元无法查明原因，经批准转入"营业外收入"。

步骤 1　将清点的库存现金与当日现金日记账余额核对，发现长款 500 元。根据公司库存现金盘点情况，编制库存现金盘点表，如图 5.40 所示。

## 金利来食品公司
## 库存现金盘点表

盘点日期：2022 年 3 月 28 日

| 项目编号 | 项目名称 | 项目金额 ||||||
|---|---|---|---|---|---|---|---|
| | | 票面 | 张数 | 金额 | 票面 | 张数 | 金额 |
| 1 | 实际盘点金额 | 壹佰元 | 20 | 2000.00 | 伍角 | | |
| | | 伍拾元 | 10 | 500.00 | 壹角 | | |
| | | 贰拾元 | 5 | 100.00 | | | |
| | | 壹拾元 | 2 | 20.00 | | | |
| | | 伍元 | 1 | 5.00 | | | |
| | | 壹元 | 2 | 2.00 | 合计 | 40 | 2627.00 |
| 2 | 加：已付讫未入账的账单 | | | | | | |
| 3 | 减：已收讫未入账的账单 | | | | | | |
| 4 | 调整后的实际盘点金额 | | | | | | |
| 5 | 库存日记账账面余额 | 2127.00 ||||||
| 6 | 盘点结果 | 长款金额 | | 500.00 | 短款金额 | | |
| 处理意见： |||||||||

会计主管：徐朗　　　　　监盘人：金友梅　　　　　出纳：李瑶

图 5.40　编制库存现金盘点表

步骤 2　将库存现金盘点表转给制单人员，根据库存现金盘点表记录的库存现金盘盈情况编制收款凭证，如图 5.41 所示。

## 收 款 凭 证

借方科目：库存现金　　　　2022 年 3 月 28 日　　　　现收字第 5 号

| 摘要 | 贷方科目 || 金额 |||||||||| 记账 |
|---|---|---|---|---|---|---|---|---|---|---|---|---|
| | 总账科目 | 明细科目 | 千 | 百 | 十 | 万 | 千 | 百 | 十 | 元 | 角 | 分 | |
| 清查现金溢余 | 待处理财产损溢 | 待处理流动资产损溢 | | | | | | 5 | 0 | 0 | 0 | 0 | |
| | | | | | | | | | | | | | |
| | | | | | | | | | | | | | |
| | | | | | | | | | | | | | |
| 合计金额 ||| | | | | ¥ | 5 | 0 | 0 | 0 | 0 | |

附原始凭证 1 张

会计主管　　　记账　　　出纳：李瑶　　　审核：金友梅　　　制单：李伟

图 5.41　现金收款凭证

步骤 3　根据管理权限，报经公司管理层，经批准后查明盘盈现金 500 元的具体原因为：其中 300 元为应付给吉林食品公司的货款，其余 200 元无法查明原因。经批准转入"营业外收入"，如图 5.42 所示。

## 金利来食品公司
## 库存现金盘点表

盘点日期：2022 年 3 月 28 日

| 项目编号 | 项目名称 | 项目金额 ||||||
|---|---|---|---|---|---|---|---|
| | | 票 面 | 张数 | 金额 | 票 面 | 张数 | 金额 |
| 1 | 实际盘点金额 | 壹佰元 | 20 | 2000.00 | 伍角 | | |
| | | 伍拾元 | 10 | 500.00 | 壹角 | | |
| | | 贰拾元 | 5 | 100.00 | | | |
| | | 壹拾元 | 2 | 20.00 | | | |
| | | 伍元 | 1 | 5.00 | | | |
| | | 壹元 | 2 | 2.00 | 合计 | 40 | 2627.00 |
| 2 | 加：已付讫未入账的账单 | ||||||
| 3 | 减：已收讫未入账的账单 | ||||||
| 4 | 调整后的实际盘点金额 | ||||||
| 5 | 库存日记账账面余额 | 2127.00 |||||
| 6 | 盘点结果 | 长款金额 | 500.00 | 短款金额 | ★ |||

处理意见：300元为应付给吉林食品公司的货款；
其余200元无法查明原因，经批准转入"营业外收入"。

会计主管：徐朗　　　　监盘人：金友梅　　　　出纳：李瑶

**图 5.42　批复的库存现金盘点表**

步骤 4　制单人员根据库存现金盘点表的处理意见编制转账凭证，如图 5.43 所示。

## 转　账　凭　证

2022 年 3 月 28 日　　　　　　　　　　　　转字第 7 号

| 摘要 | 总账科目 | 明细科目 | 借方金额<br>千百十万千百十元角分 | 记账符号 | 贷方金额<br>千百十万千百十元角分 | 记账符号 |
|---|---|---|---|---|---|---|
| 结转现金溢余 | 待处理财产损溢 | 待处理流动资产损溢 | 　　　　5 0 0 0 0 | | | 附件1张 |
| | 其他应付款 | 吉林食品公司 | | | 　　　　3 0 0 0 0 | |
| | 营业外收入 | | | | 　　　　2 0 0 0 0 | |
| 合　计 | | | ¥ 5 0 0 0 0 | | ¥ 5 0 0 0 0 | |

会计主管：徐朗　　　记账：李娜　　　复核：金友梅　　　制证：李伟

**图 5.43　转账凭证**

**例 5-9**　2022 年 3 月 31 日，金利来食品公司在进行现金清查时，发现库存现金实存金额为 2 018 元，账存金额为 2 518 元，实存金额比账存金额少了 500 元。经查，其中 450 元为实习出纳李瑶工作失误造成，应由其赔偿；其余 50 元无法查明原因，经批准转入"管理费用"。

步骤 1　将清点的库存现金与当日现金日记账余额核对，发现短款 500 元。根据公司库存现金盘点情况，编制库存现金盘点表，并由参加盘点人员签字明确责任，如图 5.44 所示。

## 金利来食品公司
## 库存现金盘点表

盘点日期：2022 年 3 月 31 日

| 项目编号 | 项目名称 | 项目金额 ||||||
|---|---|---|---|---|---|---|---|
| | | 票 面 | 张数 | 金额 | 票 面 | 张数 | 金额 |
| 1 | 实际盘点金额 | 壹佰元 | 17 | 1700.00 | 伍角 | | |
| | | 伍拾元 | 5 | 250.00 | 壹角 | | |
| | | 贰拾元 | 2 | 40.00 | | | |
| | | 壹拾元 | 2 | 20.00 | | | |
| | | 伍元 | 1 | 5.00 | | | |
| | | 壹元 | 3 | 3.00 | 合计 | 30 | 2018.00 |
| 2 | 加：已付讫未入账的账单 | | | | | | |
| 3 | 减：已收讫未入账的账单 | | | | | | |
| 4 | 调整后的实际盘点金额 | 2018.00 ||||||
| 5 | 库存日记账账面余额 | 2518.00 ||||||
| 6 | 盘点结果 | 长款金额 | | | 短款金额 | | 500.00 |
| 处理意见： | | | | | | | |

会计主管：徐朗　　　监盘人：金友梅　　　出纳：李瑶

图 5.44　库存现金盘点表

步骤 2　将库存现金盘点表交复核会计审核后，转给制单人员根据库存现金盘点表记录的库存现金盘亏情况编制现金付款凭证，如图 5.45 所示。

## 付 款 凭 证

贷方科目：库存现金　　　2022 年 3 月 31 日　　　现 付 字第 6 号

| 摘　要 | 借方科目 || 金　额 |||||||||| 记账 |
|---|---|---|---|---|---|---|---|---|---|---|---|---|
| | 总账科目 | 明细科目 | 千 | 百 | 十 | 万 | 千 | 百 | 十 | 元 | 角 | 分 |
| 清查现金短缺 | 待处理财产损益 | 待处理流动资产损溢 | | | | | 5 | 0 | 0 | 0 | 0 | |
| | | | | | | | | | | | | |
| | | | | | | | | | | | | |
| | | | | | | | | | | | | |
| 合计金额 | | | | | | | ￥ | 5 | 0 | 0 | 0 | 0 |

会计主管　　　记账　　　出纳：李瑶　　　审核：金友梅　　　制单：李仟

图 5.45　现金付款凭证

步骤 3　查明原因后，报经单位领导批示处理意见并盖章，如图 5.46 所示。

## 第 5 章  出纳岗位技能

**金利来食品公司**
**库存现金盘点表**

盘点日期：2022 年 3 月 31 日

| 项目编号 | 项目名称 | 项目金额 ||||||
|---|---|---|---|---|---|---|---|
| | | 票面 | 张数 | 金额 | 票面 | 张数 | 金额 |
| 1 | 实际盘点金额 | 壹佰元 | 17 | 1700.00 | 伍角 | | |
| | | 伍拾元 | 5 | 250.00 | 壹角 | | |
| | | 贰拾元 | 2 | 40.00 | | | |
| | | 壹拾元 | 2 | 20.00 | | | |
| | | 伍元 | 1 | 5.00 | | | |
| | | 壹元 | 3 | 3.00 | 合计 | 30 | 2018.00 |
| 2 | 加：已付讫未入账的账单 | | | | | | |
| 3 | 减：已收讫未入账的账单 | | | | | | |
| 4 | 调整后的实际盘点金额 | | | 2018.00 | | | |
| 5 | 库存日记账账面余额 | | | 2518.00 | | | |
| 6 | 盘点结果 | 长款金额 | ★ | | 短款金额 | | 500.00 |

处理意见：450元为责任人李瑶赔偿；
其余50元无法查明原因，经批准转入"管理费用"。

会计主管：徐朗    监盘人：金友梅    出纳：李瑶

**图 5.46  批复的库存现金盘点表**

**步骤 4**  制单人员根据库存现金盘点表的审批意见编制转账凭证，如图 5.47 所示。

**转 账 凭 证**

2022 年 3 月 31 日                                  转字第 8 号

| 摘要 | 总账科目 | 明细科目 | 借方金额 | 记账符号 | 贷方金额 | 记账符号 |
|---|---|---|---|---|---|---|
| | | | 千百十万千百十元角分 | | 千百十万千百十元角分 | |
| 结转现金短缺 | 其他应收款 | 李瑶 | 45000 | | | |
| | 管理费用 | | 5000 | | | |
| | 待处理财产损溢 | 待处理流动资产损溢 | | | 50000 | |
| | 合 计 | | ¥50000 | | ¥50000 | |

附件 1 张

会计主管：徐朗    记账：李瑶    复核：金友梅    制证：李雨

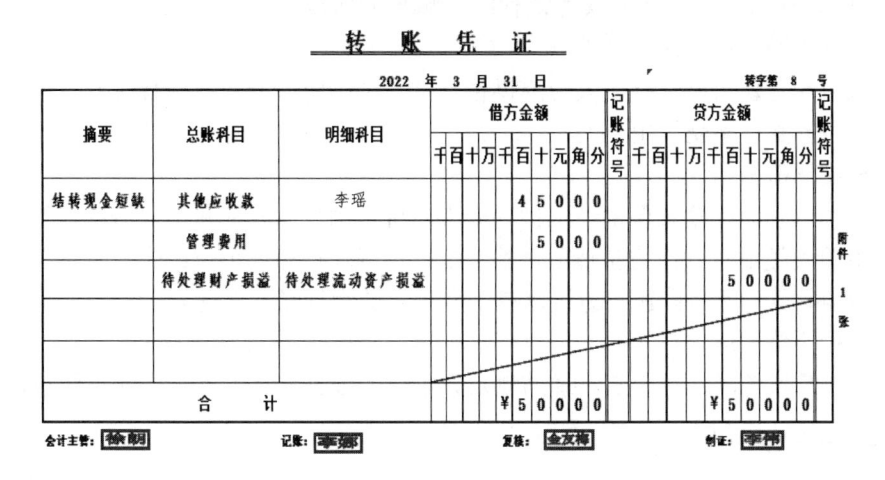

**图 5.47  转账凭证**

# 5.3  银行账户开立及变更操作技能

## 5.3.1  银行账户的开立

**1. 银行结算账户的概念**

银行结算账户是银行为存款人开立的办理资金收付的活期存款账户。银行结算账户按

103

照存款人的不同，可分为单位银行结算账户和个人银行结算账户。

单位银行结算账户是指存款人以单位名称开立的银行结算账户，个体工商户凭营业执照以字号或经营者姓名开立的银行结算账户纳入单位银行结算账户管理；存款人凭个人身份证件以自然人名称开立的银行结算账户为个人银行结算账户。

银行结算账户有以下特点。

① 办理人民币业务。这与外币存款账户不同，外币存款账户办理的是外币业务，其开立和使用要遵守国家外汇管理局的有关规定。

② 办理资金收付结算业务。这是与储蓄账户的明显区别，储蓄账户的基本功能是存取本金和支付利息，但是不能办理资金的收付。

③ 活期存款账户。与单位的定期存款账户不同，单位的定期存款账户不具有结算功能。

银行结算账户按用途不同，分为基本存款账户、一般存款账户、专用存款账户和临时存款账户。

### 2. 银行结算账户管理的基本原则

（1）一个基本存款账户原则

单位银行结算账户的存款人只能在银行开设一个基本存款账户（国家另有规定的除外）。开立基本存款账户是开立其他银行结算账户的前提。

（2）自愿选择、自主支配原则

一经双方相互认可后，存款人应遵循银行结算的规定，而银行应保证存款人对资金的所有权和自主支配权不受侵犯。

（3）存款保密原则

银行必须依法为存款人保密，维护存款人对资金的自由支配权。除国家法律规定和国务院授权中国人民银行总行的监督项目外，银行不得代替任何单位或个人查询、冻结、扣划存款账户内存款，不得向第三方透露有关存款人的银行账户情况。

（4）银行不垫款原则

银行在办理结算时，只负责办理结算双方单位的资金转移，不为任何单位垫付资金。

### 3. 银行结算账户的开立

（1）基本存款账户

〈1〉基本存款账户的概念

存款人因办理日常转账结算和现金收付需要开立的银行结算账户为基本存款账户。

基本存款账户是独立核算单位在银行开立的主要账户，单位的转账结算及其工资、奖金和现金的支取均可通过该账户办理。

〈2〉开立基本存款账户主体的资格

根据《银行账户管理办法》的规定，下列存款人可以申请开立基本存款账户：企业法人、企业法人内部单独核算的单位、非法人企业、机关、事业单位、团级（含）以上军队、武警部队、社会团体、民办非企业组织（如不以营利为目的的民办学校、福利院、医院等）、异地常设机构、外国驻华机构、个体工商户、村民委员会、社区委员会、单位设立的独立核算的附属机构等。

〈3〉开立基本存款账户提交的资料及注意事项

开立基本存款账户应提交如下资料。

① 营业执照（统一社会信用代码证）正、副本原件及复印件。
② 法定代表人身份证原件及正反面复印件。
③ 经办人身份证原件及正反面复印件。
④ 法定代表人授权书（如果法定代表人前来办理，则不需要出具）。
⑤ 单位公章、财务章、法人章（预留印鉴）。

需要注意以下几点。

① 所有证件均需要经过年检。
② 身份证需要在有效期内。
③ 复印件均需要加盖公章并使用 A4 纸复印清晰。

〈4〉申请开立单位基本存款账户的步骤

步骤 1　开户申请人填写开立单位银行结算账户申请书，并向开户的商业银行提交上述开户申请所需要的资料。

步骤 2　开户银行完成对资料的审核后，银行实行面签制度，即两名以上银行工作人员与企业法定代表人或单位负责人在开户申请书和银行结算账户管理协议上签名确认，并全程录音录像，保留资料。

步骤 3　符合开户条件的，予以批准，颁发基本存款账户编号，并通过人民币银行结算账户管理系统进行备案。

步骤 4　该基本存款账户自开立生效日起即可办理收付款业务。

以四通服装有限责任公司为例，填写开立单位银行结算账户申请书，如表 5.5 所示。

表 5.5　开立单位银行结算账户申请书

| 存款人名称 | 四通服装有限责任公司 | | 电　　话 | 0531-82665366 |
|---|---|---|---|---|
| 地　　址 | 济南市长清区解放路 26 号 | | 邮　　编 | 250000 |
| 存款人类别 | 工业企业 | | 统一社会信用代码 | 91231256487994143C |
| 法定代表人（√）<br>单位负责人（　） | 姓　　名 | | 李继财 | |
| | 证件种类 | | 身份证 | |
| | 证件号码 | | 250202196506261851 | |
| 行业分类 | A(　) B(　) C(√) D(　) E(　) F(　) G(　) H(　)<br>I(　) J(　)<br>K(　) L(　) M(　) N(　) O(　) P(　) Q(　) R(　)<br>S(　) T(　) | | | |
| 注册资金 | 1 000 万元 | | 地区代码 | |
| 经营范围 | 服装的生产、批发、零售 | | | |
| 证明文件种类 | 营业执照 | | 证明文件编号 | 5101125200113366 |
| 关联企业 | 无 | | | |
| 账户性质 | 基本（√）　一般（　）　专用（　）　临时（　） | | | |
| 资金性质 | 股权资金 | | 有效日期 | 2025 年 11 月 26 日 |

以下为存款人上级法人或主管单位信息：

| 上级法人或主管单位名称 | | | |
|---|---|---|---|
| 基本存款账号 | | 统一社会信用代码 | |
| 法定代表人（ ） | 姓　　名 | | |
| 单位负责人（ ） | 证件种类 | | 证件号码 |

以下栏目由开户银行审核后填写：

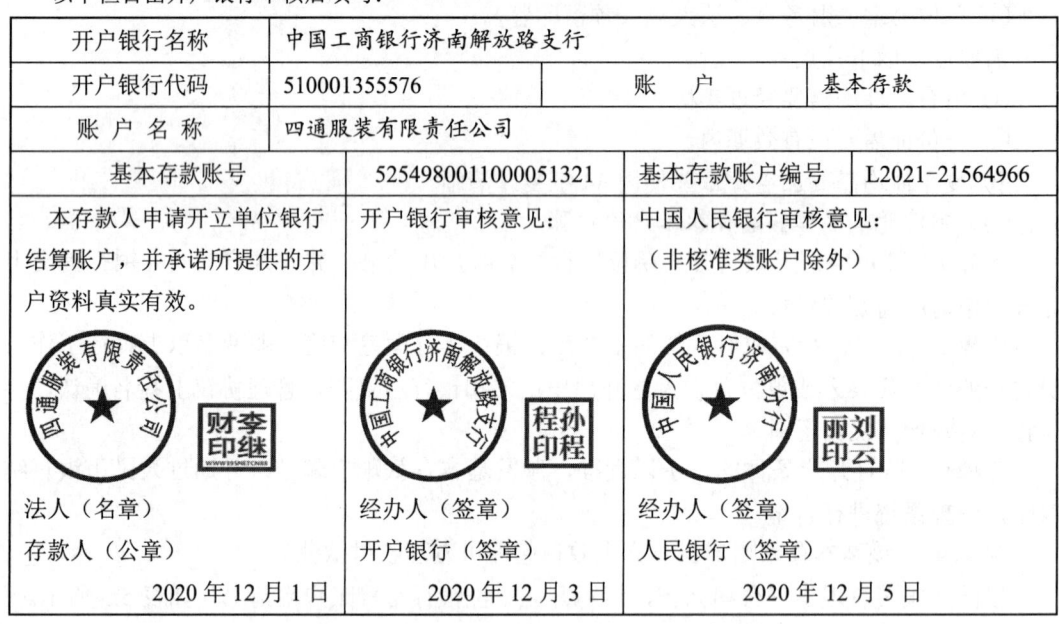

| 开户银行名称 | 中国工商银行济南解放路支行 | | |
|---|---|---|---|
| 开户银行代码 | 510001355576 | 账　户 | 基本存款 |
| 账户名称 | 四通服装有限责任公司 | | |
| 基本存款账号 | 5254980011000051321 | 基本存款账户编号 | L2021-21564966 |

| 本存款人申请开立单位银行结算账户，并承诺所提供的开户资料真实有效。 | 开户银行审核意见： | 中国人民银行审核意见：<br>（非核准类账户除外） |
|---|---|---|
| （四通服装有限责任公司财务专用章） | （中国工商银行济南解放路支行 孙程印章） | （中国人民银行济南分行 刘云印章） |
| 法人（名章）<br>存款人（公章）<br>2020 年 12 月 1 日 | 经办人（签章）<br>开户银行（签章）<br>2020 年 12 月 3 日 | 经办人（签章）<br>人民银行（签章）<br>2020 年 12 月 5 日 |

〈5〉开立基本存款账户的流程（见图 5.48）。

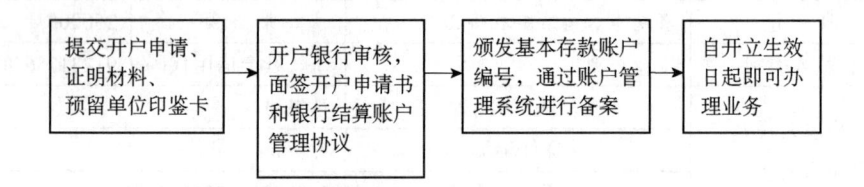

提交开户申请、证明材料、预留单位印鉴卡 → 开户银行审核，面签开户申请书和银行结算账户管理协议 → 颁发基本存款账户编号，通过账户管理系统进行备案 → 自开立生效日起即可办理业务

**图 5.48　开立基本存款账户的流程**

① 中国人民银行完成企业基本存款账户信息备案后，账户管理系统生成基本存款账户编号，代替原基本存款账户核准号使用。

② 企业申请开立一般存款账户、专用存款账户、临时存款账户时，应当向银行提供基本存款账户编号。

〈6〉关于五证合一的有关规定

2016 年 6 月 30 日，国务院办公厅发布《关于加快推进"五证合一、一照一码"登记制度改革的通知》，从 2016 年 10 月 1 日起正式实施"五证合一""一照一码"。2016 年 9 月 20 日至 2017 年 12 月 31 日为改革过渡期，原发营业执照继续有效，2018 年 1 月 1 日后一律使用加载统一社会信用代码的营业执照，未加载统一社会信用代码的营业执照不再有效。

2019年3月1日起，经登记机关准予设立、变更登记及补发营业执照的各类市场主体，领发新版营业执照（见图5.49）。之前存续的各类市场主体，既可以继续使用原版营业执照，也可以申请换发新版营业执照。

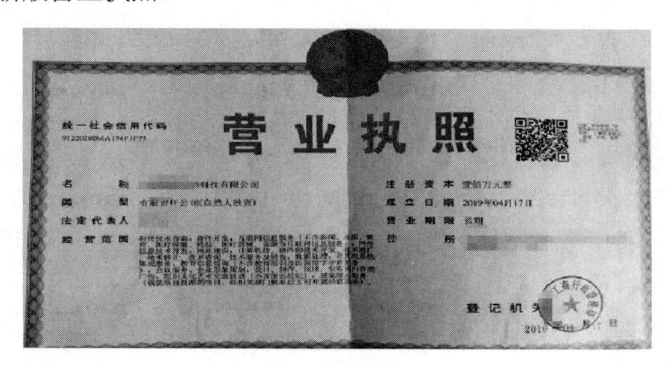

**图5.49　新版营业执照**

（2）一般存款账户

〈1〉一般存款账户的概念

单位因借款或其他结算需要（享受不同银行的特色服务或分散在一家银行开立账户可能出现的资金风险），可以在基本存款账户开户银行以外的银行机构开立一般存款账户。一般存款账户用于办理现金缴存、借款转存、借款归还和其他结算的资金收付，但不得办理现金支取。该账户开立数量没有限制。

〈2〉开立主体的资格

一般存款账户适用于从基本存款账户以外的银行取得借款的单位和个人或有其他结算需要的单位和组织。

〈3〉开立一般存款账户需要提交的材料

存款人申请开立一般存款账户，应向开户银行填写一式三联的开立单位银行结算账户申请书，并出具下列证明文件。

① 企业开立基本存款账户所规定的证明文件。

② 基本存款账户开户信息电子编号证明单。

③ 因从银行借款需要开立一般存款账户，应向开户银行出具借款合同或借款借据。

④ 因其他结算需要开立一般存款账户，还需要向开户银行出具基本存款账户的存款人同意其开户的证明。

（3）专用存款账户

〈1〉专用存款账户的概念

存款人按照国家法律、行政法规和规章制度的规定需要对其特定用途资金进行专项管理和使用的，可以开立专用存款账户。该类账户主要用于办理各项专用资金的收付，支取现金应按照国家有关具体规定办理。

〈2〉开立主体的资格

根据《银行账户管理办法》的规定，存款人对特定用途的资金可开立专用存款账户。特定用途的资金范围包括基本建设资金，更新改造资金，粮、棉、油收购资金，证券交易结算资金，单位银行卡备用金，住房基金，社会保障基金，其他特定用途需要专项管理和使用的资金等。
〈3〉开立专用存款账户需要提交的资料

存款人申请开立专用存款账户,应向开户银行填写一式三联的开立单位银行结算账户申请书,并出具下列证明文件。

① 企业开立基本存款账户所规定的证明文件。
② 基本存款账户开户信息电子编号证明单。
③ 基本建设资金,更新改造资金,粮、棉、油收购资金,住房基金,社会保障基金等,应出具主管部门批文。
④ 单位银行卡备用金,应出具开卡银行的银行卡章程规定的证明和资料。
⑤ 证券交易结算资金,应出具证券管理部门的证明。
⑥ 其他特定用途需要专项管理和使用的资金,应出具专项资金管理的批文或证明文件。

(4) 临时存款账户

〈1〉临时存款账户的概念

存款人因临时需要并在规定期限内使用,可以开立临时存款账户。该账户用于办理临时机构及存款人临时经营活动发生的资金收付。临时存款账户应按照国家现金管理的规定支取现金。临时存款账户实行有效期管理,有效期最长不得超过两年。

〈2〉开立主体的资格

根据《银行账户管理办法》的规定,企业在外地设立临时机构、异地临时经营活动可以申请开立临时存款账户。

〈3〉开立临时存款账户需要提交的资料

存款人申请开立临时存款账户,应向开户银行填写一式三联的开立单位银行结算账户申请书,并出具下列证明文件。

① 企业开立基本存款账户所规定的证明文件。
② 基本存款账户开户信息电子编号证明单。
③ 外地临时机构,应出具其驻在地主管部门同意设立临时机构的批文。
④ 异地临时经营活动,应出具临时经营地工商行政管理部门的批文。
⑤ 异地建筑施工及安装单位,应出具施工及安装地建设主管部门核发的许可证或建筑施工及安装合同。

## 5.3.2 银行账户的变更

**1. 变更银行结算账户的分类**

变更银行结算账户是指变更银行结算账户的名称,主要分为两种情况:一种是在存款人的资金来源或所有制性质未发生变化的前提下变更账户名称,此时营业执照名称和企业公章都要变更,但不变更账号;另一种是存款人资金来源或性质发生变化,所有制也随之变更,这时不仅要变更账户名称,还需要变更账号。

**2. 变更银行结算账户需要准备的资料**

① 营业执照复印件两份。

② 新旧法人身份证复印件两份。
③ 开户许可证复印件两份。
④ 经办人介绍信。
⑤ 单位公章、财务专用章、新旧法人章。

### 3. 变更银行结算账户填写的资料

企业变更银行结算账户的内容，需要填写一式三份变更单位银行结算账户申请书，如表 5.6 所示。其中，一份开户单位留存，一份开户商业银行留存，一份中国人民银行当地分支行留存。

表 5.6　变更单位银行结算账户申请书

| 用户名称 | 四通服装有限责任公司 | | |
|---|---|---|---|
| 开户银行代码 | 510001355576 | 基本存款账号 | 5254980011000051321 |
| 账户性质 | 基本（√）　一般（　）专用（　）　临时（　）　其他（　） | | |
| 基本存款账户编号 | L2021-21564966 | | |

基本信息变更事项及变更后内容如下：

| 账户名称 | 四通服装有限责任公司 | 邮政编码 | 250000 |
|---|---|---|---|
| 注册地址 | 济南市长清区解放路26号 | 经营范围 | 服装的生产、批发、零售 |
| 注册资金金额 | 1 000万元 | 证明文件编号 | 5101125200113366 |
| 证明文件种类 | 营业执照 | | |
| 法定代表人（√）<br>单位负责人（　） | 姓　名 | 李一博 | |
| | 证件种类 | 身份证 | |
| | 证件号码 | 250202197807304517 | |
| 关联企业 | 变更后的关联企业信息填列在关联企业登记表中 | | |

以下为存款人上级法人或主管单位信息：

| 上级法人或主管单位名称 | | |
|---|---|---|
| 基本存款账户编号 | | |
| 法定代表人（　）<br>单位负责人（　） | 姓　名 | |
| | 证件种类 | |
| | 证件号码 | |

| 本存款人申请变更上述单位银行结算账户内容，承诺变更资料及全部信息真实、完整有效，确认上述信息准确无误。<br><br>法人（名章）<br>存款人（公章）<br>2021年5月3日 | 开户银行核审意见：<br><br><br><br><br>经办人（签章）<br>开户银行（签章）<br>2021年5月5日 | 人民银行审核意见：<br>（非核准类账户除外）<br><br><br><br>经办人（签章）<br>人民银行（签章）<br>2021年5月8日 |
|---|---|---|

### 4. 基本存款账户变更的流程

基本存款账户变更的流程如图 5.50 所示。

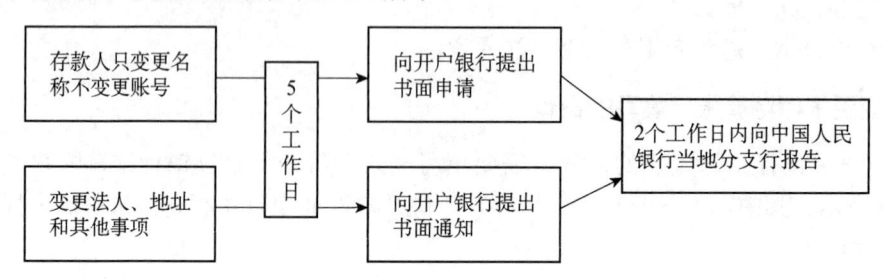

```
存款人只变更名称不变更账号 ──┐                 ┌── 向开户银行提出书面申请 ──┐
                          │ 5个工作日 │                              │── 2个工作日内向中国人民银行当地分支行报告
变更法人、地址和其他事项 ──┘                 └── 向开户银行提出书面通知 ──┘
```

图 5.50 基本存款账户变更流程

## 5.3.3 银行账户的撤销

撤销账户是指开户单位因机构调整、合并、撤销、停业等原因，向银行提出撤销银行结算账户申请。单位因各种原因终止或改变开户银行时，应到原开户银行办理账户撤销手续，填写撤销单位银行结算账户申请书，如表 5.7 所示。存款人撤销银行结算账户必须与银行核对账户余额，交回各种重要的空白票据、结算凭证，撤销基本存款账户还需要交回开户许可证。开户银行在核准了相关资料后，办理撤销手续并向中国人民银行报告。

表 5.7 撤销单位银行结算账户申请书

| 账户名称 | 四通服装有限责任公司 | | |
|---|---|---|---|
| 开户银行名称 | 中国工商银行济南解放路支行 | | |
| 开户银行代码 | 510001355576 | 基本存款账号 | 5254980011000051321 |
| 账户性质 | 基本（√） 一般（ ） 专用（ ） 临时（ ） 其他（ ） | | |
| 基本存款账户编号 | L2021-21564966 | | |
| 撤户原因 | 迁址并变更开户行 | | |
| 本存款人申请撤销上述银行账户，承诺所提供的证明文件真实有效。<br><br>单位 （公章）<br><br>2021 年 10 月 9 日 | | 开户银行审核意见：<br><br>经办人 （签章）<br>开户银行 （签章）<br><br>2021 年 10 月 10 日 | |

### 1. 撤销单位银行结算账户应准备的资料

① 营业执照正本原件及复印件加盖公章。
② 法人身份证原件及复印件加盖公章。

③ 代办人身份证原件及复印件加盖公章。
④ 基本存款账户编号。
⑤ 法人授权书。
⑥ 没有使用的空白票据。
⑦ 预留印鉴卡。
⑧ 单位公章、财务专用章、法人章。

#### 2. 应当撤销银行结算账户的法定情形

① 被撤并、解散、宣告破产或关闭的。
② 注销、被吊销营业执照的。
③ 因"迁址"需要撤销开户银行的。
注意，存款人"迁址"视不同情况（是否变更开户行）分别适用"变更"或"撤销"的规定，即开户行没有改变的是"变更"，开户行发生改变的是"撤销"。
④ 因其他原因需要撤销银行结算账户的。

#### 3. 撤销顺序

撤销银行结算账户时，应当先撤销一般存款账户、专用存款账户、临时存款账户，将账户资金转入基本存款账户后，再办理基本存款账户的撤销。

#### 4. 不得撤销银行结算账户的情形

存款人尚未清偿其开户银行债务的，不得申请撤销该银行结算账户。

#### 5. 强制撤销

银行对一年内未发生收付活动且未欠开户银行债务的单位银行结算账户，通知单位自发出通知之日起 30 日内办理销户手续。逾期视同自愿销户，未划转款项列入久悬未取专户管理。

### 5.3.4 银行账户的对账

#### 1. 未达账项

银行账户的对账是指企业的出纳和指定的会计人员定期（一般是月末）或不定期与开户银行核对账目，以确定其是否账账相符。对账之前，企业应将银行存款业务全部登记入账，并进行账单核对。可能会出现银行存款日记账余额与银行对账单余额不符的情况。不符的原因可能有 3 个方面：一是计算错误；二是记账错漏；三是未达账项。

计算错误是企业或银行对银行存款结存额的计算错误；记账错漏是指企业或银行对存款的收入、支出的错记或漏记；未达账项是指银行和企业对同一笔款项收付业务，因记账时间不同而发生的一方已经入账，而另一方未入账的款项。未达账项不是核算错误，只是记账时间的一种延误，因而不需要单独做会计分录调整。

形成未达账项有下列 4 种情况。

① 企业已经收款入账，银行尚未收款入账。例如，企业收到客户公司的转账支票 30 000 元并已记账，但银行尚未办妥转账手续，银行未记账。

② 企业已经付款入账，银行尚未付款入账。例如，企业签发转账支票支付广告公司广告费 5 000 元并已记账，但广告公司还没有去办理收款手续，银行未记账。

③ 银行已经收款入账，企业尚未收款入账。例如，企业委托银行收款，收取销售给客户公司的销售款 113 000 元，银行已收妥入账，但企业未接到收款通知，企业未记账。

④ 银行已经付款入账，企业尚未付款入账。例如，供电公司委托银行收款，收取企业 10 月份的电费 22 600 元，银行已支付这笔电费并已入账，但企业未接到付款通知，企业未记账。

2. 银行存款余额调节表的编制

（1）银行存款余额调节表一般的格式（见表 5.8）

表 5.8　银行存款余额调节表

单位：××公司　　　　　　　　　年　　月　　日　　　　　　　　　　元

| 项　目 | 金　额 | 项　目 | 金　额 |
|---|---|---|---|
| 企业银行存款日记账余额 |  | 银行对账单余额 |  |
| 加：银行已收企业未收款 |  | 加：企业已收银行未收款 |  |
| 减：银行已付企业未付款 |  | 减：企业已付银行未付款 |  |
| 调节后的存款余额 |  | 调节后的存款余额 |  |

（2）银行存款余额调节表的编制方法

编制银行存款余额调节表一般采用补记法。其基本原理是：假设未达账项全部入账，银行存款日记账及银行对账单的余额应相等。其计算公式如下：

左方"调节后的存款余额"=企业银行存款日记账余额+银行已收企业未收款-银行已付企业未付款

右方"调节后的存款余额"=银行对账单余额+企业已收银行未收款-企业已付银行未付款

调节后左方和右方的存款余额应该相等。如果调节后的余额一致，则表明企业和银行账簿记录正确无误；如果调节后双方不一致，则说明企业与银行至少一方记账有错误，应进一步核对。属于银行方面的原因，应及时通知银行更正；属于本企业的原因，应按照错账更正方法进行更正。

3. 银行对账业务处理流程

（1）核对账单

基于企业内部控制的要求，企业出纳不能承担期末账单对账和银行存款余额调节表的编制工作，此项工作应由除出纳外的会计人员来承担。出纳应配合会计人员定期核对银行存款日记账（见表 5.9）与银行对账单（见表 5.10），查找核对不符的账目。

## 第5章 出纳岗位技能

表5.9　9月份银行存款日记账　　　　　　　　　　　　　　　　　　　　　　元

| 2022年 月 | 日 | 记账凭证 字 | 号 | 银行凭证 名称 | 号数 | 摘要 | 借方发生额 | 贷方发生额 | 余额 |
|---|---|---|---|---|---|---|---|---|---|
| 9 | 1 | | | | | 期初余额 | | | 583 810 |
| | 2 | 收 | 60 | 汇票 | 6088# | 销售产品 | 109 810 | | 693 620 |
| | 5 | 付 | 75 | 转支 | 2014# | 支付材料款 | | 15 420 | 678 200 |
| | 5 | 付 | 76 | 转支 | 2015# | 支付财产保险费 | | 80 120 | 598 080 |
| | 7 | 付 | 77 | 现付 | 1018# | 支取现金 | | 1 000 | 597 080 |
| | 8 | 付 | 78 | 转支 | 2016# | 偿还货款 | | 38 560 | 558 520 |
| | 10 | 付 | 79 | 转支 | 2017# | 支付广告费 | | 10 000 | 548 520 |
| | 14 | 付 | 80 | 转支 | 4018# | 支付养老保险费 | | 37 160 | 511 360 |
| | 15 | 收 | 61 | 转支 | 5001# | 收回货款 | 50 000 | | 561 360 |
| | 16 | 付 | 81 | 转支 | 2018# | 代垫运杂费 | | 2 000 | 559 360 |
| | 18 | 付 | 82 | 现付 | 1019# | 预付差旅费 | | 5 000 | 554 360 |
| | 21 | 付 | 83 | 汇票 | 3187# | 购入设备 | | 100 000 | 454 360 |
| | 22 | 收 | 62 | 汇票 | 5014# | 预收货款 | 60 000 | | 514 360 |
| | 23 | 付 | 84 | 转支 | 2019# | 支付印花税 | | 1 000 | 513 360 |
| | 24 | 付 | 85 | 转支 | 2020# | 购买办公用品 | | 800 | 512 360 |
| | 25 | 付 | 86 | 电汇 | 7778# | 预付货款 | | 80 000 | 432 560 |
| | 26 | 收 | 63 | 转支 | 1111# | 存入现金 | 500 | | 433 060 |
| | 27 | 收 | 64 | 转支 | 4832# | 收到税款返还 | 20 000 | | 453 060 |
| | 28 | 付 | 87 | 转支 | 7086# | 上缴增值税 | | 50 380 | 402 680 |
| | 28 | 收 | 65 | 委托 | 8088# | 收回货款 | 150 000 | | 552 680 |
| | 28 | 付 | 88 | 转支 | 5840# | 购转账支票 | | 25 | 552 655 |
| | 30 | | | | | 本月合计 | 390 310 | 421 465 | 552 655 |

表5.10　9月份银行对账单　　　　　　　　　　　　　　　　　　　　　　元

| 2022年 月 | 日 | 凭证种类 | 凭证号 | 摘要 | 借方发生额 | 贷方发生额 | 余额 | 柜员 |
|---|---|---|---|---|---|---|---|---|
| 9 | 1 | | | 期初余额 | | | 583 810 | |
| 9 | 2 | 汇票 | 6088# | 收款 | | 109 810 | 693 620 | 6193 |
| 9 | 5 | 转支 | 2014# | 付货款 | 15 420 | | 678 200 | 6193 |

(续表)

| 2022 年 |   | 凭证种类 | 凭证号 | 摘 要 | 借方发生额 | 贷方发生额 | 余 额 | 柜 员 |
|---|---|---|---|---|---|---|---|---|
| 月 | 日 |  |  |  |  |  |  |  |
| 9 | 7 | 现支 | 1018# | 提现 | 1 000 |  | 677 200 | 6193 |
| 9 | 8 | 转支 | 2016# | 付货款 | 38 560 |  | 638 640 | 6196 |
| 9 | 10 | 转支 | 2017# | 付广告费 | 10 000 |  | 628 640 | 6193 |
| 9 | 14 | 转支 | 4018# | 付养老金 | 37 160 |  | 591 480 | 6196 |
| 9 | 15 | 转支 | 4019# | 付失业保险金 | 8 000 |  | 583 480 | 6196 |
| 9 | 16 | 转支 | 2018# | 付运费 | 2 000 |  | 581 480 | 6196 |
| 9 | 21 | 待转 | 4547# | 收利息 |  | 318 | 581 798 | 6193 |
| 9 | 21 | 汇票 | 3187# | 付设备款 | 100 000 |  | 481 798 | 6194 |
| 9 | 22 | 汇票 | 5014# | 收货款 |  | 60 000 | 541 798 | 6194 |
| 9 | 24 | 转支 | 2020# | 付办公费 | 800 |  | 540 998 | 6194 |
| 9 | 25 | 电汇 | 7778# | 付货款 | 80 000 |  | 460 998 | 6193 |
| 9 | 26 | 待转 | 1111# | 存现 |  | 500 | 461 498 | 6196 |
| 9 | 28 | 待转 | 7086# | 交税 | 50 380 |  | 411 118 | 6196 |
| 9 | 28 | 委收 | 8088# | 收货款 |  | 150 000 | 561 118 | 6194 |
| 9 | 28 | 委收 | 8017# | 收货款 |  | 17 000 | 578 118 | 6194 |
| 9 | 28 | 待转 | 5840# | 购支票 | 25 |  | 578 093 | 6194 |
|  |  |  |  |  |  | 可用余额：578 093 |  |  |

(2) 找出未达账项

银行存款日记账中核对不符未达账项如表 5.11 所示。

**表 5.11 银行存款日记账中核对不符未达账项** 元

| 2022 年 |   | 凭 证 |   | 银行凭证 |   | 摘 要 | 借 方 | 贷 方 | 余 额 |
|---|---|---|---|---|---|---|---|---|---|
| 月 | 日 | 字 | 号 | 名称 | 号数 |  |  |  |  |
| 9 | 5 | 付 | 76 | 转支 | 2015# | 支付财产保险费 |  | 80 120 |  |
|  | 15 | 收 | 61 | 转支 | 5001# | 收回货款 | 50 000 |  |  |
|  | 18 | 付 | 82 | 现付 | 1019# | 预付差旅费 |  | 5 000 |  |
|  | 23 | 付 | 84 | 转支 | 2019# | 支付印花税 |  | 1 000 |  |
|  | 27 | 收 | 64 | 待转 | 4832# | 收到税款返还 | 20 000 |  |  |

银行对账单中核对不符未达账项如表 5.12 所示。

**表 5.12 银行对账单中核对不符未达账项** 元

| 2022 年 |   | 凭证种类 | 凭证号 | 摘 要 | 借方发生额 | 贷方发生额 | 余 额 | 柜 员 |
|---|---|---|---|---|---|---|---|---|
| 月 | 日 |  |  |  |  |  |  |  |
| 9 | 15 | 转支 | 4019# | 付失业保险金 | 8 000 |  |  | 6196 |
| 9 | 21 | 待转 | 4547# | 收利息 |  | 318 |  | 6193 |
| 9 | 28 | 委收 | 8017# | 收货款 |  | 17 000 |  | 6194 |

### （3）编制银行存款余额调节表

通过核对银行日记账和银行对账单，根据不符账项编制银行存款余额调节表（见表5.13），进一步查找不符的账项原因。一般情况下，导致对账单不一致的原因主要包括两类：一是存在未达账项；二是错账。

表 5.13　银行存款余额调节表　　　　　　　　　　　　　　元

| 项　目 | 金　额 | 项　目 | 金　额 |
| --- | --- | --- | --- |
| 企业银行存款日记账余额 | 552 655.00 | 银行对账单余额 | 578 093.00 |
| 加：银行已收企业未收款 | 17 318.00 | 加：企业已收银行未收款 | 70 000.00 |
| 减：银行已付企业未付款 | 8 000.00 | 减：企业已付银行未付款 | 86 120.00 |
| 调节后的存款余额 | 561 973.00 | 调节后的存款余额 | 561 973.00 |

银行存款余额调节表的结果显示双方账目余额相等，说明双方记账基本没有差错。但在收付款原始凭证尚未送达之前，出纳不必调整银行存款日记账的账面记录。绝对不能将银行存款余额调节表作为做会计分录并登账的原始凭证。

虽然银行存款余额调节表不是原始凭证，但企业档案部门应将其作为会计档案保管。它与相应的银行对账单通常保管期为 10 年。

## 5.4　银行结算业务操作技能

银行结算是通过银行账户的资金转移实现收付的行为，即银行接受客户委托代收代付，从付款单位存款账户划出款项，转入收款单位存款账户，以此完成经济业务之间债权债务的清算或资金的调拨。银行结算是商品交换的媒介，是社会经济活动中清算资金的中介。

国内银行支付结算工具如图 5.51 所示。

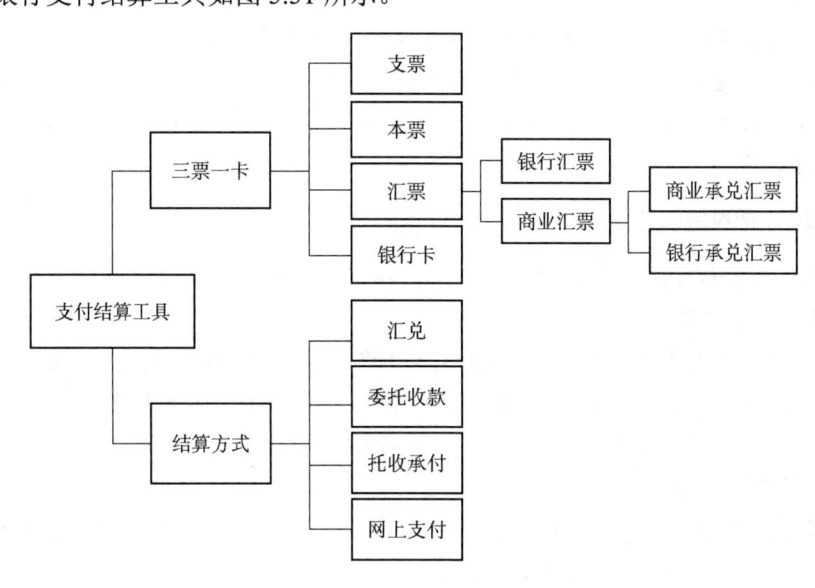

图 5.51　支付结算工具

银行结算按结算形式，可分为现金结算和转账结算。其中，转账结算按地区又可分为同城结算、异地结算、国际结算。

### 5.4.1 支票结算

**1. 支票结算的使用范围**

支票是由出票人签发的，委托办理支票存款业务的银行或其他金融机构在见票时无条件支付确定的金额给收款人或持票人的票据。支票的基本当事人有 3 个：出票人、付款人和收款人。《中华人民共和国票据法》（以下简称《票据法》）按照支付票款方式的不同，将支票分为现金支票、转账支票和普通支票 3 种。

① 现金支票。现金支票是开户单位用于向开户银行提取现金的凭证。它只能用于从银行提取现金，不能办理转账。

② 转账支票。转账支票是用于同城或异地单位之间的商品交易、劳务供应或其他款项往来的结算凭证。它只能用于转账结算，而不能用于提取现金。

③ 普通支票。普通支票既可以用来支付现金，也可以用来转账。根据《票据法》的规定，普通支票用于转账时，应当在支票正面注明：一般是在支票左上角画两条平行线。划线支票只能用于转账，不得支取现金；未画线者可用于支取现金。

**2. 支票结算的基本规定**

① 支票一律记名。
② 支票的付款提示期为自出票起 10 日内。
③ 支票的金额起点为 100 元。
④ 签发支票应使用墨汁、碳素墨水或蓝黑墨水填写。未按规定填写，被涂改冒领的，由签发人负责。
⑤ 签发人必须在银行账户余额内按照规定向收款人签发支票。
⑥ 已签发的现金支票遗失，可以向银行申请挂失。
⑦ 已签发的转账支票遗失，银行不予受理挂失，可请求收款人协助防范。
⑧ 适用范围：全国。

**3. 支票出票的其他法定条件**

支票的出票行为有法律上的效力，必须依法进行。除必须按法定格式签发票据外，还需要符合以下法定条件。

① 支票的出票人所签发的支票金额不得超过其付款时在付款人处实有的存款金额。如果签发的支票金额超过付款人处实有的存款金额，则在法律上该支票称为"空头支票"。签发"空头支票"是一种违法行为，对其责任人要给予严厉的处罚和制裁，构成犯罪的，还要依法追究其刑事责任。

② 支票的出票人不得签发与其预留本名的签名式样或印鉴不符的支票；使用支付密码的，出票人不得签发支付密码错误的支票。

### 4. 支票的付款

支票属于见票即付的票据，因而没有到期日的规定。支票的出票日实质上就是到期日。《票据法》第九十条规定："支票限于见票即付，不得另行记载付款日期。另行记载付款日期的，该记载无效。"

（1）提示期间

《票据法》第九十一条第一款规定："支票的持票人应当自出票日起十日内提示付款；异地使用的支票，其提示付款的期限由中国人民银行另行规定。超过提示付款期限的，付款人可以不予付款；付款人不予付款的，出票人仍应当对持票人承担票据责任。"由于支票不同于汇票、本票，没有主债务人，因此出票人就相当于主债务人的地位，所以必须加重出票人的责任。

（2）付款

持票人在提示期内向付款人提示票据，付款人在对支票进行审查之后，如未发现不符合规定之处，即应向持票人付款。

### 5. 现金支票的结算

单位需要提取现金时，由提款人按规定要求填写现金支票，加盖有关印鉴后，撕下右边正联交开户银行提取现金，留下左边存根联作为本单位记账的原始凭证。

用现金支票向外单位或个人付款时，先由出纳签发现金支票，加盖预留银行印鉴，填写支付密码，交收款人；收款人持现金支票到付款单位开户行提取现金，并在支票"收款人签章"处签章，持票人为个人的，还需要交验本人身份证件，并在支票背面注明证件名称、号码及发证机关。

（1）现金支票正联的填写

① 出票日期：填写当天的日期。日期必须使用中文大写，以防止变造日期，且不可更改，否则无效。

② 收款人：填写本单位名称的全称。

③ 付款行名称：填写本单位开户银行的名称。

④ 出票人账号：填写本单位在开户银行的账号。

⑤ 金额：大写按要求规范填写；小写金额必须与大写金额一致，并在小写最高位的前一格填写人民币符号，且不可更改，否则无效。

⑥ 用途：填写所付款项的用途。

⑦ 小写金额下方空格栏：采用支付密码的，可在此填写支付密码。

⑧ 出票人签章：应加盖单位财务专用章、法人章（银行预留印鉴），印章要加盖清晰。

⑨ 正联背面：在"附加信息"栏可填写需要说明的有关事项。

（2）现金支票存根联的填写

① 附加信息：与正联背面所填内容相同。

② 出票日期：用数字填写与正联相同的日期。

③ 收款人：与正联所填内容相同。

④ 金额：用数字填写与正联相同的金额。

⑤ 单位主管、会计：由单位财务负责人、会计签章。
现金支票正联和存根联的填写如图5.52所示。

图5.52 现金支票正联和存根联的填写

(3) 现金支票背面的填写
① 在右边空白处加盖收款单位财务专用章、法人章。
② 在右边空白处收款人签章。
③ 填写实际取款日期。
现金支票背面的填写如图5.53所示。

图5.53 现金支票背面的填写

6. 转账支票的收款结算

收款方收到付款方交来的支票后，首先应对支票进行审核，然后背书，填写进账单，一并交开户银行办理入账即可。也可直接向付款单位开户行提示付款。支票送存银行的业务流程如图5.54所示。

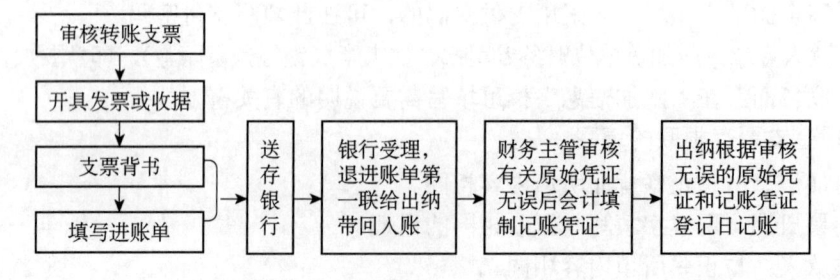

图5.54 支票送存银行的业务流程

(1) 收到支票在审查时应注意的问题

① 支票是否用碳素墨水填写清晰。
② 支票的各项内容是否填写齐全。
③ 查看支票的出票日期,看看截止存款日是否在支票的付款期内。
④ 如果是背书转让的支票,则看其背书是否正确、是否连续。
⑤ 填写进账单前,看是否加盖了自己单位预留银行的印鉴。

注意,支票不能有任何错别字,且不得涂改。

(2) 转账支票背书的填写

背书是指在票据背面或粘贴单上记载有关事项并签章的票据行为,持票人在提示付款期限内,委托开户银行收款。

① 加盖收款单位财务专用章及法人章。
② 填写收款人开户银行名称和委托收款字样。
③ 实际进账日期。
④ 附加信息可不填写。

转账支票背书的填写如图 5.55 所示。

**图 5.55 转账支票背书的填写**

(3) 转账支票进账单的填写

进账单是存款人向开户银行存入从外单位取得的转账支票等,委托银行收款时填制的单证。进账单基本联次为三联:第一联,银行交给收款人的回单,受理回单;第二联,收款人开户银行作为贷方凭证;第三联,银行给收款人的收款通知,收款人据此联记账。转账支票进账单的填写如图 5.56 所示。

**图 5.56 转账支票进账单的填写**

① 日期：填写办理进账当天的日期。
② 出票人全称：按支票上出票人签章处的名称填写。
③ 出票人账号：按支票上的记载填写。
④ 出票人开户银行：按支票上记载的付款行名称填写。
⑤ 收款人全称、账号、开户银行：按本单位的情况填写。
⑥ 金额：按支票上的金额填写。
⑦ 票据种类：填写"转账支票"。
⑧ 票据张数：填写进账票据的张数，通常为1张。
⑨ 票据号码：填写支票右上角的号码。

进账单填好后连同转账支票正本送存银行，银行受理或收款后在回单或收款通知联上加盖"已受理"或"转讫"（转账收讫）章退给单位，单位根据收账通知联作为已收款记账依据。

### 7. 转账支票的付款结算

采用转账支票付款结算时，由付款方按规定要求填写转账支票，加盖有关印鉴后，撕下右边正联交给收款方，留下左边存根联作为本单位记账的原始凭证。

(1) 转账支票正联的填写

① 出票日期：填写填开当天的日期。日期必须使用中文大写，以防止变造日期。
② 收款人：填写对方收款单位的名称。
③ 付款行名称：填写本单位开户银行的名称。
④ 出票人账号：填写本单位在开户银行的账号。
⑤ 金额：大写按要求规范填写；小写金额必须与大写金额一致，并在小写最高的前一格填写人民币符号。
⑥ 用途：填写所付款项的用途。
⑦ 小写金额下方空格栏：采用支付密码的，可在此填写支付密码。
⑧ 出票人签章：应加盖单位财务专用章法人章。
⑨ 正联背面：在"附加信息"栏可填写需要说明的有关事项（一般不填写）。

(2) 转账支票存根联的填写

① 附加信息：与正联背面所填内容相同。
② 出票日期：用数字填写与正联相同的日期。
③ 收款人：与正联所填内容相同。
④ 金额：用数字填写与正联相同的金额。
⑤ 单位主管、会计：由单位财务负责人、会计签章。

转账支票正联和存根联的填写如图5.57所示。

第 5 章　出纳岗位技能

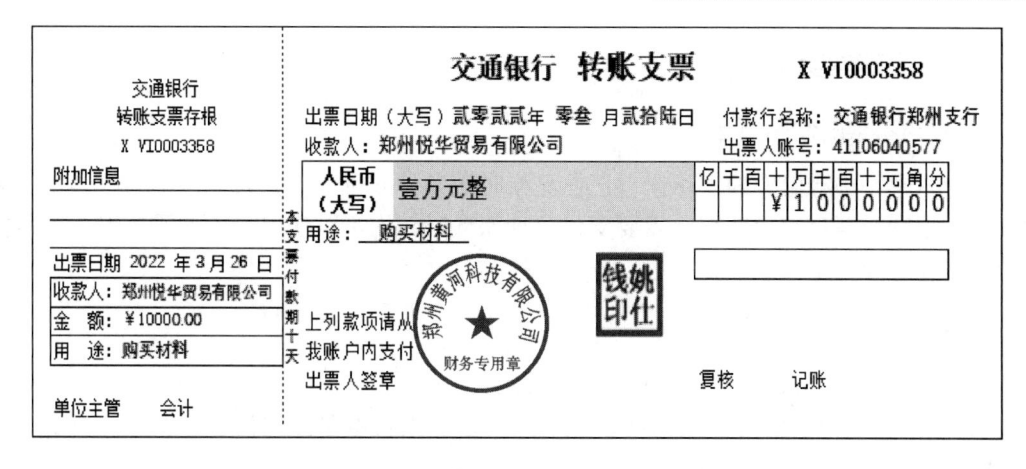

图 5.57　转账支票正联和存根联的填写

(3) 转账支票背面的填写

① 附加信息：一般都空着，可以不填。

② 背书人和被背书人：在"被背书人"栏加盖收款单位财务专用章和法人章。如果收款人是个人，则不需要盖章，收款人在转账支票背面填上身份证号码和发证机关名称即可。背书连续是指票据第一次背书转让的背书人是票据上记载的收款人，前次背书转让的被背书人是后一次背书转让的背书人，依次前后衔接，最后一次背书转让的被背书人是票据的最后持票人。

③ 粘单和骑缝章：票据的背书人应当在票据背面的背书栏依次背书。背书栏不足背书的，可以使用统一格式的粘单，粘附于票据凭证上规定的粘接处。粘单上的第一记载人，应当在票据和粘单的粘接处加盖单位财务专用章与法人章作为骑缝章。

④ "空头支票"及处罚：中国人民银行《票据管理实施办法》第三十一条规定，签发空头支票或者签发与其预留的签章不符的支票，不以骗取财物为目的的，由中国人民银行处以票面金额 5%但不低于 1 000 元的罚款；持票人有权要求出票人赔偿支票金额 2%的赔偿金。

转账支票背面的填写如图 5.58 所示。

图 5.58　转账支票背面的填写

## 5.4.2 银行本票结算

### 1. 银行本票的使用范围

银行本票是银行签发的，承诺自己在见票时无条件支付给收款人或持票人的票据。单位和个人在同一票据交换区域内需要支付各种款项时，均可以使用银行本票。银行本票按其金额不同可分为定额本票和不定额本票两种。

### 2. 银行本票结算的基本规定

① 银行本票在指定城市的同城范围内使用。

② 不定额银行本票的金额起点为 100 元；定额银行本票面额为 1 000 元、5 000 元、10 000 元、50 000 元。

③ 银行本票的付款期自出票日起最长不超过两个月（不分大月小月，统按次月对日计算，到期日遇例假日顺延）。逾期的银行本票，兑付银行不予受理，但可以在签发银行办理退款。

④ 银行本票一律记名，允许背书转让。

⑤ 银行本票见票即付，注明“现金”字样的银行本票可以挂失；注明“转账”字样的银行本票不可以挂失。遗失的不定额银行本票在付款期满后一个月确未被冒领的，可以办理退款手续。

### 3. 银行本票收款的办理

收款单位将收到的银行本票连同进账单送交银行办理转账，银行审核盖章后退回进账单第一联和有关原始凭证，编制收款凭证。

### 4. 银行本票付款结算的办理

汇款人办理银行本票时，应填写一式三联结算业务申请书，详细写明收款单位名称等各项内容。在选择业务类型时，在银行本票后的小方框内画“√”，表示企业所选择办理经济业务的类型。如果申请人在签发银行开立有账户，则应在银行本票申请书第二联上加盖预留银行印鉴。本票结算业务申请书如图 5.59 所示。

交通银行 BANK OF COMMUNICATIONS　　　　结算业务申请书

申请日期2022年03月12日　　　　AB08090101

业务类型：电汇□　信汇□　汇票申请书□　本票申请书☑　其他□

| | | | | | |
|---|---|---|---|---|---|
| 申请人 | 全　称 | 郑州黄河科技有限公司 | 收款人 | 全　称 | 河南优胜商贸有限公司 |
| | 账号或地址 | 41106040577 | | 账号或地址 | 411014170012347 |
| | 开户银行 | 交通银行郑州支行 | | 开户银行 | 工商银行郑州分行 |
| 金额 | 人民币（大写） | 捌拾万元整 | | 亿千百十万千百十元角分 | ¥80000000 |
| 上列相关款项请从我账户内支付：<br>郑州黄河科技有限公司 财务专用章　钱姚印仕<br>申请人签章 | | 支付密码<br>电汇时需选择：<br>普通□<br>加急□ | | 附加信息及用途： | |

会计主管：　　授权：　　复核：　　记账：

图 5.59　本票结算业务申请书

银行本票结算业务的填写方法与银行汇票结算业务基本相同。银行本票如图 5.60 所示。

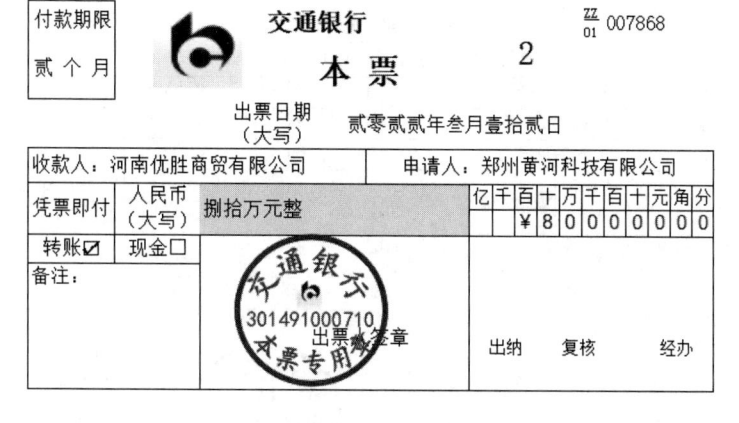

**图 5.60　银行本票**

### 5.4.3　商业汇票结算

#### 1. 商业汇票结算的使用范围

商业汇票是收款人或付款人（或承兑申请人）签发，由承兑人承兑，并于到期日向收款人或被背书人支付款项的票据。商业汇票适用于企业单位先发货后付款或双方约定延期付款的商品交易。这种汇票经过购货单位或银行承诺付款，承兑人负有到期无条件支付票款的责任，对付款单位具有较强的约束力，从而有利于增强企业信用，促使企业偿付货款。商业汇票按承兑人的不同，分为商业承兑汇票和银行承兑汇票两种。

#### 2. 商业汇票结算的基本规定

商业汇票一律记名，既可以背书转让，也可以贴现。商业汇票承兑期限由交易双方商定，纸质版不得超过 6 个月，电子版不得超过一年。商业汇票同城或异地均可使用。

#### 3. 商业汇票到期收款的办理

商业汇票的提示付款期限为汇票到期日起 10 天，收款人（持票人）应在商业汇票到期日起 10 日内到本单位开户银行办理收款手续。收款人收到商业汇票首先应对汇票进行审核，然后背书，填写托收凭证，一并交开户银行办理入账。

（1）收到银行承兑汇票在审查时应注意的问题

① 是否为中国人民银行统一印制的银行承兑汇票。

② 汇票的签发和到期日期、收付款单位的名称（必须是全称）和账号及开户银行（大小写金额）等栏目是否填写齐全正确。

③ 汇票上的签章是否齐全正确。

④ 汇票是否超过有效承兑期限。

⑤ 汇票上有无批注"不得转让"的字样。经转让的汇票，背书是否连续（每一手的背书是否为前一手的被背书人或收款人）、背书的签章是否正确。

银行承兑汇票正面的填写如图 5.61 所示。

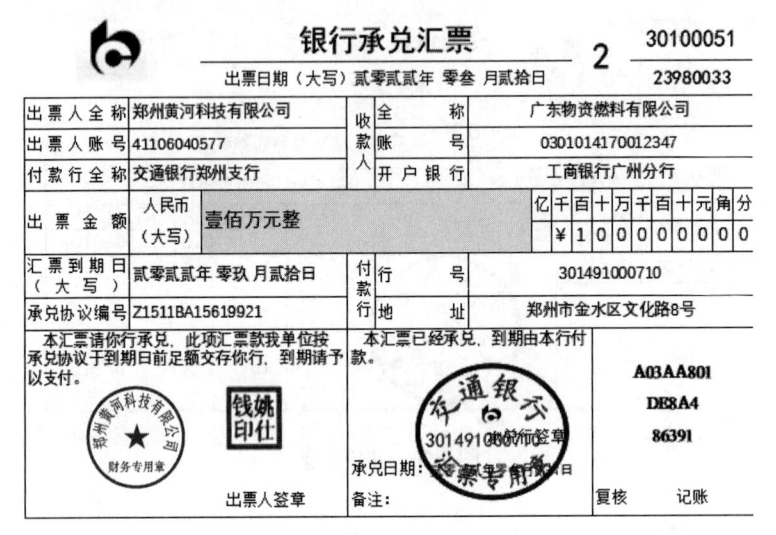

图 5.61　银行承兑汇票正面的填写

(2) 银行承兑汇票背书的填写

① 持票人向银行提示付款时应在银行承兑汇票正本后签章（银行预留印鉴）。

② 填写实际进账的日期。

银行承兑汇票背书的填写如图 5.62 所示。

图 5.62　银行承兑汇票背书的填写

(3) 银行承兑汇票连续背书的填写

商业汇票背书转让是指以转让商业汇票票据权利为目的的背书行为。持票人将商业汇票票据权利转让给他人，应当背书并交付票据。

① 持票人可在商业汇票到期日前，在票据背面或粘贴单上记载有关事项并签章（银行预留印鉴），填写实际背书转让票据的日期、背书转让的票据权利。票据的背书人应当在票据背面的背书栏依次背书，确保前后衔接，背书连续，最后一次背书转让的被背书人是票据的最后持票人。

② 票据的最后持票人可在商业汇票到期日，向银行提示付款时在银行承兑汇票正本后签章，填写实际进账的日期。

银行承兑汇票连续背书的填写如图 5.63 所示。

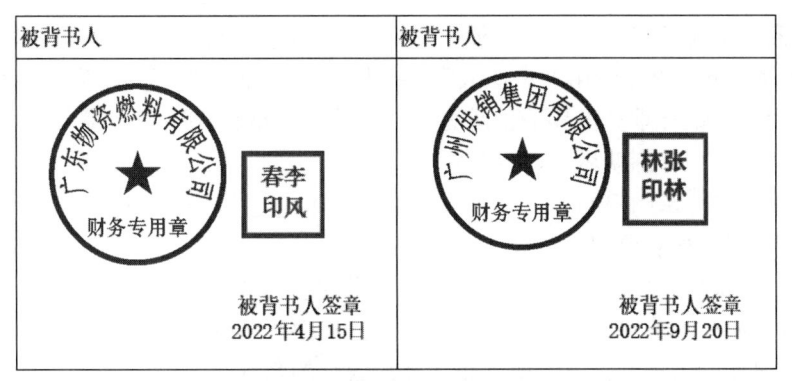

图 5.63　银行承兑汇票连续背书的填写

(4) 托收凭证的填写

① 日期：填写办理托收当天的日期。
② 业务类型：在委托收款、托收承付后邮划或电划前打"√"。
③ 付款人全称、账号、地址、开户行：按实际付款人的名称填写。
④ 收款人全称、账号、地址、开户行：按收款人单位的情况填写。
⑤ 金额：按发票上的金额填写，包括大小写金额。
⑥ 款项内容：实际应支付的款项。一般填写"货款及运费"。
⑦ 托收凭据名称：填写发票、运单等托收凭据的名称。
⑧ 附寄单证张数：填写托收商业汇票张数。
⑨ 商品发运情况：一般填写"已发运"。
⑩ 合同名称号码：按实际签订合同的号码填写。

托收凭证的填写如图 5.64 所示。

图 5.64　托收凭证的填写

### 4. 商业承兑汇票付款结算的办理

在采用商业承兑汇票结算时，一般由付款方（也可以由收款方）填写商业汇票（一式三联），并加盖本单位财务专用章和法人章。商业承兑汇票由付款方在第二联承兑人签章处加盖财务专用章，银行承兑汇票应由承兑银行在第二联承兑行签章处盖章，最后将第二联交给收款方持有，汇票到期后凭此收款。

（1）商业承兑汇票的填写

① 出票日期：与支票填法相同。

② 付款人全称：填写付款方，即本企业的企业名称全称。

③ 付款人账号：填写付款方，即本企业在开户银行的账号。

④ 开户银行：填写付款方，即本企业开户银行的名称。

⑤ 收款人全称、账号、开户银行：填写收款方单位的名称全称，所在开户银行的账号、名称。

⑥ 出票金额：大写按要求规范填写；小写金额必须与大写金额一致，并在小写金额最高位的前一格填写人民币符号。

⑦ 汇票到期日：填写汇票到期的年、月、日，用汉字大写填写。

⑧ 交易合同号码：填写所结算的交易合同编号。

⑨ 收付款双方单位签章。

商业承兑汇票的填写如图 5.65 所示。

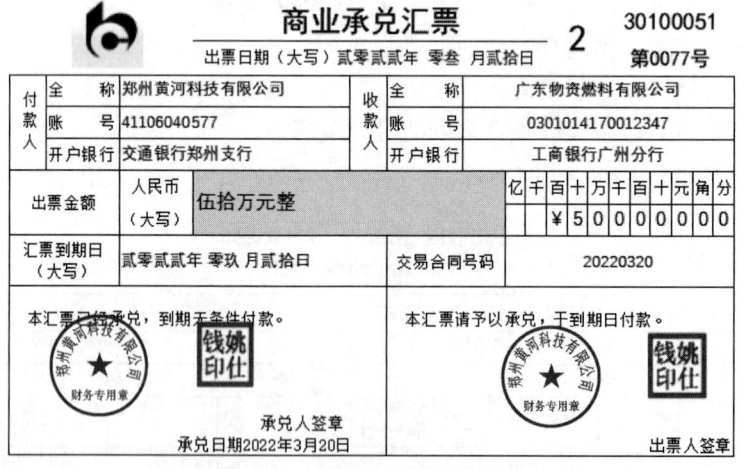

图 5.65　商业承兑汇票的填写

（2）商业汇票陷阱的预防

很多企业在收取商业汇票时会遇到一些不太规范的票据，甚至伪造的假票，从而给企业带来损失。以下几种商业汇票不可收，应坚决退回。

① 超期商业汇票。

② 汇票票面有严重污渍，导致票面一些字迹、签章无法清晰辨认，或者票面有破损或撕裂。

③ 汇票票面项目填写不齐全、金额大小不一致、日期不规范。
④ 背书人的签章不清晰；背书人的签章盖在背书栏外；被背书名称书写有误或有涂改。
⑤ 背书不连续，如背书人的签章与前道被背书人的名字或签章不一致；连续背书转让时，日期填写不符合前后逻辑关系，如后道背书日期比前道早。
⑥ 粘贴单不是银行统一格式。
⑦ 盖在汇票与粘贴单连接处的骑缝章不清晰或骑缝章与前面背书人签章重叠。

(3) 银行承兑汇票和商业承兑汇票的主要区别

① 承兑人不同：银行承兑汇票由银行承诺支付；商业承兑汇票由企业签发并承诺到期支付货款。
② 票据行为不同：商业承兑汇票是购销双方收、付款人之间的票据行为，是一种商业信用的外在表现；银行承兑汇票既是一种独立的票据行为，又是银行的一种信用授受业务。
③ 到期日后付款企业账户余额不足以支付票款时的处理不同：银行承兑汇票到期，付款企业账户余额不足以支付票款的，由承兑银行见票无条件向收款人足额支付票款，并对承兑申请人尚未支付的汇票金额按照每天 0.5‰ 计收利息；商业承兑汇票到期，付款企业账户余额不足以支付票款的，银行可拒绝支付，承兑申请人可以向收款人协商延期收款。

## 5.4.4 银行汇票结算

### 1. 银行汇票的使用范围

银行汇票是由单位或个人将款项交存银行，由银行签发给其持往异地办理转账结算或支取现金的票据。银行汇票具有票随人到、方便灵活、兑现性强的特点，企事业单位、个体经营户和个人向异地支付各种款项均可使用。

### 2. 银行汇票结算的基本规定

① 银行汇票一律记名。所谓记名，是指在汇票中指定某一特定人为收款人，其他任何人都无权领款。如果指定收款人以背书方式将领款权转让给其指定的收款人，则其指定的收款人有领款权。
② 银行汇票的提示付款期自出票日起最长不得超过一个月。这里所说的付款期，是指从签发之日起到办理兑付之日止的时期。这里所说的一个月，是指从签发日开始，不论月大月小，统一到下月对应日期止的一个月。例如，签发日为 3 月 5 日，则付款期到 4 月 5 日止。到期日遇例假日可以顺延。逾期的汇票，兑付银行将不予办理。

### 3. 银行汇票收款进账的办理

收款方收到付款方交来的汇票后，首先应对汇票进行审核，然后背书并填写进账单，一并交由开户银行办理入账。

(1) 收到银行汇票在审查时应注意的问题
① 收款人或背书人是否确认为本单位。
② 银行汇票是否在付款期内，日期、金额等填写是否正确无误。

③ 印章是否清晰、压数机压印的金额是否清晰。

④ 银行汇票和解讫通知是否齐全、相符。

⑤ 背书人是否连续。

(2) 银行汇票的填写

① 持票人在银行汇票正联和解讫通知上"实际结算金额"处填写实际结算金额的大、小写。

② 有多余金额在"多余金额"处填写出票金额比实际金额多出的金额。如果无多余金额，则在元位填上 0。实际结算金额不得超过出票金额。

③ 银行汇票的背书方法是持票人向银行提示付款时应在银行汇票正本（第二联）后签章，即在背面（左下角处）"提示付款签章"处加盖财务专用章、法人章。

银行汇票收款进账如图 5.66 和图 5.67 所示。

图 5.66　银行汇票第三联（正联）

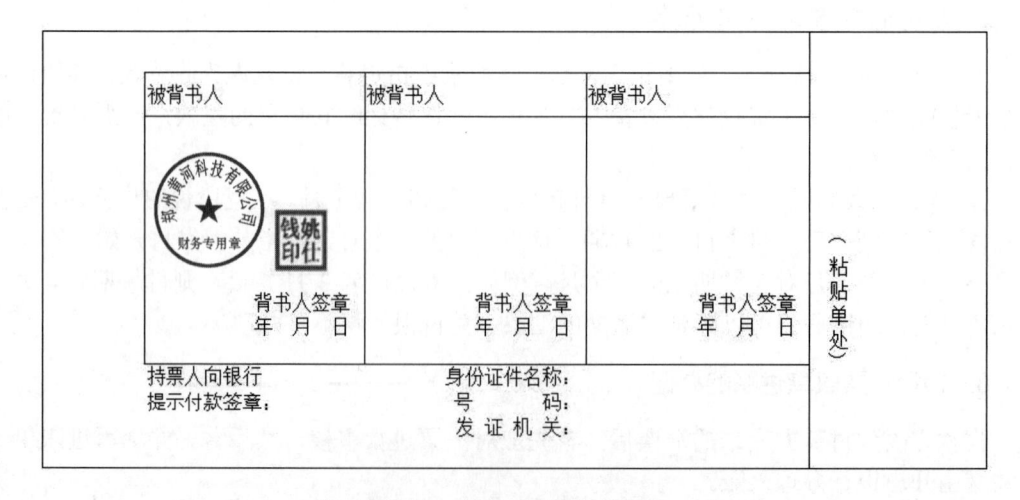

图 5.67　银行汇票背书的填写

(3) 银行汇票进账单的填写

① 日期：填写办理进账当天的日期。

② 出票人全称：按银行汇票上申请人的名称填写。
③ 出票人账号：按银行汇票上的申请人右面"账号或住址"记载的内容填写。
④ 出票人开户银行：按银行汇票上"出票行"记载的内容填写。
⑤ 收款人全称、账号、开户银行：按本单位的情况填写。
⑥ 金额：按银行汇票上的实际结算的金额填写。
⑦ 票据种类：填写"银行汇票"。
⑧ 票据张数：填写进账票据的张数，通常为1张。
⑨ 票据号码：填写银行汇票右上角的号码。

进账单填好后连同银行汇票联、解讫通知联送存银行，银行受理或收款后在回单或收款通知联上加盖已受理或转讫（转账收讫）章，退给进账单位。企业以收账通知联作为已收款记账依据。

银行汇票进账单的填写如图5.68所示。

**交通银行进账单（收账通知） 3**

2022 年 03 月 28 日

| 出票人 | 全 称 | 上海嘉荣展览制作有限公司 | 收款人 | 全 称 | 郑州黄河科技有限公司 |
|---|---|---|---|---|---|
| | 账 号 | 18170002334 | | 账 号 | 41106040577 |
| | 开户银行 | 交通银行上海虹桥支行 | | 开户银行 | 交通银行郑州支行 |
| 金额 | 人民币（大写） | 贰佰玖拾陆万元整 | 亿千百十万千百十元角分 ¥ 2 9 6 0 0 0 0 0 0 | | |
| 票据种类 | 银行汇票 | 票据张数 | 1张 | 交通银行郑州支行 2022.03.28 转讫 | |
| 票据号码 | | 00047612 | | | |
| | | 复核 记账 | | 收款人开户银行签章 | |

图5.68 银行汇票进账单的填写

### 4. 银行汇票付款结算的办理

采用银行汇票结算时，申请人应填写一式三联的结算业务申请书，并在第一联加盖有关印鉴（银行预留印鉴），交开户银行办理。开户银行受理后，将第二联回单盖上已受理章，退给申请人。申请人以回单联作为已付款记账依据。

（1）结算业务申请书的填写

① 申请日期：用小写填写申请当天的日期。
② 业务类型：填写需要办理的业务类型。如果需要办理汇票，则在"汇票申请书"后的小方框内画"√"，表示办理该项业务。
③ 申请人全称：填写本单位的名称。
④ 申请人账号或地址：填写本单位的开户银行账号或地址。
⑤ 申请人开户银行：填写本单位的开户银行名称。
⑥ 收款人全称、账号或地址、开户银行：分别填写收款单位的名称、银行账号或地址、开户银行。

⑦ 金额：大写按要求规范填写；小写金额必须与大写金额一致，并在小写金额最高位的前一格填写人民币符号。

⑧ 附加信息及用途：填写所付款项的用途，如货款等。

⑨ 申请人签章：应加盖单位财务专用章、法人章，印章要加盖清晰。

银行汇票结算业务申请书的填写如图5.69所示。

图 5.69　银行汇票结算业务申请书的填写

(2) 银行汇票签发

开户银行在受理结算业务申请书后，签发银行汇票和解讫通知交给申请人，银行汇票第二联（正联）如图5.70所示。解讫通知为银行汇票第三联，待汇票到期办理款项结算时使用。银行汇票第三联（解讫通知）见图5.66。

图 5.70　银行汇票的签发

## 5.4.5　汇兑结算

### 1. 汇兑结算的使用范围及基本规定

汇兑结算是指付款单位委托银行将款项汇往外地收款单位或个人的一种结算方式。汇兑分为信汇和电汇两种。这种结算方式适用于异地各单位之间的资金调拨、清理交易旧欠及汇往外地采购的资金和其他往来款项的结算，无结算起点的限制。

当汇款单位要办理汇出款项时，应填制信汇（或电汇）凭证送开户银行，委托银行将款项汇往收汇银行。银行受汇后，取回汇款回单联，财会部门根据回单联记账。

### 2. 汇兑收款的办理

步骤1  出纳到银行取回汇兑（电汇、信汇）收账通知单，如图5.71所示。

**交 通 银 行**
**收款回单**

日期 2022年03月26日　　　　流水号：E1100600633
收款账户：41106040577
户　名：郑州黄河科技有限公司
开户行：交通银行郑州支行
金额（大写）：人民币捌万元整
　　　（小写）：CNY80,000.00
付款人账号：4100151811073
付款人户名：洛阳十一研究所
付款人开户行：工行洛阳市支行
摘要：货款

经办：李丹　　　第一次打印　　　　20220326

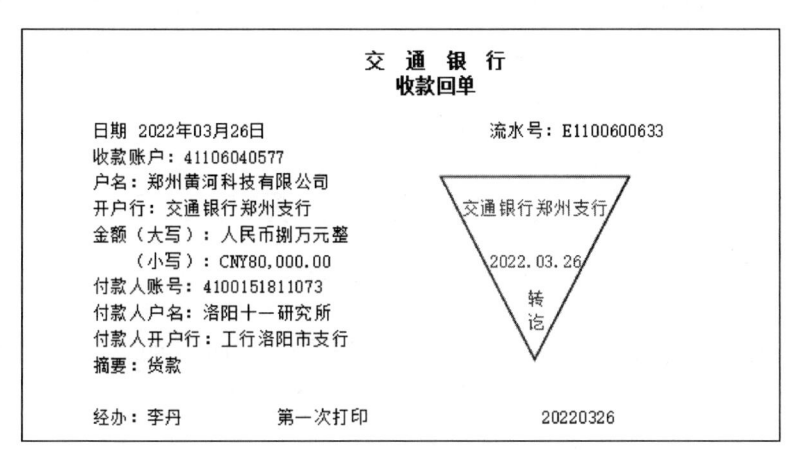

图5.71  汇兑（电汇、信汇）收账通知单

步骤2  出纳根据回单填制收款凭证。
步骤3  根据审核无误的收款凭证登记银行日记账。

### 3. 汇兑付款结算的办理

汇款人以电汇或信汇方式汇款时，应填写一式三联的结算业务申请书，并在第二联加盖有关印鉴，交开户银行办理，如图5.72所示。开户银行受理后，将第一联回单盖上已受理章，退给申请人。申请人以回单联作为已付款记账依据，如图5.73所示。

**交通银行　电汇凭证（借方凭证）**　　　2

委托日期 2022 年 03 月 16 日

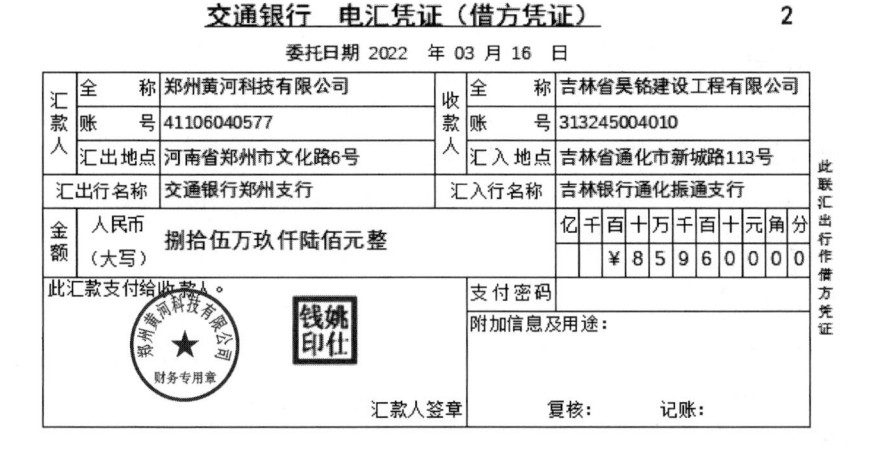

| 汇款人 | 全称 | 郑州黄河科技有限公司 | 收款人 | 全称 | 吉林省昊铭建设工程有限公司 |
|---|---|---|---|---|---|
| | 账号 | 41106040577 | | 账号 | 313245004010 |
| | 汇出地点 | 河南省郑州市文化路6号 | | 汇入地点 | 吉林省通化市新城路113号 |
| | 汇出行名称 | 交通银行郑州支行 | | 汇入行名称 | 吉林银行通化振通支行 |

金额  人民币（大写）  捌拾伍万玖仟陆佰元整　　亿千百十万千百十元角分
　　　　　　　　　　　　　　　　　　　　　　　　　¥ 8 5 9 6 0 0 0 0

此汇款支付给收款人。　　　　支付密码
　　　　　　　　　　　　　　附加信息及用途：
　　　　　　　　　　　　汇款人签章　　复核：　　记账：

图5.72  电汇凭证（借方凭证）

| 交通银行　电汇凭证（回单） | | | | 1 | |
|---|---|---|---|---|---|
| | 委托日期 2022 年 03 月 16 日 | | | | |
| 汇款人 | 全　称 | 郑州黄河科技有限公司 | 收款人 | 全　称 | 吉林省昊铭建设工程有限公司 |
| | 账　号 | 41106040577 | | 账　号 | 313245004010 |
| | 汇出地点 | 河南省郑州市文化路6号 | | 汇入地点 | 吉林省通化市新城路113号 |
| | 汇出行名称 | 交通银行郑州支行 | | 汇入行名称 | 吉林银行通化振通支行 |
| 金额 | 人民币（大写） | 捌拾伍万玖仟陆佰元整 | | 亿千百十万千百十元角分 ¥ 8 5 9 6 0 0 0 0 | |
| | | | 支付密码 | | |
| | | | 附加信息及用途 | | |
| | | | 汇出行签章 | 复核： 记账： | |

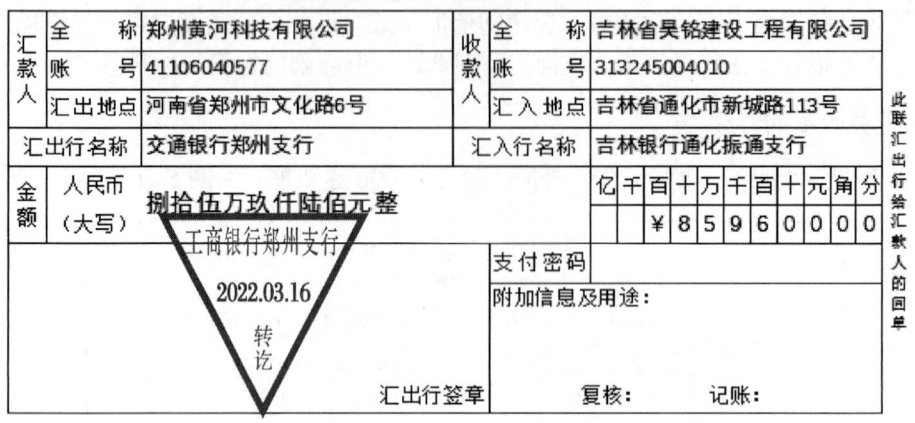

此联汇出行给汇款人的回单

图 5.73　电汇凭证（回单）

汇兑结算业务申请书的填写方法与银行汇票结算业务申请书的填写方法基本相同，只是在选择业务类型时在"电汇"或"信汇"后的小方框内画"√"。

### 5.4.6　委托收款结算

#### 1. 委托收款结算的使用范围

委托收款结算是由收款单位向开户银行提供收款依据，委托银行向付款单位收款的一种结算方式。这种结算方式的特点是办理结算时不受金额起点的限制。它适用范围广，不但适用于商品交易、劳务供应，而且适用于其他应收款项的结算。凡在银行或其他金融机构开立账户的单位和个体经营户的商品交易，公用事业单位向用户收取水电费、邮电费、煤气费、公房租金、社会保险费等款项及其他应收款项，无论是在同城还是异地，均可使用委托收款的结算方式。

#### 2. 委托收款结算的基本规定

① 单位和个人凭已承兑的商业汇票、债券、存单等付款人债务证明办理款项的结算，都可使用委托收款结算。委托收款在同城、异地都可使用。

② 委托收款结算款项的划回方式可分为邮寄和电报两种，由收款人选用。

③ 委托收款结算不受金额起点的限制。

#### 3. 委托收款结算的办理

收款人办理委托收款，应向开户银行填写委托收款凭证，提供收款依据，如发票、铁路运单等，经开户银行审查、受理后，凭以办理委托收款手续。

委托收款凭证如图 5.74 所示。

委托收款凭证（回单）

| 委托日期　年　月　日　委托号码： ||||||||||||||
|---|---|---|---|---|---|---|---|---|---|---|---|---|---|
| 付款人 | 全　称 | | | | 收款人 | 全　称 | | | | | | | |
| | 账号或住址 | | | | | 账号或住址 | | | | | | | |
| | 开户银行 | | 行号 | | | 开户银行 | | | | 行号 | | | |
| 委托金额 | 人民币（大写） | | | | 千 | 百 | 十 | 万 | 千 | 百 | 十 | 元 | 角 | 分 |
| | | | | | | | | | | | | | |
| 款项内容 | | | 委托收款凭据名称 | | | | 附寄单证张数 | | | | | | |
| 备注： | | | 款项收托日期 | | | | 收款人开户银行签章 | | | | | | |
| | | | 年　月　日 | | | | 年　月　日 | | | | | | |
| 单位主管　　　　　　会计　　　　　　复核　　　　　　记账 ||||||||||||||

图 5.74　委托收款凭证

① 委托日期：填写办理委托收款当天的日期。
② 付款人全称、账号或住址、开户银行：按实际付款人的情况填写。
③ 收款人全称、账号或住址、开户银行：按本单位的情况填写。
④ 委托金额：按实际金额填写。
⑤ 款项内容：实际支付的款项的用途。
⑥ 委托收款凭据名称：所附单据的名称。通常为发票及运费单。
⑦ 所寄单据张数：按实际张数填写。
⑧ 在委托收款凭证第二联上加盖收款单位印章。

### 4．委托收款付款结算的办理

付款人开户银行接到收款人开户银行寄来的委托收款凭证，经审查无误后，应及时通知付款人。付款人接到通知和有关附件后，应在规定的付款期内付款。

（1）收到委托收款凭证后银行在审查时应注意的问题

① 委托收款凭证是否应由本单位受理。
② 凭证内容和所附的有关单证填写是否齐全、正确。
③ 委托收款金额与实际应付金额是否一致，承付期限是否到期。

审查无误后应在付款期内筹足资金，由开户银行办理付款手续。付款期限为 3 天，从付款人开户银行发出付款通知的次日算起（付款期内遇例假日顺延）。付款人在付款期内未向银行提出异议，银行视作同意付款，并在付款期满的次日（例假日顺延）上午银行开始营业时将款项主动划给收款人。

（2）委托收款付款

委托收款付款通知如图 5.75 所示。

**电费委托收款凭证（付款通知）**

| 特约 | | | | 5 | NO:056159 |

委托日期 2022 年 03 月 26 日

| 付款人 | 全称 | 郑州黄河科技有限公司 | 收款人 | 全称 | 国网河南省电力公司郑州供电公司 |
|---|---|---|---|---|---|
| | 账号 | 41106040577 | | 账号或住址 | 1702020529 |
| | 开户银行 | 交通银行郑州支行 | | 开户银行 | 工行建设支行　行号 |

| 委托金额 | 人民币（大写） | 叁仟零肆拾叁元伍角柒分 | 千 | 百 | 十 | 万 | 千 | 百 | 十 | 元 | 角 | 分 |
|---|---|---|---|---|---|---|---|---|---|---|---|---|
| | | | | | | ¥ | 3 | 0 | 4 | 3 | 5 | 7 |

| 款项内容 | 时期 | 电费 | 补缴 | 滞纳金 | 合计 | 付款人注意 |
|---|---|---|---|---|---|---|
| 电费 | 2023.2.16-2022.3.15 | 3043.57 | | | 3043.57 | 1. 上述款项已全部划给收款人。2. 该款项不得拒付，如需拒付，应按规定，由付款人与收款人自行联系解决。 |

（交通银行郑州支行 2022.03.26 转讫）
（国网河南省电力公司郑州供电公司 结算专用章）

备注：2022年3月电费

单位主管　　会计　　复核　　记账　　付款人开户银行收到日期2022年3月26日

图 5.75　委托收款付款通知

### 5.4.7　托收承付结算

#### 1. 托收承付结算的使用范围

托收承付结算是收款单位根据经济合同或协议规定发货后，委托银行向异地付款单位收取款项，付款单位根据经济合同或协议的规定检验单证或商品后，向银行承认付款的结算方式。托收承付结算只适用于购销双方都是国有企业、供销合作社、经开户银行审查同意的城乡集体所有制工业企业，托收和承付方其中一方不是使用托收承付结算范围的企业，就不能办理托收承付结算。

托收是指销货单位（收款单位）委托开户银行收取结算款项的行为；承付是指购货单位（即付款单位）在承付期限内，向银行承认付款的行为。

#### 2. 托收承付结算的基本规定

① 办理托收承付结算的款项必须是商品交易，以及因商品交易而产生的劳务供应的款项。代销、寄销、赊销商品的款项不得办理托收承付结算。

② 托收承付结算款项的每笔金额的起点是 10 000 元；新华书店系统每笔金额的起点是 1 000 元。

③ 托收承付结算款项的划回方法分邮寄和电报两种，由收款人选用。

④ 收款人办理托收承付必须具有商品确已发运的证件，包括铁路、航运、公路等运输部门签发的运单、运单副本和邮局包裹回执。特殊情况下没有发运证件的，可凭其他有关证件办理托收承付。

### 3. 托收收款的办理

在托收阶段，销货单位根据经济合同发货，取得发运证件后，填制托收承付结算凭证。托收凭证一式五联，连同发票、托运单和代垫运费等单据，一并送交开户银行办理托收手续。

(1) 托收凭证的填写

托收凭证如图 5.76 所示。其填写方法与商业汇票托收凭证的填写方法基本相同。

**交通银行托收凭证 5　（付款通知）**

委托日期 2022 年 03 月 22 日

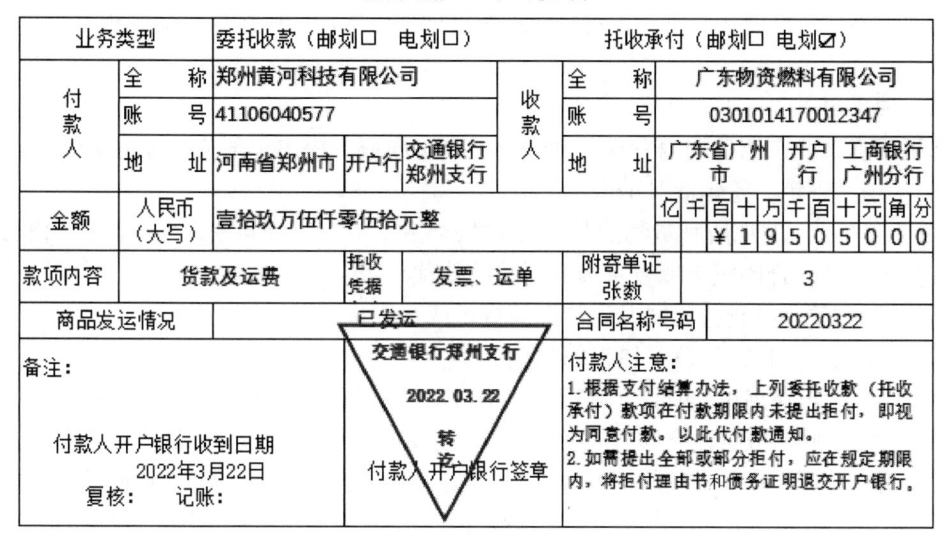

| 业务类型 | 委托收款（邮划□ 电划□） | | 托收承付（邮划□ 电划☑） | |
|---|---|---|---|---|
| 付款人 | 全称 | 郑州黄河科技有限公司 | 收款人 全称 | 广东物资燃料有限公司 |
| | 账号 | 41106040577 | 账号 | 0301014170012347 |
| | 地址 | 河南省郑州市　开户行 交通银行郑州支行 | 地址 | 广东省广州市　开户行 工商银行广州分行 |
| 金额 | 人民币（大写） | 壹拾玖万伍仟零伍拾元整 | | ￥195050 00 |
| 款项内容 | 货款及运费 | 托收凭据 | 发票、运单 | 附寄单证张数 3 |
| 商品发运情况 | 已发运 | | 合同名称号码 | 20220322 |
| 备注： 付款人开户银行收到日期 2022年3月22日 复核：　记账： | | 交通银行郑州支行 2022.03.22 转讫 付款人开户银行签章 | 付款人注意： 1. 根据支付结算办法，上列委托收款（托收承付）款项在付款期限内未提出拒付，即视为同意付款。以此代付款通知。 2. 如需提出全部或部分拒付，应在规定期限内，将拒付理由书和债务证明退交开户银行。 | |

图 5.76　托收凭证

(2) 托收凭证各联的用途

① 第一联回单是收款人开户行给收款人的回单。
② 第二联委托凭证是收款人委托开户行办理托收款项后的收款凭证。
③ 第三联支票凭证是付款人向开户行支付货款的支款凭证。
④ 第四联收款通知是收款人开户行在款项收妥后给收款人的收款通知。
⑤ 第五联承付（支款）通知是付款人开户行通知付款人按期承付货款的承付（支款）通知。

### 4. 托收付款结算的办理

付款人开户银行收到托收凭证及其附件后，应及时通知付款人。付款人应在承付期内审查核对、安排资金。承付货款分为验单付款和验货付款两种。托收凭证付款通知见图 5.76。

① 验单付款的承付期为 3 天，从付款人开户银行发出承付通知的次日算起（承付期内遇例假日顺延）。付款人在承付期内，未向银行表示拒绝付款，银行即视作承付，并在承付期满的次日（例假日顺延）上午银行开始营业时，将款项主动从付款人的账户内付出，按照收款人指定的划款方式划给收款人。

② 验货付款的承付期为 10 天，从运输部门向付款人发出提货通知的次日算起。对收付双方在合同中明确规定，并在托收凭证上注明验货付款期限的，银行从其规定。付款人收到提货通知后，应立即向银行交验提货通知。付款人在银行发出承付通知后（次日算起）的 10 天内，如果未收到提货通知，则应在第 10 天将货物尚未到达的情况通知银行。如果不通知，则银行即视作已经验货，于 10 天期满的次日上午银行开始营业时，将款项划给收款人。在第 10 天，付款人通知银行货物未到，而以后收到提货通知后没有及时送交银行，银行将仍按 10 天期满的次日作为划款日期，并按超过的天数计扣逾期付款赔偿金。

根据中国人民银行《违反银行结算制度处罚规定》，付款单位到期无款支付，逾期不退回托收承付有关单证的，按照应付的结算金额对其处以每天 0.5‰但不低于 50 元的罚款，并暂停其向外办理结算业务；付款人对托收承付逾期付款的，按照逾期付款金额每天 0.5‰计扣赔偿金。

(1) 拒绝付款

如果购货企业在承付期内发现下列情况，则可向银行提出全部或部分拒绝付款。

① 代销、寄销、赊销商品的款项。

② 验单付款，发现所列货物的品种、规格、数量、价格与合同规定不符，或者物已到，经查验货物发现与合同规定或发货清单不符的款项。

③ 验货付款，经查验货物发现与合同规定或与发货清单不符的款项。

④ 货款已经支付或计算有错误的款项。

购销企业提出拒绝付款时，必须填写拒绝付款理由书，注明拒绝付款的理由，并加盖单位公章，涉及合同的应引证合同上的有关条款，如果是属于商品质量问题，则需要提供商品检验部门的检验证明；如果是属于商品数量问题，则需要提供数量问题的证明及其有关数量的记录；如果是属于外贸部门进口商品，则应当提供国家商品检验或运输等部门出具的证明。将这些一并送交开户银行办理，但拒付后的商品必须妥善代管，不能短少或损坏。

开户银行应认真审查拒绝付款的理由，查验合同。经审查认为拒付理由成立，同意拒付的，在拒绝承付理由书上签署意见，在第一联拒绝承付理由书加盖业务用公章作为回单（完全拒付）或支款通知（部分拒付）退给付款单位。同时，将拒绝承付理由书连同有关证明材料、托收凭证、交易单证（全部拒付）或拒付商品清单（部分拒付）等寄收款单位开户银行通知收款单位。

(2) 拒绝承付理由书的填写

拒绝承付理由书如图 5.77 所示。其填写方法如下。

① 拒付日期：填写拒付当日的日期。

② 收款人、付款人的全称、账号、开户银行：按照托收凭证填写。

③ 委托金额：按照托收凭证上的金额填写。

④ 拒付金额：填写拒付的部分或全部金额。

⑤ 部分承付金额：如果为部分拒付，则填写委托金额减去拒付金额后的余额作为承付金额，分别填写大、小写金额；如果为全部拒付，则不填写。

⑥ 附寄证件张数或册数：填写随拒付理由书退回银行的托收证件张数。

⑦ 拒付理由：填写拒绝付款的理由。

⑧ 付款单位签章：加盖付款方的财务专用章。

**委托收款结算全部（部分）拒绝承付理由书**

(四联)　　(代回单或支款通知)　　原委托号码：20220322

拒付日期2022年03月27日

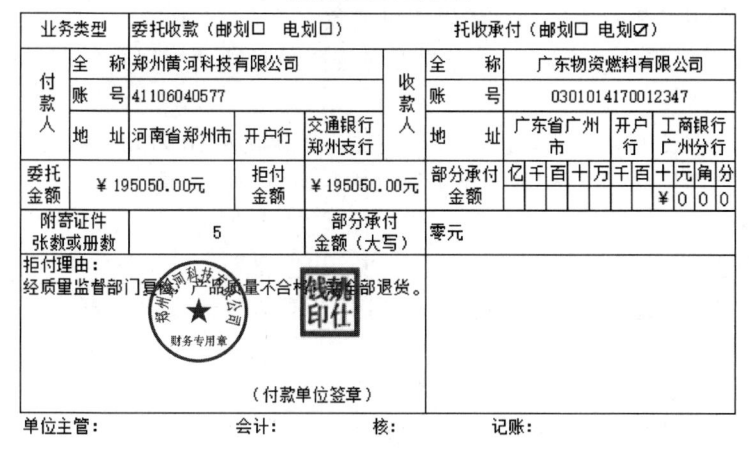

| 业务类型 | 委托收款（邮划□ 电划□） | | 托收承付（邮划□ 电划☑） | |
|---|---|---|---|---|
| 付款人 | 全称 | 郑州黄河科技有限公司 | 收款人 | 全称 | 广东物资燃料有限公司 |
| | 账号 | 41106040577 | | 账号 | 0301014170012347 |
| | 地址 | 河南省郑州市 | 开户行 | 交通银行郑州支行 | | 地址 | 广东省广州市 | 开户行 | 工商银行广州分行 |
| 委托金额 | ¥195050.00元 | 拒付金额 | ¥195050.00元 | 部分承付金额 | 亿千百十万千百十元角分 ¥000 |
| 附寄证件张数或册数 | 5 | 部分承付金额（大写） | 零元 | | |
| 拒付理由：经质量监督部门复检，产品质量不合格，全部退货。 | | | | |
| （付款单位签章） | | | | |

单位主管：　　会计：　　核：　　记账：

图 5.77　拒绝承付理由书

## 实训 5

一、单项选择题

1. 下列说法正确的是（　　）。
   A. 库存现金限额由单位负责人决定
   B. 库存现金限额一经确定，单位必须严格遵守
   C. 库存现金限额一般是单位 3 至 5 天的日常零星开支
   D. 对于边远地区和交通不便地区的开户单位，其库存现金限额可适当放宽，但不得超过 15 天的日常零星开支

2. 针对现金管理制度，以下说法正确的是（　　）。
   A. 出纳下班前应将所有的现金送存银行
   B. 出纳可将当日的现金收入存放在单位
   C. 为保证现金安全，出纳可以将日常开支使用的备用金存入个人存折
   D. 库存现金，包括纸币和铸币，应分类保管

3. 根据现金收支日常管理的有关规定，下列说法正确的是（　　）。
   A. 出纳支付现金时，可以从本单位的现金收入中直接支付
   B. 企业可用"白条顶库"，但最长时间不得超过 1 个月
   C. 企业可用"白条顶库"，但最长时间不得超过 1 天
   D. 企业现金收入应于当日送存开户银行，当日送存有困难的由开户银行确定送存时间

4. 下列有关出纳办理现金收支业务的规定，叙述正确的是（　　）。
   A. 收到的现金收入应于当日送存开户银行
   B. 支付现金时不得从本单位的库存现金限额中直接支付
   C. 出纳从开户银行提取现金，应当写明用途，无须由单位财会部门负责人签字盖章，经开户银行审核后，予以支付现金
   D. 企业因采购地点不固定、交通不便等情况必须使用现金的，可根据情况自主使用。

5. 2022年8月18日，甲公司向乙公司签发一张金额为10万元、用途为服务费的转账支票，发现填写有误。该支票记载的下列事项中，可以更改的是（　　）。
   A. 用途　　　　　　　　　　B. 收款人名称
   C. 出票金额　　　　　　　　D. 出票日期

6. 根据支付结算法律制度的规定，下列关于基本存款账户的表述中，不正确的是（　　）。
   A. 基本存款账户是存款人的主办账户
   B. 一个单位只能开立一个基本存款账户
   C. 基本存款账户可以办理现金支取业务
   D. 单位设立的独立核算的附属机构不得开立基本存款账户

7. 下列存款人中可以申请开立基本存款账户的是（　　）。
   A. 村民委员会　　　　　　　B. 单位设立的非独立核算的附属机构
   C. 营级以上军队　　　　　　D. 异地临时机构

8. 根据支付结算法律制度的规定，下列关于一般存款账户表述正确的是（　　）。
   A. 有数量限制，只能开立一个
   B. 可以在基本存款账户的同一银行营业机构办理开户
   C. 可以办理借款转存和借款归还
   D. 可以支取现金

9. 根据支付结算法律制度的规定，下列各项中属于存款人按照法律、行政法规和规章，对其特定用途资金进行专项管理和使用而开立的银行结算账户是（　　）。
   A. 基本存款账户　　　　　　B. 一般存款账户
   C. 专用存款账户　　　　　　D. 临时存款账户

10. 甲地政府为完成棚户区改造工程，成立了W片区拆迁工程指挥部。为发放拆迁款，该指挥部向银行申请开立的存款账户的种类是（　　）。
    A. 基本存款账户　　　　　　B. 临时存款账户
    C. 一般存款账户　　　　　　D. 专用存款账户

11. 某摄制组为完成某电视剧的拍摄，在拍摄当地工商银行开立账户。该摄制组申请开立的存款账户的种类是（　　）。
    A. 基本存款账户　　　　　　B. 临时存款账户
    C. 一般存款账户　　　　　　D. 专用存款账户

12. 根据支付结算法律制度的规定，下列关于银行结算账户管理的表述中，正确的是（　　）。
    A. 撤销基本存款账户，应当与开户银行核对银行结算账户存款余额
    B. 撤销基本存款账户，可以保留未使用的空白支票
    C. 单位的地址发生变更，不需要通知开户银行
    D. 撤销单位银行结算账户应先撤销基本存款账户，再撤销其他类别账户

13. 关于支票，下列表述错误的是（　　）。
    A. 个人不能使用支票
    B. 支票的基本当事人是出票人、付款人、收款人
    C. 支票是见票即付的票据
    D. 支票是由出票人签发的

14. 下列关于支票的提示付款期限的表述中，正确的是（　　）。
    A. 自出票日起 10 日内          B. 自出票日起 20 日内
    C. 自出票日起 30 日内          D. 自出票日起 60 日内

15. 在票据背面或粘贴单上记载有关事项并签章的票据行为是（　　）。
    A. 出票        B. 背书        C. 保证        D. 承兑

16. 有关票据出票日期的说法，正确的是（　　）。
    A. 票据的出票日期必须使用中文大写
    B. 在填写月、日时，月为壹、贰和壹拾的应在其前加"壹"
    C. 在填写月、日时，日为拾壹至拾玖的，应在其前面加"零"
    D. 票据出票日期使用小写填写的，银行也应受理

17. 下列各项不属于支付结算方式的是（　　）。
    A. 支票        B. 银行汇票        C. 汇兑        D. 实物抵债

18. 签发（　　），不以骗取钱财为目的的，由中国人民银行按票面金额处以 5%但不低于 1 000 元的罚款。
    A. 空头支票
    B. 支付密码错误的支票
    C. 出票日期未使用中文大写规范填写的支票
    D. 签章与预留银行签章不符的支票

19. 商业汇票的付款期限，最长不得超过（　　）。
    A. 3 个月        B. 6 个月        C. 9 个月        D. 12 个月

20. 商业汇票的保证如果附有条件，则以下说法错误的是（　　）。
    A. 表示根据相应条件保证才可能有效        B. 所附条件无效
    C. 保证本身仍然具有效力              D. 保证人应向持票人承担保证责任

21. 甲在将一汇票背书转让给乙时，未将乙的姓名记载于被背书人栏，乙发现后将自己的姓名填入被背书人栏内。下列关于乙填入自己姓名的行为效力的表述中，正确的是（　　）。
    A. 无效                    B. 有效
    C. 可撤销                  D. 经甲追认后有效

二、多项选择题

1. 关于现金日记账，下列说法正确的是（　　）。
   A. 采用订本式账簿　　　　　　　　B. 由出纳登记
   C. 逐日结出金额　　　　　　　　　D. 采用三栏式账簿

2. 关于库存现金的清查表述正确的有（　　）。
   A. 在进行现金清查时，出纳必须在场
   B. 在清查过程中不能用"白条抵库"
   C. 库存现金盘点报告表不是原始凭证
   D. 库存现金盘点报告表应由监盘人员、出纳及其相关负责人签名盖章

3. 对现金进行盘点时，在现场的人和物必须有（　　）。
   A. 会计人员　　　　　　　　　　　B. 会计机构负责人
   C. 库存现金盘点表　　　　　　　　D. 银行对账单

4. 下列各项中，属于支付结算时应遵循的原则有（　　）。
   A. 恪守信用，履约付款原则　　　　B. 谁的钱进谁的账，由谁支配原则
   C. 银行不垫款原则　　　　　　　　D. 一个基本存款账户原则

5. 根据支付结算法律制度规定，下列关于办理支付结算基本要求的表述中，正确的有（　　）。
   A. 票据上的签章为签名、盖章或签名加盖章
   B. 结算凭证的金额以中文大写和阿拉伯数字同时记载，二者必须一致
   C. 票据上出票金额、收款人名称不得更改
   D. 票据的出票日期可以使用阿拉伯数字记载

6. 单位银行结算账户按用途分为（　　）。
   A. 基本存款账户　　　　　　　　　B. 一般存款账户
   C. 专业存款账户　　　　　　　　　D. 临时存款账户

7. 根据支付结算法律制度的规定，下列情形中存款人应向开户银行提出撤销银行结算账户申请的有（　　）。
   A. 存请款人被宣告破产的　　　　　B. 存款人因迁址需要变更开户银行的
   C. 存款人被吊销营业执照的　　　　D. 存款人被撤并的

8. 下列存款人中，可以申请开立基本存款账户的有（　　）。
   A. 甲公司　　　　　　　　　　　　B. 丙会计师事务所
   C. 乙大学　　　　　　　　　　　　D. 丁个体工商户

9. 下列银行账户中可以办理现金支付的有（　　）。
   A. 基本存款账户　　　　　　　　　B. 一般存款账户
   C. 专业存款账户　　　　　　　　　D. 临时存款账户

10. 基本存款账户的使用范围主要包括（　　）。
    A. 发放工资、奖金　　　　　　　　B. 借款的归还
    C. 日常经营活动的资金收付　　　　D. 现金的支取

11. 根据《票据法》的规定，支票按支付票据的方式不同，分为（　　）。
    A. 现金支票　　B. 转账支票　　C. 通用支票　　D. 普通支票

## 第 5 章 出纳岗位技能

12. 根据规定，下列关于支票的表述正确的有（　　　　）。
    A. 支票主要用于同城转账结算，异地不能使用
    B. 支票没有金额的限制
    C. 用于支取现金的支票不能背书转让
    D. 出票人只能在账户可用余额以内签发支票，不能透支

13. 根据规定，下列关于背书表述正确的有（　　　　）。
    A. 汇票转让只能采用背书的方式
    B. 出票人在汇票上记载"不得转让"字样的，不得转让
    C. 背书是一种要式行为，必须符合法定的形式
    D. 背书不得记载的内容包括附有条件的背书和部分背书两项

14. 我国《票据法》上所称的票据包括（　　　　）。
    A. 汇票　　　　B. 债券　　　　C. 支票　　　　D. 本票

15. 办理支付结算时，必须符合（　　　　）基本要求。
    A. 单位、个人和银行应当按照《人民银行结算账户管理办法》的规定开立、使用账户
    B. 办理支付结算必须使用按中国人民银行统一规定印制的票据和结算凭证
    C. 票据和结算凭证的填写应当规范、清晰，并防止涂改
    D. 票据和结算凭证上的签章和其他记载事项应当真实

16. 下列关于银行汇票和银行本票的说法中错误的有（　　　　）。
    A. 更改实际结算金额的银行汇票无效
    B. 银行汇票的提示付款期限为自出票之日起 2 个月
    C. 本票的提示付款期限为自出票之日起 1 个月
    D. 本票的基本当事人包括出票人、付款人和收款人

17. A 公司签发一张票据给乙公司抵顶货款被甲窃取，甲私刻乙公司的财务专用章，假冒乙公司名义背书转让给丙，丙又将该支票背书转让给丁，丁又背书转让给戊。当戊主张票据权利时，下列表述中错误的有（　　　　）。
    A. 甲不承担票据责任　　　　　　　B. 乙公司承担票据责任
    C. 丙不承担票据责任　　　　　　　D. 丁不承担票据责任

18. 出票人签发（　　　　），银行应予退票，并按票面金额处以 5%但不低于 1 000 元的罚款。
    A. 空头支票　　　　　　　　　　　B. 支付密码错误的支票
    C. 出票日期使用小写填写　　　　　D. 签章与预留银行签章不符的支票

19. 下列关于商业汇票的表述中，不符合法律规定的有（　　　　）。
    A. 商业汇票既可以由银行签发，也可以由企业签发
    B. 商业汇票的出票人必须具备的条件之一为出票人必须在银行账户中有足额的资金以保障票款可以按时支付
    C. 商业汇票的提示承兑期限，为自汇票出票之日起 1 个月内
    D. 商业汇票的付款期限，为自汇票到期日起 10 日内

20. 下列关于商业汇票的表述中，符合法律规定的有（　　　　）。
    A. 商业汇票的提示承兑期限为自汇票到期日起 10 日内

B. 商业汇票的提示付款期限为自汇票到期日起 10 日内
C. 商业汇票的付款期限，最长不得超过 6 个月
D. 见票后定期付款的商业汇票，提示承兑期限为自出票日起 1 个月内

三、判断题

1. 对库存现金，出纳应于每日业务终了时清点核对。（　）
2. 根据支付结算法律制度的规定，付款人账户内资金不足的，银行应当为付款人垫付资金。（　）
3. 票据伪造和票据变造是欺诈行为，应追究刑事责任。（　）
4. 办理支付结算时，单位和银行的名称应当记载全称或规范化简称。（　）
5. 甲公司在 A 区市场监督管理局办理登记注册，为便于统一管理，A 区市场监督管理局要求甲公司在工商银行开立基本存款账户。该做法符合法律规定。（　）
6. 存款人未清偿其开户银行债务的，也可以撤销该银行结算账户。（　）
7. 一般存款账户对于现金只收不付，且没有数量限制。（　）
8. 专用存款账户对于现金只付不收。（　）
9. 在普通支票左上角画有两条平行线的为划线支票。划线支票只能用于支取现金，不能用于转账。（　）
10. 支票的出票人在票据上的签章，应为其预留银行的签章或其公章。（　）
11. 票据出票日期的大写日期未按要求规范填写的，银行可予受理。但由此造成损失的，由出票人自行承担。（　）
12. 票据是由出票人签发的，约定自己或委托付款人在见票时或指定的日期向收款人或持票人在符合条件时支付一定金额的有价证券。（　）
13. 支付结算是指单位、个人在社会经济活动中使用票据、信用卡和汇兑、托收承付、委托收款等结算方式进行货币给付和资金清算的行为。（　）
14. 银行是支付结算和资金清算的中介机构。未经中国人民银行批准的非银行金融机构和其他单位一般不得作为中介机构经营支付结算业务。（　）
15. 商业汇票持票人超过提示付款期限提示付款的，承兑人不予受理。（　）
16. 付款人承兑商业汇票，不得附有条件。承兑附有条件的，视为拒绝承兑。（　）
17. 用于支取现金的支票，收款人只能向付款人提示付款，不能委托开户银行收款。（　）
18. 见票即付的支票，不得另行记载付款日期。另行记载付款日期的，该支票无效。（　）
19. 见票后定期付款的汇票，持票人应当自出票日起 2 个月内，向付款人提示承兑。（　）
20. 汇票中，保证不得附有条件，附有条件的保证无效。（　）

四、业务操作题

1. 2022 年 4 月，金利来食品公司发生现金相关结算业务如下。

（1）1 日，提取现金 3 000 元以备零星开支。原始凭证为现金支票存根 1 张。

（2）2 日，收到采购部张强交来的违规操作罚款 1 000 元。原始凭证为收款收据 1 张，

## 第5章　出纳岗位技能

罚款通知单1张。

（3）15日，向张明阳个人销售打印机1台，收到现金2 106元，其中增值税税额为306元。原始凭证为增值税普通发票1张、产品销售通知单1张、收款收据1张。

（4）22日，吉林永利经销公司交来包装箱押金850元。原始凭证为收款收据1张。

（5）23日，办公室李平报销差旅费3 680元，同时交回现金320元，其原借款为4 000元。原始凭证为差旅费报销单1张、报销（付款）审批单1张、收款收据1张。

（6）28日，张力报销差旅费2 318元，原借款为2 500元，收回现金182元。原始凭证为差旅费报销单1张、报账（付款）审批单1张、收款收据1张。

（7）28日，收到销售员李小明交来原欠款500元。原始凭证为收款收据1张。

要求：根据企业业务内容，编制现金收款业务的记账凭证。

2. 2022年4月，金利来食品公司发生现金相关结算业务如下。

（1）1日，以库存现金报销办公用品。收到办公室交来相关原始凭证报销（付款）审批单，增值税专用发票，车间、部门领用办公用品明细表。

（2）1日，以库存现金报销财务部门业务招待费。收到相关原始凭证增值税专用发票、报销（付款）审批单。

（3）3日，将超限额现金3 600元送存银行（面值100元30张；面值50元10张；面值10元8张；面值5元4张）。原始凭证为现金缴款单1张。

（4）6日，支付给机修车间备用金5 000元。原始凭证为借款单1张。

（5）10日，办公室李平预借差旅费4 000元。原始凭证为借款单1张。

（6）20日，将零星收入和预收货款1 485元送存银行（面值100元12张；面值50元4张；面值20元4张；面值5元1张）。原始凭证为现金缴款单1张。

（7）21日，供销科张力去往长春市参加产品展销会，预借差旅费2 500元。原始凭证为借款单1张。

（8）27日，以现金发放职工困难补助。原始凭证为职工困难补助表1张。

要求：根据企业业务内容，编制现金付款业务的记账凭证。

3. 2022年3月10日，某公司突击清查现金，实点库存现金800元。

（1）查明现金日记账截至当年3月10日的账面余额为1 100元。

（2）查出当年3月9日已经办理收款手续尚未入账的收款凭证金额为350元。

（3）查出当年3月9日已经办理付款手续尚未入账的付款凭证金额为200元。

（4）查出当年3月3日出纳以"白条"借给某职工现金250元。

（5）银行核定该公司库存现金限额为500元。

以上5笔盘点业务如表5.14所示。

表5.14　库存现金盘点表　　　　　　　　　　　　　　元

| 项　目 | 金　额 | 项　目 | 金　额 |
| --- | --- | --- | --- |
| 账面余额 | 1 100 |  |  |
| 加：已收款未入账部分 | 350 |  |  |
| 减：已付款未入账部分 | 200 |  |  |
| 减：借条 | 250 |  |  |
| 应存数 | 1 000 | 实存数 | 800 |

在清查现金中发现以下问题。

① 现金账实不符，短缺 200 元，应查明原因。

② 借给某职工 200 元，应负责及时收回交库。

**要求**：编制现金盘点清单，并编制会计分录。

4. 通达有限责任公司 2021 年 11 月 30 日银行存款日记账余额为 556 000 元、银行对账单余额为 566 000 元。经核对，有下列未达账项。

（1）11 月 25 日，公司送存银行 6 000 元。银行尚未入账。

（2）11 月 26 日，公司开出转账支票一张，金额 12 200 元。持票人尚未到银行办理有关手续。

（3）11 月 27 日，公司委托银行收款 6 600 元。银行已收，公司尚未收到银行收款通知凭证。

（4）11 月 28 日，银行代付电话费 2 800 元。公司尚未收到银行付款通知凭证。

**要求**：根据上述未达账项编制通达有限责任公司 11 月份银行存款余额调节表，如表 5.15 所示。

表 5.15  银行存款余额调节表

单位：通达有限责任公司　　　　　　　　　　年　　月　　日　　　　　　　　　　　　　元

| 项　目 | 金　额 | 项　目 | 金　额 |
| --- | --- | --- | --- |
| 企业银行存款日记账余额 |  | 银行对账单余额 |  |
| 加：银行已收，企业未收款 |  | 加：企业已收，银行未收款 |  |
| 减：银行已收，企业未收款 |  | 减：企业已付，银行未收款 |  |
| 调节后的存款余额 |  | 调节后的存款余额 |  |

5. 请结合以下经济业务，办理相关银行结算业务。

（1）2022 年 4 月 11 日，郑州永昌商贸有限公司出纳张晓亮开具转账支票，支付郑州鼎盛科技有限公司笔记本电脑货款 496 249 元。郑州永昌商贸有限公司银行账号为 41106060123、开户银行为交通银行郑州文化路支行。请出纳张晓亮填开转账支票，如图 5.78 所示。

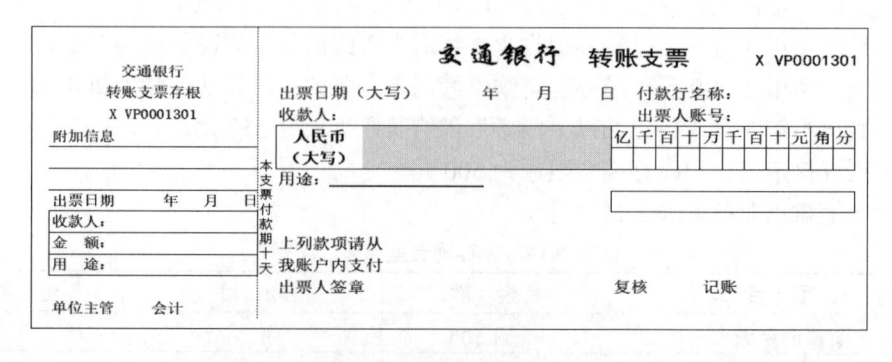

图 5.78  填开转账支票正面

（2）2022 年 4 月 13 日，郑州鼎盛科技有限公司出纳王林将收到的郑州永昌商贸有限公司的转账支票，背书转让给河南润鸿贸易有限公司，用于支付前欠货款 496 249 元。请出纳王林对转账支票进行背书，如图 5.79 所示。

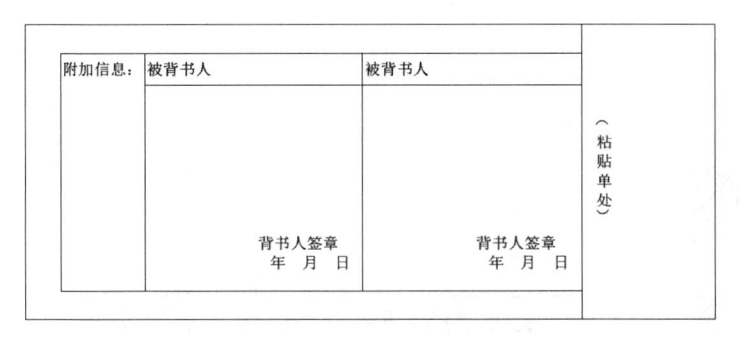

| 附加信息： | 被背书人 | 被背书人 | （粘贴单处） |
|---|---|---|---|
|  | 背书人签章<br>年 月 日 | 背书人签章<br>年 月 日 |  |

**图 5.79　填开转账支票背面**

（3）2022 年 4 月 18 日，河南润鸿贸易有限公司出纳李明持郑州鼎盛科技有限公司背书转让的支票到银行办理进账。河南润鸿贸易有限公司银行账号为 41101050027，开户银行为交通银行郑州花园路支行。请出纳李明填开银行进账单办理银行结算，如图 5.80 所示。

**交通银行进账单（收账通知）　3**

年　月　日

| 出票人 | 全　称 |  | 收款人 | 全　称 |  |
|---|---|---|---|---|---|
|  | 账　号 |  |  | 账　号 |  |
|  | 开户银行 |  |  | 开户银行 |  |
| 金额 | 人民币<br>（大写） |  | 亿 千 百 十 万 千 百 十 元 角 分 |||
| 票据种类 |  | 票据张数 |  |||
| 票据号码 |  |  |  |||
|  | 复核　　记账 |  | 收款人开户银行签章 |||

**图 5.80　填开银行进账单**

# 第 6 章

# 常用设备操作技能

## 职业教育的学习目标

用自动支票打印机开具支票已成为财务人员的一项重要工作。根据会计基础工作的规范要求,学生应熟悉出纳常用设备,掌握常用设备的使用方法,这样不仅可以提高工作效率,还能提升企业形象。

## 典型职业工作任务描述

### 1. 工作任务简述

识别出纳常用设备,掌握使用方法。

### 2. 涉及的业务领域

在会计、审计、统计、金融、税务、营销等工作中办理经济业务的所有岗位。

### 3. 其他说明

支票打印机、密码器等是出纳必备的设备,掌握其使用方法是出纳必备的技能。

## 职业描述

### 1. 工作对象

各种收支用的设备。

### 2. 劳动工具

自动支票打印机、电子支付密码器、保险柜、POS 机。

### 3. 劳动场所

从事会计等各种经济工作的场所。

### 4. 资格和能力

持有会计专业技术资格证书，或者具有会计类专业学历（学位）或相关专业学历（学位）证书，且持续参加继续教育，具备从事会计工作所需要的专业能力。

## 能力训练

| 能力训练项目 | 拟实现的能力目标 | 相关支撑知识 | 训练手段 |
| --- | --- | --- | --- |
| 自动支票打印机使用方法 | ① 熟悉自动支票打印机的结构、功能<br>② 掌握自动支票打印机的使用 | ① 自动支票打印机的结构<br>② 自动支票打印机的使用方法 | 模拟操作，按要求切换功能完成支票打印 |
| 电子支付密码器使用方法 | ① 熟悉电子支付密码器的结构<br>② 掌握电子支付密码器的使用方法 | ① 电子支付密码器的结构<br>② 电子支付密码器的使用方法 | 模拟操作，利用密码器使财务支付更安全 |
| 保险柜使用方法 | ① 熟悉保险柜的结构<br>② 掌握保险柜的使用方法 | ① 保险柜的管理<br>② 保险柜的使用方法 | 模拟操作，利用保险柜使财务管理更规范 |
| POS 机使用方法 | ① 熟悉 POS 机的特点<br>② 掌握 POS 机的使用方法 | ① POS 机的特点<br>② POS 机的使用方法<br>③ POS 机的办理条件 | 模拟操作，使财务资金结算更方便 |

# *6.1* 支票打印机的使用

## *6.1.1* 支票打印机的定义

支票打印机（check writer）也称支票机，是专门为防止不规范填写造成银行退票情形而设计的专业打印机，以代替手工填写支票。同时，其打印效果也有效避免了涂改支票等金融犯罪，从而保证开户单位的资金安全。

支票打印机一般分为：轮式结构的为第一代；以单片机控制的针式打印为第二代；ARM 架构的彩屏智能机为第三代。目前，采用第三代支票打印机的单位居多。

第三代支票打印机是 ARM 架构的彩屏智能机，在第二代的基础上增加了一键搜索、自动识别和自动定位等人性化功能；与第一、二代支票打印机相比，第三代支票打印机提供了更大的字库，改善了打印速度和音量，美化了打印效果，如图 6.1 所示。

图 6.1　第三代支票打印机

支票作为较重要的结算方式之一，已被广泛应用到各个领域。银行对支票的书写的规定较为严格，手写支票有时难以符合银行的规定，退票时有发生。支票打印机可以打印规范的文字，完全符合银行规定。使用支票打印机打印支票，不仅可以提高工作效率，提升企业形象，而且打印的支票票面整洁规范，能够加深客户对企业的信任。支票打印机已成为各机关团体、企事业单位不可或缺的财务专用设备。

## 6.1.2　支票打印机的结构

支票打印机主要由几个部分组成：电源电路、驱动电路、机械传动、打印头、进票机构、色带盒、机身外部。其中，打印头和电源电路构成了打印机最为核心的部分。下面对主要部件进行具体介绍。

### 1. 打印头及其驱动电路

打印头是打印机的关键部件，主要由打印针、导向组件、驱动线圈、衔铁、簧片、制动匣、制动版和平衡杆组成。

打印头的驱动电路包括打印针数据驱动电路、针数据形成电路等部分。打印针数据驱动电路主要是对打印针数据进行功率放大，驱动出针部件控制打印针的出针时间长度和打印速度；针数据形成电路是针对打印机进行设置的，由专用门阵列电路及其外围电路组成。

### 2. 机械传动及其进票机构

机械传动主要由字车驱动电机、锯齿皮带、导轨、字车滑动架和滑轮张力板组成。该机构的主要作用是装载字车和推动字车来回打印——启动装有打印头的字车以字车电机为动力源，在传动带的拖动下，通过调速装置推动字车沿导轨左右往返运动。

进票机构有两种：一种是打印辊摩擦进票机构；另一种是链轮式进票机构。

### 3. 色带盒

支票打印机的色带盒借助字车电机的转动，带动色带盒中的色带进行单向循环，与打印纸接触，在打印针的作用下，将颜色传递到支票上。

#### 4．电源电路

打印机的电源电路大多为串联稳压电路或开关电源。电源有两种：一种是 5V 电源，供给逻辑电路和操作面板上的指示灯；另一种是 24～36 V 电源，用于驱动字车电机、走纸电机和打印头。

### 6.1.3 支票打印机的主要性能特点

① 打印功能强大，既可打印支票、存根、背书，也可打印进账单、电汇凭证、汇票等所有财务票据。
② 所有票面内容一次打印完成，当前文字打印超出打印范围时系统自动切换成小字。
③ 既可单机操作，也可用 USB 数据线连接计算机。
④ 票据管理采用开放式设计，可以将任意票据自行添加、下载到支票打印机。
⑤ 模拟显示打印内容，以便纠错更正。
⑥ 字体、字号随意选取，并可打印外文支票。
⑦ 打印位置调整通过轻点鼠标即可完成。
⑧ 信息自动存储并有强大的票据模板库。
⑨ 内部有自动时钟，日期自动生成。
⑩ 带有计算器、增值税计算器等功能。
⑪ 拥有独有的支票管理功能，可以轻松统计支票，使得收付支票一目了然。
⑫ 直观式操作，让用户更轻松地完成每日的工作任务。

### 6.1.4 支票打印机的功能介绍

支票打印机具有键盘中英文输入、彩屏液晶显示、金额大小写自动转换、日期自动生成、支票格式填印等多种功能。按照操作界面，其主要功能如下。

① 打印票据：在此状态下可进行票据填写、打印操作，包括支票、含存根的支票和背书内容的填写与打印。
② 打印位置调整：此项用于调整支票所有可以调整的位置。
③ 常用信息设定：设定常用信息，如收款人名称、用途、付款行名称等。填写票据内容时，直接使用切换键即可选择设定信息，从而可使填写工作更加简单、方便。
④ 设定限额：此项用来限制支票累计开出的总数不能多出所设定的限额数，用以防止空头支票。
⑤ 修改时间：此功能用来显示和修改日期、时间，以校正机内日历。
⑥ 计算器：此项可在本机内实现计算器功能。
⑦ 选择输入方式：此项用来选择输入法。共有英语、拼音、笔画、词组、区位和数字 6 种输入法，当用户选定了其中任何几种时，在输入切换时就显示选定的几种，其他输入法状态并不显示。此项功能的设定避免了切换输入法时不必要的麻烦。

⑧ 追加联想词库：此项可以根据每个人的使用习惯来输入自己常用的词汇。
⑨ 调色板：此项可以调整所输入的文字颜色及背景色。
⑩ 选开机画面：此项可以调整开机时出现的画面。
⑪ 基本信息：此项用来存储销售区域和机器号码。

### 6.1.5 打印模式的选择及使用

#### 1. 打印模式的选择

下面以惠朗 2010A 支票打印机为例介绍支票打印机的使用，如图 6.2 所示。

图 6.2 惠朗 2010A 支票打印机

惠朗 2010A 支票打印机有 4 种打印模式可供选择，分别是脱机方式、连接密码器、USB 联机、串口联机。

打开电源开关，按住"模式"键不放，直到出现对话框。用上下键选择要进入的模式并按"确认"键进入，如图 6.3 所示。所选择的模式在下次开机时将作为默认的方式。

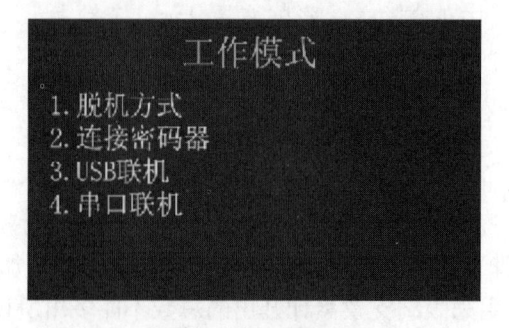

图 6.3 工作模式

（1）脱机方式

当选择"脱机方式"进入后，直接选择要打印的票据进行填写、打印操作即可。

（2）连接密码器

在确认密码器已经连接到支票打印机时选择此方式。

(3) USB 联机

当选择此项进入后，会显示"等待数据"状态，如图 6.4 所示。

图 6.4　USB 联机模式

(4) 串口联机

在没有 USB 接口的情况下，可以用串口连接计算机。

**2．放置支票**

确定好工作模式后，将支票正面向上放置于打印机的打印位置，支票下边紧贴金属托板下边缘。将支票向里轻轻推移，直到放置完成。

## *6.1.6*　支票打印机的单机操作

打开电源开关之后，屏幕显示初始界面，选择要打印的票据种类，如图 6.5 所示。

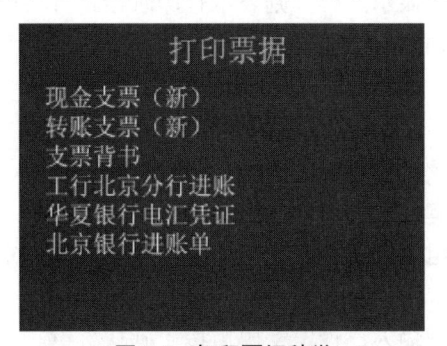

图 6.5　打印票据种类

确定票据种类后，按"返回"键，系统进入主菜单，如图 6.6 所示。

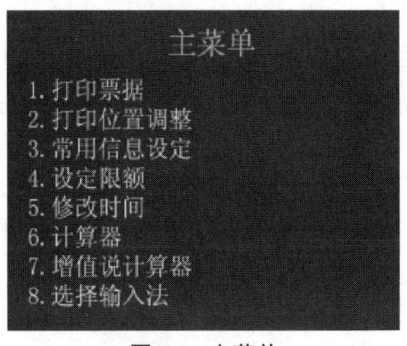

图 6.6　主菜单

1. 打印票据

在此状态下选择要打印的票据，按"确认"键确认，即可进行票据填写操作。

(1) 支票

选择"支票"后，开始填写支票，一般情况按照屏幕提示逐项输入即可。其中，"付款行名称""出票人账号""密码"3 项系统默认为不需要填写。如果需要填写，则可在"票据选项设定"中设置为填写。

(2) 出票日期

出票日期需要输入 8 位数字：前 4 位代表年；中间 2 位代表月；最后 2 位代表日。月、日不足 2 位的前面补 0，如 2022 年 08 月 03 日。一般情况下，系统自动提示当天日期。如果不使用当天日期，则应先删除原来的日期，再输入需要填写的日期。

日期输入如果正确，屏幕将显示日期"XXXX 年 XX 月 XX 日"；日期输入如果错误，屏幕将给出提示"日期不合法！"。日期输入完成后，按"确认"键确认，进入下一项输入。

(3) 收款人

收款人的输入一般以汉字为主，系统提供 3 种基本汉字输入方法：拼音、笔画和模糊拼音。常用收款人名称可预先定义，调用时用"切换"键选择。

(4) 输入金额

有两个键需要特别说明：

① "+"。选择人民币符号"¥"是否打印，系统默认为打印。按"+"后"¥"将消失，屏幕显示"不打印¥"；如果显示"¥"，则表示打印时该符号将被打印。

② "–"。选择是否只打印大写。按下后屏幕提示"只打印大写"，则此时系统只打印大写金额。

(5) 用途

本机提供货款、往来款、餐费、医疗费、服务费、保险费、广告费、住宿费 8 种用途供用户选择。用"切换"键可选择其中之一，其他用途可用单字或词组输入。

单位名称、账号及词组等均可在"定义词组"功能中预先定义，以方便输入。

(6) 密码

如果需要输入此项，则输入已设定密码后按"确认"键。

对于打印票据功能，有以下事项需要注意。

① 在支票填写过程中，如果需要填写任何一项，则只要按照正确内容输入，然后按"确认"键即可。

② 自动默认填写当天日期，这一项如果不需要填写，则可用"删除"键清空，再按"确认"键。其他项如果不需要填写，则均可按"确认"键直接跳过。操作时，一定要在按"确认"键之前看清屏幕提示，以免出错。

③ 在支票填写过程中，如果要修改已输入的内容，则可以用"←"键退回到上一项内容进行修改。在支票填写过程中，任何时候按"返回"键都可直接进入打印界面，进入打印准备。此时屏幕显示如图 6.7 所示。

④ 最后一项输入完毕后，按相关提示键选择打印、退出或修改。如果确定打印，则将支票放好即可进行打印操作，如图 6.8 所示。

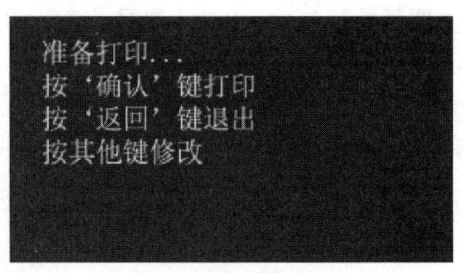

图 6.7 准备打印

图 6.8 打印的支票

### 2. 打印位置调整

（1）小写金额位置调整

位置调整主要用来把位置调整到最佳位置。如果打印出来的小写金额偏离金额框或收款人单位名称超出支票，看起来就会很不协调。进行调整的方法如下。

步骤 1 按 2 键，进入"打印位置调整"，此时屏幕显示标准位 0 和 4 个箭头（指向上、下、左、右 4 个方位）。

步骤 2 按"确认"键出现如图 6.9 所示的界面，选择所要调整的是现金支票，还是转账支票或其他票据。然后按"回车"键进入微调。

步骤 3 连续按"回车"键直至"金额（方格内）"一项，选用上、下、左、右键调整金额小写位置。调整至恰当位置后连续按"回车"键直到保存后退出微调即可。日期、大写金额、密码、用途等各项的位置均可按以上所述方式进行调整。

图 6.9 打印票据种类

### 3. 常用信息设定

这项功能是为满足用户在填写支票时，对某些项可能不需要填写而设定的。

本机系统可选择设置支票付款行名称、出票人账号、密码、出票日期、支票（含存根）等项。设置示例如下。

如果打印支票时不需要填写付款行名称，则可在主菜单下选择"3.常用信息设定"，按"确认"键进入，此时屏幕将出现"←""→"键。利用"←""→"键将光条移到需要的状态，按"确认"键确认。其他几种设置与上述过程相同。所有设置完成后，按"返回"键返回主菜单。

### 4. 设定限额

在主菜单下选择"4.设定限额"，按"确认"键进入，可设定当天所开出支票票面金额数。如果开出数额大于设定数，则打印前会提示累计超过限额。这样可以杜绝开出"空头支票"的情况。

### 5. 修改时间

本机备有内部日历、时钟，首次使用需要校正日期和时间。时间按 24 小时制设定。操作时，在主菜单下选择"5.修改时间"，按"确认"键进入，屏幕将显示当前系统内部时钟。按"确认"键进入，此时用"删除"键删除原有日期和时间，重新输入正确的日期和时间即可。输入完毕按"确认"键。

### 6. 计算器

在主菜单下选择"6.计算器"，按"确认"键进入。在此状态下，可实现普通计算器的加、减、乘、除四则运算。按"返回"键可退出。

### 7. 增值税计算器

在主菜单下选择"7.增值税计算器"，按"确认"键进入，由含税单价金额及税率计算出不含税单价金额及税额。

### 8. 选择输入法

在主菜单下选择"8.选择输入法"，按"确认"键进入。系统共有拼音、笔画、区位、词组和数字等几种输入法，输入时选择任何一种输入法，屏幕左下角都会出现相应输入法的标志。系统中，数字输入法的标志为空。

用键盘上的 26 个英文字母输入需要的汉字，按"←""→"键可左右移动一个字、"↑""↓"键可跳过 5 个字。被选中的字总是定位在最左边。找到要输入的字后，按"确认"键确认，这个字就跳到上面一行。

## 6.2 电子支付密码器的使用

### 6.2.1 电子支付密码器的基本结构

电子支付密码器包括器壳、安装在器壳上的键盘、单片机及液晶显示模块，如图 6.10 所示。其特征是：单片机 MCU 选用内含 RAM（随机存储器）和 ROM（只读存储器）的微机芯片 U；键盘直接与单片机 MCU 的输入接口相连；液晶显示模块与微机芯片 U 上的液晶驱动器相连。

### 6.2.2 电子支付密码器的主要原理

针对传统的票据验印方式防伪能力差、结算效率低、资金风险高等缺点，一种崭新的票据验证系统——电子支付密码器应运而生。

电子支付密码器的原理是：企业利用银行发行的支付密码器，在签发票据时，对票据上的各要素综合进行加密运算产生支付密码（支付密码器方式）；银行在票据发行时，配套以密码信封方式打印的对应票据号的支付密码（支付密码单方式），企业在签发票据时将票据对应的支付密码填写在票据上，作为票据真伪的主要鉴定手段或印鉴的辅助鉴定手段。

图 6.10 电子支付密码器

### 6.2.3 电子支付密码器的主要作用

电子支付密码器利用现代计算机网络技术、密码学原理、单片机技术等多种高科技手段，克服了传统票据鉴定方式的种种弊端，可极大地提高银行的业务处理能力和安全性。

### 6.2.4 电子支付密码器的使用方法

步骤 1　将支付密码器开机。

步骤 2　出现"选择人员类别"界面，选择"出纳"登录，输入出纳编号 01、登录口令 000000。

步骤 3　选择"操作方式"→"签发凭证"或"普通业务""特殊业务"（不同版本略有不同）。

步骤 4　选择"业务类型"→"支票"或"汇兑"。

步骤 5　选择账号。

步骤 6　输入相应的票据信息：支票的签发日期、支票号码、金额。核对无误后按"确认"键。

步骤 7　密码器上将会出现一组数字，此时将支付密码抄到支票的相应位置即可。

## 6.3　保险柜的使用

### 6.3.1　保险柜的分类

保险柜的安全指数主要决定于保险柜的锁具功能。随着时代的变迁、技术的变革，其锁具功能也在不断升级。从最初的机械锁保险柜发展到后来的密码保险柜，再到现在的指纹保险柜，保险柜的功能逐渐强大。

指纹很难相同，所以把指纹识别技术运用到了保险柜上，可以增强保密性且易用。但是使用指纹，对手的干湿度要求比较高、对手指放置位置的要求也比较严，所以选择指纹保险柜应尽量购买知名品牌，以求性能稳定、识别率高。

### 6.3.2　指纹保险柜的功能和特点

① 指纹存储容量大。可存储 120 枚指纹，轻松一按即可开门，方便、安全且简单。
② 指纹采集角度大，易采集指纹。手指在 360°任意角度内均可准确识别。
③ 指纹采集头表面经纳米技术处理，坚固耐用。
④ 验证比对时间小于 1 秒。
⑤ 认假率（FAR）≤0.000 1%；拒真率（FRR）≤1%。
⑥ 分辨率为 500 dpi（目前行业最高）。最小可识别 6 岁孩子的指纹。
⑦ 工作电压为 6 V 直流电（4 节 1.5 伏普通电池）。
⑧ 具有震动、倾斜报警功能和欠压报警功能。
⑨ 无须带钥匙和记密码，既安全又省心。
⑩ 高级隐藏应急锁头，可应急使用。
⑪ 配有膨胀螺丝，可多方位固定。
⑫ 箱体经多重防锈处理、优质粉末涂层并经高温烘烤处理。

### 6.3.3　保险柜的管理

① 保险柜是财务人员存放现金、票据、证券及印章的重要工具，不得存放私人财物。
② 保险柜一般由部门领导授权，由出纳负责管理使用。
③ 应急钥匙及保险柜的使用说明书不能放在保险柜里面。
④ 每日终了，出纳应将其使用的空白支票（包括现金支票和转账支票）、印章等放入保险柜。

## 6.3.4 保险柜的结构

保险柜的结构如图 6.11 所示。

① 按键：按此键，向右弹开滑盖，露出显示屏、外接电源插孔、指纹采集窗。

② 一体化手柄：指纹正确时自动弹出。

③ 显示屏：通过 OLED 屏菜单提示方式，使用更直接、便捷。

④ 外接电源插孔：将外接电源插头插入此孔内，可以给系统应急供电。

⑤ 指纹采集窗：自动感应，操作简便，使用更安全。

图 6.11 保险柜

## 6.3.5 保险柜的使用方法

步骤 1 首次使用时，外接电源中按极性正确装入 4 节 5 号电池。按"①"向右弹开滑盖，可露出外接电源插口，将外接插头插入，接通电源。

步骤 2 语音和显示屏提示"请输入指纹开锁"。

步骤 3 将任意手指正确放入指纹采集窗，静止 2 秒至 3 秒。采集完成后显示"请配置指纹"，此时可移开手指。

步骤 4 平时正常操作时，按"①"向右弹开滑盖，输入指纹，一体化手柄自动弹出。

步骤 5 语音和显示屏提示"锁已开，请开门"后顺时针转动手柄至限位，即可打开柜门。

步骤 6 5 秒后语音和显示屏提示"请随手关门"，逆时针转动手柄至限位即可关闭柜门，然后向左推动滑盖关闭。

# 6.4 POS 机的使用

## 6.4.1 POS 机的简介

POS 的中文意思是"销售点"，全称为销售点情报管理系统，是一种配有条码或 OCR（Optical Character Recognition，光字符码）的终端阅读器，有现金或易货额度出纳功能，如图 6.12 所示。POS 机与银联平台的结算系统相连，其主要任务是对商品与媒体交易提供数据服务和管理功能，并进行非现金结算。

图 6.12 POS 机

### 6.4.2　POS 机的特点

① 流线型外观，方便操作的竖刷卡设计。
② 无线信号捕捉能力强、交易稳定、流畅，交易失败率在信号稳定区域小于 5‰。
③ 超大容量电池，能保障 400 笔以上的持续交易和打印（每 3 分钟一笔交易）。
④ LCD 采用 128×64 点阵带背光液晶屏，支持 8×4 汉字显示。
⑤ 32 位 ARM 9 400 MHz CPU，内嵌 Linux 操作系统。
⑥ 64 MB 大容量内存，可同时下载运行多个不同的应用程序。
⑦ 可选内置以太网、CDMA、Wi-Fi、GPRS 通信模块，支持 SSL。
⑧ 支持磁条卡、非接触式 IC 卡（M1 卡、CPU 卡）、接触式 IC 卡（4428 卡、24C 卡、CPU 卡）。
⑨ 支持远程多应用程序下载、远程参数下载（思创莱 DMS 系统）。
⑩ 高速热敏打印机，高达 28 行/秒；易装纸设计，支持双层纸打印，打印深度可调。
⑪ 支持一维和二维条码扫描。
⑫ 支持超高频电子标签读写。
⑬ 支持二次开发，提供 SDK 接口。
⑭ 网络层采用 Linux 内建协议栈，使用统一的 Linux Socket 调用模式，以太网、Wi-Fi、GPRS、CDMA 等任意通信方式均为一次开发所有接口通用，摒弃了传统的 AT 指令集等数据传输形式。SSL 层采用 Open SSL 国际通用 SSL 库，适用范围广。

### 6.4.3　POS 机的使用方法

#### 1. 扫描微信支付二维码的操作方法

步骤 1　长按开机键 5 秒开机，开机后会自动进行测试。
步骤 2　进行签到，操作员编号为 01，密码为 0000。
步骤 3　按"确认"键进入主菜单页面，按"3.微信支付"，再按"1.刷卡支付"。
步骤 4　输入交易金额，按"确认"键。
步骤 5　打开手机微信支付二维码，用移动 POS 机的机头红外线摄像头扫描二维码图片，扫描完成后支付成功。
步骤 6　按"确认"键，打印持卡人存根，即打印出交易小票。

#### 2. 扫描支付宝二维码的操作方法

步骤 1　按"确认"键，进入主菜单页面，按"4.支付宝支付"，再按"1.刷卡支付"。
步骤 2　输入交易金额，按"确认"键。
步骤 3　打开手机支付宝支付二维码，用移动 POS 机的机头红外线摄像头扫描二维码图片，扫描完成后支付成功。
步骤 4　按"确认"键，打印持卡人存根，即打印出交易小票。

### 3. 刷卡支付的操作方法

步骤 1　按"确认"键，进入主菜单页面，按"1.银行卡"，再按"1.刷卡支付"。
步骤 2　输入交易金额，按"确认"键。
步骤 3　进行刷卡/插卡操作。
步骤 4　核对账号，按"确认"键，输入支付密码，打印出交易小票，完成刷卡。

## 6.4.4　POS 机的办理条件

① 有合法经营资格，经营模式适于银行卡支付。
② 提供有效营业执照、公章、法人身份证原件。
③ 在任一家银行开立对公结算账户。
⑥　结算中心要求的其他证件。

## 实训 6

1. 阐述支票打印机的特点。
2. 阐述电子支付密码器的主要作用。
3. 保险柜的使用。
4. POS 机的使用。

# 第 7 章 财务印鉴使用技能

## 职业教育的学习目标

了解印章、印鉴的基本知识；掌握预留印鉴的内容、意义；熟悉企业印章的种类，掌握每一种印章的使用要求、印记模式；掌握财务印章的管理方法并能识别假公章；掌握电子印章的概念、应用特征，了解电子印章与电子签名的关系，了解电子印章的现状、应用前景。

## 典型职业工作任务描述

### 1. 工作任务简述

根据经济业务的内容正确使用财务印章、预留印鉴，发挥印章、印鉴的职能和权力作用。

### 2. 涉及的业务领域

从事会计工作的各个岗位。

### 3. 其他说明

日常的业务往来中，该盖何种章是会计工作人员应该掌握的基本用章、用鉴技能。

## 职业描述

### 1. 工作对象

支票、汇票等各种票据，会计凭证，会计报表等。

### 2. 劳动场所

从事会计等各种经济工作的场所。

### 3. 资格和能力

从事会计工作的人员需具备必要的专业知识，必须取得会计上岗证书、会计从业资格证书，才能从事会计工作。

## 能力训练

| 能力训练项目名称 | 拟实现的能力目标 | 相关支撑知识 | 训练手段 |
| --- | --- | --- | --- |
| 印章、印鉴的使用 | ① 能使用预留印鉴<br>② 能更换预留印鉴 | ① 印章、印鉴的概念<br>② 预留印鉴概念及更换<br>③ 企业印章的种类和使用 | 开户、存款、汇款、开出支票加盖印章 |
| 财务印章的管理 | ① 能知道财务印章的使用范围<br>② 能识别假公章 | ① 财务印章的使用范围<br>② 财务印章的保管、交接<br>③ 识别假公章的方法 | 使用、保管、交接、更换、废止印章 |
| 电子印章 | 能使用、保管电子印章 | ① 电子印章的概念<br>② 电子印章的应用特征<br>③ 电子签名的概念 | 申请、安装客户端系统并使用，在文档上加盖电子印章 |

## 7.1 印章、印鉴的使用

### 7.1.1 印章、印鉴的基本知识

#### 1. 印章

印章是印和章的合称，是国家机关、人民团体、企事业单位和个人，为证实有关文书的真实性、有效性而刻制的署有本单位或个人名称的一种印记。印章由印柄、印面组成。

印章是组织机构经营管理活动中行使职权，明确组织机构各种权利义务关系的重要凭证和工具，是国家机关、企事业单位、机关团体的重要证明标志，是进行公务活动的重要凭信，是某种组织或个人的权力使用，是组织机构权力的象征物。

印章历来是信用的证物和权力的象征。在中国古代，印即官府掌权人的印章，是权力的象征；帝王的玺印象征着皇室的最高权威，是朝廷事务活动所依赖的重要信物。"印"和"章"便是权威的象征，代表着一定的职能和权力。

今天，印章的应用更加广泛。在公务及交易等社会经济活动中，印章被广泛使用而每每出现在合同、凭证、票据、证明及各种重要的书面文件中，是企事业单位及个人对外进行社会经济活动重要的诚信凭证和法律依据，在各个领域起着举足轻重的凭证作用。

## 2. 印鉴

**(1) 印文、印鉴的概念**

印面上的文字粘上印泥盖印出的印痕，称为印文。一定的组织机构和个人，因某种专门用途，预盖一个印文留给有关方，供核对、验证使用，称为印鉴。

**(2) 预留印鉴**

企业在银行开设账户，开户时需要在银行预留印鉴，也就是预留公章或财务专用章和法人章（或者其授权的一个人，俗称小印）。

单位存款、汇款、开出支票时，在相关票据上盖的章与预留在开户银行的公章或财务专用章、法人章完全相同时，银行方可办理。印鉴要盖在一张卡片纸上，留在银行；预留印鉴卡片一式三份——一份交客户留存、一份与开户资料一并专夹保管、一份交印鉴卡管理员保管。

预留印鉴必须清晰、易辨别审核。预留印鉴上的签章可以是签名、盖章或签名加盖章。预留印章时必须使用朱红印油且不得使用原子印章，因为原子印章用久了会严重变形而导致银行审核票据时无法核对真伪。

**(3) 更换预留印鉴的方式**

各单位因印章使用日久发生磨损，或者改变单位名称、人员调动等原因需要更换印鉴时，应填写更换印鉴申请书，由开户银行发给新印鉴卡。单位应将原印鉴盖在新印鉴卡的反面，将新印鉴盖在新印鉴卡的正面，并注明启用日期，交开户银行。在更换印鉴前签发的支票仍然有效。

自古以来，中国人习惯用印信来表示信用。使用印章时粘上印泥，然后往纸上一盖就可以了，起关键作用的就是纸上留下的那个印记。一些不法分子瞄准印章，利用印章具有的职能和权力，用伪造、私刻、偷盖等手段来达到某些不可告人的目的，严重干扰和破坏了组织机构正常的管理活动和信誉，破坏了社会管理秩序。预留印鉴，可以防范风险隐患，保障银行和客户的资金安全。

### 7.1.2 企业印章的种类及使用

企业在与外界交往时，离不开印章。企业的设立，其"章"种类众多，形状各异，有圆、椭圆、方形等。日常的业务往来中，该盖何种"章"，是会计工作人员应该掌握的基本用章、用鉴技能。

**1. 企业印章的重要性**

(1) 企业印章是企业身份和权力的证明，是企业信誉的象征

盖有企业印章的文件，是受法律保护的有效文件，同时意味着企业对文件的内容承担法律责任。而滥用印章，如随意加盖公章，可能使企业承担相应的义务，造成不应有的损失。

(2) 企业印章是企业对外进行社会经济活动的诚信凭证与法律依据

印章的使用管理关系到企业正常经营管理活动的开展，甚至影响企业的生存和发展。

## 2. 企业印章的使用范围

① 凡属以企业名义对外发文、开具介绍信、报送报表等，一律需要加盖公章。
② 凡属企业内部行文、通知等，使用企业内部印章。
③ 凡属部门与企业、部门与部门业务范围内的工作文件等，加盖部门印章。
④ 凡属经营类的合同、协议等文本，一般使用合同专用章或公章。
⑤ 凡属财务会计业务的，使用财务专用章。

## 3. 企业印章的种类

企业印章主要有公章、财务专用章、合同专用章、发票专用章、法人章、报关专用章等。公章在所有印章中具有最高的效力，是法人权力的象征。

（1）公章

公章是企业按法定程序经市场监督管理部门注册登记后，在所在地公安部门登记备案，对外具有法人效用的企业正式印章。公章代表一个组织的正式署名，是单位处理内、外部事务的印鉴。以单位名义对外的正式信函、公文、介绍信、文件、对外确认书、借款与担保、报告等可申请盖公章。

没有加盖公章的文件和指令是无效的，盖了公章的文件具有法律效力。公章由办公室专人统一保管，不得私自用章、借用、丢失。私刻公章用于谋取不法利益属于诈骗行为或贪污行为。企业公章的刻制必须经过公安机关的审批，到其指定的机构制作，并进入公安部印章管理信息系统存档，以便实现全国联网检索、鉴别。

国家行政机关和企事业单位、社会团体的印章为圆形，直径不得大于 4.5 厘米；中央刊国徽或五角星；我国公章都为红色，外企公章则红色或蓝色都可以。

（2）财务专用章

财务专用章是企业处理财务事务所使用的印章。

财务专用章主要用于财务结算，开具收据、发票（有发票专用章的除外）。财务专用章能够代表公司承担所有与财务相关的义务，享受所有与财务相关的权利，一般由企业专门的财务人员管理——可以是财务主管或出纳。

财务专用章有方形、圆形或椭圆形，尺寸大小和形状各省有不同的规定。财务专用章的印迹样式如图 7.1 和图 7.2 所示。

图 7.1　方形财务专用章印迹样式　　图 7.2　椭圆形财务专用章印迹样式

财务专用章必须保存在安全的地方，并且经常检查，非保管人员不得使用，不经主管

财务的领导同意，不得携章外出。公章和财务专用章，按照规定既不能由同一个人保管，也不能放在一起。

(3) 合同专用章

合同专用章是单位、集体、企业用于签订合同时盖的专用章，属于必备用章之一。在合同上加盖合同专用章是指合同当事人经过协商，在达成的书面合同上各自加盖本公司的合同专用章的行为。合同专用章仅限于企业与外部签订商务合同时使用，如购销合同等。

合同专用章一般是圆形，外资企业合同专用章印迹样式为椭圆形，不同企业印章的尺寸有不同的规定。两种印章的印迹样式如图 7.3 和图 7.4 所示。

图 7.3　合同专用章的印迹样式　　　　图 7.4　中英文组合的合同专用章的印迹样式

合同专用章需要提供单位的资料去公安局备案之后方能刻制，有备案的合同专用章才具备法律效力。如果单位没有合同专用章，则应使用公章。公章可代替合同专用章，但合同专用章不能代替公章。有些企业因业务需要，需要刻多枚合同专用章，这时印章下端应加刻编号，印文使用宋体字。

(4) 发票专用章

发票专用章是专门用于盖在发票上的印章，它不能用于任何一项商业活动和商业经营。财务专用章可代替发票专用章，但发票专用章不可代替财务专用章。企业、单位和个体工商户开具发票时必须加盖财务专用章或发票专用章。

发票专用章为椭圆形，长轴为 45 毫米、短轴为 30 毫米、边宽为 1 毫米；上半行刻有单位或个体工商户的全称，第二行刻有纳税人识别号，第三行刻有"发票专用章"字样。印章字体大小由各市、县地方税局确定。发票专用章的印迹样式如图 7.5 所示。

图 7.5　发票专用章的印迹样式

(5) 法人章

法人章在规定的用途有限使用，如税务申报、开支票等。在法律上，盖章是法人的行为，而不是一个自然人的行为；法人章如果单独使用，则代表法人自己，与公章一同使用就代表企业行为。法人章一般是方形，经常与财务专用章一起使用。

(6) 报关专用章

〈1〉进出口货物收发货人报关专用章

进出口货物收发货人是指依法直接进口或出口货物的中华人民共和国关境内的法人、其他组织或个人。

进出口货物收发货人在海关办理注册登记后可以在中华人民共和国关境内各个口岸地或海关监管业务集中的地点办理本企业的报关业务。

进出口货物收发货人报关专用章可以在全国各口岸地或海关监管业务集中地通用，有多枚报关专用章的，必须在海关注册后依次编号。报关专用章必须在注册地海关备案方可启用。

进出口货物收发货人报关专用章的形状为椭圆形，长 50 毫米、宽 36 毫米。其印迹样式如图 7.6 所示。

图 7.6 进出口货物收发货人报关专用章的印迹样式

〈2〉报关企业报关专用章

报关企业向海关递交的纸质进出口货物报关单必须加盖本企业的报关专用章。

报关专用章启用前应当向海关备案。报关专用章应当按照海关总署统一规定的要求刻制。报关企业的报关专用章仅限在其标明的口岸地或海关监管业务集中地使用，报关企业在报关口岸的报关专用章仅限一枚。

报关企业报关专用章的形状为椭圆形，长 50 毫米、宽 36 毫米。其第一行内容是企业注册名全称；第二行内容是印章使用口岸地或海关监管业务集中地名称；第三行内容是"报关专用章"字样。报关企业报关专用章的印迹样式如图 7.7 所示。

另外，企业自行刻制的其他业务章，如物资进出库专用章、档案专用章、招标业务专用章、投标专用章等，还有企业隶属各级职能部门、基层单位的公章等，主要是在企业内部使用的，或者是在企业集团内部、上下级对口业务部门之间使用的，一般来说不能在企业的外部使用。例如，如果档案专用章盖在合同上，则签订的合同不具有任何法律效力。

图 7.7 报关企业报关专用章的印迹样式

## 7.2 财务印章的管理

治印之难，不难于刻，而难于章法。规范财务印章管理，有效控制财务风险，是企业加强对财务工作监控的工作之一。企业印章使用的规范与否关系到企业的兴衰成败。

### 7.2.1 财务印章的种类与刻制注意事项

**1. 财务印章的种类**

① 财务专用章：用于签发支票、汇票、背书等银行结算票据。
② 法人章：用于签发支票、汇票、背书等银行结算票据。

③ 现金收讫章：用于签发现金收入凭证。
④ 现金付款章：用于签发现金付款凭证。
⑤ 银行转讫章：用于签发转账凭证。
⑥ 发票专用章：用于签发销售发票。
⑦ 已记入账章：用于加盖已作为记账凭证附件的原始凭证。
⑧ 会计人员名章：用于加盖制证（单、表）、记账、审核、错误更正等应承担会计责任的会计凭证、会计账簿、会计报表等会计资料。
⑨ 企业名称和账号条形章：用于加盖银行票据等。

**2. 财务印章刻制注意事项**

　　财务部门为财务印章的保管、使用部门，严禁其他部门（人员）申请和刻制财务印章。正式印章刻制完毕，按照规定，刻制单位一律不得留存章样，也不能擅自先行使用正式印章。因此，从刻制单位取回印章时，应先检查印章的质量是否符合要求，有无被使用过的痕迹。如果质量不符合要求，那么应责成刻制单位重新刻制。

　　由上级主管机关负责刻制的印章，刻制后一般由下级单位派专人持本单位领导人签名的介绍信前往领取，也可以由上级主管机关派专人送到受印单位。领取时，颁、领双方应当面验章，并严格履行登记、交接等手续，然后由颁发机关将印章密封并加盖密封标志，再交给领取人带回，以确保安全。领取人取回印章后，要及时向组织领导汇报，经领导验证后，根据领导的指示交给印章管理人员验收管理。

## 7.2.2 财务印章的使用

**1. 财务印章的使用范围**

　　财务专用章主要用于在银行开户，办理日常会计收、付款业务及与资金有关的票据，包括收款收据、现金支票、转账支票、资金汇兑业务等。在需要使用财务专用章时，主管会计应认真审核经济业务内容，然后才能加盖此章。

　　① 使用财务印章必须基于发生的真实、合法、手续完备的财务会计业务。加盖财务印章时，应加盖于规定位置。

　　② 禁止非财务事项加盖财务印章，且严禁财务印章外借。因特殊原因（事项）使用财务印章的，必须填写财务印章使用审批单，经企业总经理和财务主管批准后方可办理。

　　③ 建立财务印章使用登记簿，对每一笔特殊事项加盖印章进行登记，注明使用对象、使用事项、经手人、金额及其他事项。

**2. 财务印章的保管**

　　涉及资金安全的财务印章，应当有必要的安全保管措施，避免出现财务印章无人监管的情况。严禁一人保管支付款项所需的全部印章。财务印章由财务部门指定人员负责保管，预留银行印鉴必须分人保管。

① 法人章由财务部经理（或指定负责人）保管使用。
② 财务专用章由财务总监（或指定负责人）保管使用。
③ 现金收讫章、付款章由出纳保管使用。
④ 会计人员名章由本人自行保管使用。
⑤ 企业名称及账号条形章由销售部门或出纳保管授权使用。
⑥ 发票专用章由财务总监保管使用。

财务印章保管人员应当在规定用途和范围内授权用印，不准交由非责任人用印，且不准在空白单证及纸张上用印；保管人员在使用印章时要确切了解用印内容，防止只看签字，不看用印内容就盲目盖印。

财务印章必须保存在安全的地方，如放在保险柜内，做到随用随锁，并且经常检查，以免印章被滥用、盗用，造成不良后果；非保管人员不得使用财务印章；非经主管财务的领导同意，任何人不得携章外出，确因工作需要携带出企业使用的，必须经企业负责人或其授权人批准，并由保管人员监督用印；管印人还要注意经常清洗印章，以保证图案和印文的清晰。

### 3. 财务印章的交接

财务人员调动或调岗时，必须办理印章交接手续，交接财务印章及相关资料。一般财务人员的印章交接由财务主管负责监交，财务主管办理交接由企业总经理监交。交接书上应记录印章交接的时间、枚数、名称，并在相应位置加盖所交接的印章。

### 4. 财务印章的更换、废止

因机构变动或组织更名等原因而停止使用原印章时，本单位应出具补刻印章申请证明书，同时把旧印章交回制发机关切角封存或销毁，不能随便弃置。印章发生损坏、损毁要及时上报主管领导，申请报废重新制作。

申请须持营业执照复印件、法定代表人身份证复印件各一份，经办人身份证复印件两份，由企业出具旧印章销毁证明、法人授权委托书。营业执照成立日期与发证日期不一致的，要提供工商变更核准通知书复印件一份。原公章未在公安机关备案的，不接受部门章及财务专用章备案，必须先将公章在公安机关备案，方可再接受其他印章的备案。

## 7.2.3 识别假印章的方法

公章是证明国家机关、企事业单位、社团等单位组织身份，代表其权益，具有法律效力的重要凭证。社会上一些人对各种假证的需要，为伪造印章提供了巨大的市场，犯罪分子置国家法律于不顾，把伪造印章作为牟取暴利的手段。根据《中华人民共和国刑法》第二百八十条的规定，伪造或变造公文、印章，属于犯罪行为。

鉴别印章印文的真伪，是文件检验经常遇到的问题。随着电子技术的提升，计算机雕刻、制版及扫描制作相对容易，伪造出的印文极其逼真，这就需要会计人员熟练地掌握识别各种伪造的方法。

### 1. 从公章字体、名称排列方向识别

如果公章有下列情形之一，就有可能是假公章。
① 民族区域自治区的公章不使用民族文字，或者使用非当地政府通用的民族文字。
② 公章字体使用国务院已明令废止的简化字或国家未正式通用的私自简化字。
③ 公章字体使用非汉字字体。
④ 公章名称非法定名称或采用非通用的简称。
⑤ 公章名称该加冠的没加冠。
⑥ 公章字体的排列顺序不符合规定。
⑦ 印文中字体大小不一、高低不一、疏密不一或字体偏、斜而不与半径线方向一致。

### 2. 从公章所处位置识别

有下列情况之一的，有可能是假公章。
① 证件的照片上未见公章或照片上的公章与照片外的公章不吻合。
② 文书上的公章未盖在日期之上或显然是先盖章后填写日期。
③ 章显得过于偏离中心甚至是倒过来盖的。

### 3. 从公章的外圆圈线效果识别

真公章的外圆圈线圈形圆，圈线粗细适当且均匀，其印文显得平滑清晰、粗细一致；假公章会出现粗细不均、圆圈不圆、线条毛糙、时断时续、时轻时重、模糊不清等问题。

### 4. 从业务专用章的使用范围识别

单位内部不同部门的专用印章，如果将其用于办理该业务之外的事，就应当注意其真假。

### 5. 从公章的防伪暗记或标记识别

一些单位的公章设有防伪暗记或标记，所以就要特别注意来人所持公章是否有暗记或标记，以及暗记或标记是否与所知的相符。

## 7.3 电子印章

随着网上交易活动的发展，在有纸化办公向无纸化办公转变的过程中，传统印章已渐渐不能适应信息社会的新形势。近年来，假印章及利用假印章办理的假证件泛滥，成为社会公害，并造成了巨大的经济损失和社会信用缺失。把数字认证技术应用于印章管理，利用电子印章从审批、制作、应用等环节确保持有者身份的真实可靠，成为杜绝假证、假章泛滥的治本之举，并为规范印章的管理及使用提供了技术支撑。

## 7.3.1 电子印章概述

我国于 2005 年 4 月 1 日正式实施《中华人民共和国电子签名法》（以下简称《电子签名法》）。随着我国《电子签名法》的颁布与实施，电子印章也开始悄悄地热了起来。20 世纪 90 年代中后期，传统办公模式逐渐向信息化办公模式转变，各单位的办公自动化系统中可以使用电子印章解决文件流程中的签批问题，从而进一步加快了无纸化办公的进程。

电子印章实际上是用信息技术来代替传统的印章，是现代密码技术对电子文档的电子形式的签章。这种技术可以直接在特定的电子文档上盖章，使人们不必再将这些文件打印后来回两地邮寄，从而提高了效率，降低了成本，增加了安全性。

### 1. 电子印章的概念

电子印章是指以电子形式存在，依附于电子文档并与其逻辑相关，可用以辨识电子文件签署者身份及表示签署者同意电子文档内容的印章。电子印章是将传统印章的印迹通过高科技进行加密，以数字认证存储介质的方式在互联网中应用的电子版的印章。

电子印章主要用于对已编辑完成的文件、表格、图像、合同等电子文档进行直观盖章，就像使用物理印章对纸质文件、表格、图像、合同盖章一样。将一个 U 盘大小的智能钥匙插入计算机通用的 USB 接口，在键盘上输入相应的密码，用鼠标单击电子文件下方的空白处，一个有着单位名称相应内容的公章（或合同专用章、财务专用章、发票专用章、人名章）就完成了加盖过程。只要保存好这个硬件，外界就没有仿制的机会。即使电子印章丢失，用户也可以凭密码到电子印章中心挂失，重新制作电子印章；而传统印章即便及时挂失，也难免在挂失前被非法使用。

电子印章加密后，捆绑经国家主管部门认可的数字证书，灌制在授权密码的密钥中，可广泛应用于电子政务和电子商务。电子印章系统的使用简化了办公流程，既提高了办公效率，也为单位节省了时间、人力、差旅费、纸张、邮寄费。合同订立、网上报税、电子发票、网上结算、企业年检、项目审批、文件发布等诸多工作都可以通过电子印章系统来实现。一份电子文档可由多人在文档上加盖电子印章，实现网上签订合同及网上联合审批，再直接或联网打印出来就是具有同等效力的纸质文件。

电子印章技术是一个非常先进、非常复杂的技术。真正的电子印章是以先进的数字技术模拟传统实物印章，其管理、使用方式符合实物印章的习惯和体验，其加盖的电子文档具有与实物印章加盖的纸质文件相同的外观、相同的有效性和相似的使用方式。

### 2. 电子印章的应用特征

① 电子印章是电子签名的有效表现形式。当用电子签名技术验证某份电子文档的真实性时，才能正常显示电子印章。

② 电子印章必须存储在可移动的、安全的介质（如 USB-Key）中，使得电子印章实物化的同时，不能被随意使用并能防止被非法盗用。

③ 一个实物印章只能对应一个电子印章，同一印章不能同时在多个有效的实物载体中，即电子印章与传统印章一样，是不允许有备份的。

④ 电子印章的使用应满足《电子签名法》中对电子签名本身及电子文档的各项规定和要求。

### 3. 电子印章的安全特点

① 审批制作严格，难于伪造，具有不可复制性。
② 身份唯一性。
③ 不可否认性。
④ 事前查询性。
⑤ 安全防盗性。
⑥ 高效率，低成本。
⑦ 便于系统管理和监督检查。
⑧ 利于对印章的动态管理。

### 4. 电子印章和电子签名的关系

电子签名是电子形式的数据，是与数据电文（电子文档、电子信息）相联系的用于识别签名人的身份和表明签名人认可该数据电文内容的数据。它以数字签名的方式通过第三方权威认证有效地进行网上身份认证，帮助各个主体识别对方身份和表明自身的身份，具有真实性和防抵赖功能。电子印章（利用隐藏技术将数据隐藏在电子印章的图像中）是电子签名技术的一项应用，是电子签名的一种具体表现形式——给电子文书加盖电子印章使得电子签名可视化，电子印章把电子签名技术变成了人们习以为常的签名盖章方式。电子印章和电子签名存在如下关系。

① 电子签名是手写签字的扫描图片，制作电子签名的时候是图片和数字证书的绑定，是可以调整位置和大小的。
② 电子印章的原始大小是不可调整的，并且是受保护的，同样是由第三方颁发的证书和印章的图片绑定。
③ 用签名和印章的扫描件制作出电子签名文件，存储到移动密钥（类似于 U 盘）上，每次签名需要将其插入 USB 接口才能进行操作。

### 5. 电子印章和传统印章的比较

（1）电子印章和传统印章的共同点

① 具有相同的视觉效果。
② 不允许存在两个（或以上）有效的电子印章实体，即不允许有备份。
③ 使用管理手续相同。
④ 在满足有关法律的前提下，电子印章的使用具有与传统印章相同的法律效力。

（2）电子印章和传统印章的不同点

① 传统印章有相关的管理法规，而电子印章的相关管理法规尚未出台。
② 所基于的防伪技术不同，电子印章所基于的数字签名技术真正实现了难以假冒，安全性更高。
③ 电子印章通常只用于电子文档。
④ 通过普通打印机将带有电子印章的电子文档打印在纸质上时，其法律效力相当于原件的复印件。

⑤ 通过专控打印机将带有电子印章的电子文档打印在纸质上时，其法律效力目前还只限于系统内部。

### 7.3.2 电子印章的申请和使用概述

#### 1. 电子印章的申请

企业注册后，即可通过政务服务平台或微信、支付宝领取电子印章。注意：在领取电子印章前，需要先领取（下载）电子营业执照。

#### 2. 电子印章客户端系统

电子印章产品提供商在给用户提供电子印章的同时，还会提供一套电子印章客户端系统。这套系统应该安装在电子印章保管者所使用的计算机中。电子印章客户端系统的主要作用就是盖章、验章及电子印章管理。

#### 3. 电子印章的使用

电子印章的使用与传统印章的使用方式基本相同。首先需要有一台专用的电子印章客户端系统，该系统由电子印章管理平台（电子印章中心）提供并安装在特定的计算机上。接下来的步骤一般是：

步骤1　得到有关主管领导的批准。
步骤2　将存有电子印章的实体（如 USB-Key）插入计算机的 USB 接口。
步骤3　启动电子印章客户端系统。
步骤4　读入需要加盖电子印章的电子文档。
步骤5　在电子文档需要盖电子印章的地方单击菜单上的"盖章"按钮。
步骤6　系统提示输入 PIN 码。
步骤7　输入正确的 PIN 码，该文档就被盖上电子印章了。

#### 4. 电子印章的验证

验证带有电子印章的电子文档时，需要装有电子印章客户端系统的计算机。当带有电子印章的电子文档被打开后，电子印章客户端系统会自动验证该电子文档的电子印章是否有效。如果电子文档被非授权修改过，或者电子印章是被复制、粘贴在当前的电子文档上的，则电子印章客户端系统能够发现并立即警告用户电子文档已被修改过或电子文档上所加盖的是无效电子印章，且使得电子印章不能正常显示，从而达到保护电子文档的完整性及检验电子印章与特定的电子文档必须是相关联的目的。

#### 5. 电子印章遗失

如果发生电子印章遗失，则应立即到电子印章平台（电子印章中心）进行挂失。其过程与证书作废的处理方式基本相似。

由于电子印章处于公安机关的动态管理中，因此利用印章从事诈骗等违法犯罪活动很容易被发现，尤其是被列入黑名单的组织，可在管理系统中即刻锁定并限制使用。电子印章的每一次使用,系统会自动记录使用人姓名、使用时间和次数,并自动生成签章日志。单位负责人可以随时查询签章日志,监督电子印章的使用情况。

### 7.3.3 电子印章的应用存在的问题

从审批制作开始,电子印章便具有从源头杜绝造假的优势。目前,电子印章还没有像传统印章那样被广泛使用,但是其方便、快捷、安全、高效、低成本等优势已经不言而喻。

传统的印章是有使用管理法规的,目前的电子印章还没有相关的使用管理法规。也就是说,目前的电子印章即便使用也只能在本系统、本部门或本行业内,一旦离开了电子印章原使用范围,其他系统、部门或行业既可以接受,也可以不接受。这就涉及一个电子印章使用管理法规的问题,而电子印章的使用管理法规需要由国家的有关主管部门来制定。

电子印章也不像手迹、印鉴那样简单方便和好用,它必须能够真正解决文档的完整性和不可抵赖性这两大问题。这就需要技术来保证。就目前来看,电子印章并未实现广泛应用,原因主要有:一是许多技术问题尚未解决,如多重电子签名问题,从而限制了使用范围;二是公众广为使用的编辑器,如微软的 Word 等,无法保证经电子签名后的文档格式不变。因此,从实践来看,电子印章要实现广泛应用还有很长的路要走。

电子印章是一种比较复杂的技术,牵涉政策法规、标准化、其自身的安全和直接经济投入等许多问题。我国现在对于电子印章缺乏统一的标准,所以不同公司所提供的电子印章的标准和品质、性能尚存在差异。没有一个标准化的电子印章应用模式,电子印章应用过程中的安全保障、法律效力、使用效率、印章管理等就得不到保障。

### 7.3.4 电子印章的应用前景

电子印章的出现和普及是实现信息传递流程全程电子化的最后一环,是彻底实现无纸化办公的前提条件之一。随着"无纸化运动"的推进,以及电子政务、电子商务的发展,电子文档在信息处理方面逐步替代了纸质文件,使得电子印章取代传统印章成为必然的潮流和趋势。

如同电报取代驿站、电话取代电报、电子邮件取代寄信一样,电子印章将逐步与传统印章分庭抗礼,成为信息技术发展史上的一个新的里程碑。

## 实训 7

1. 什么是印章?印章的作用有哪些?
2. 什么是印文、印鉴?
3. 什么是预留印鉴?怎样更换预留印鉴?
4. 企业的印章都有哪些?每种印章的印记模式、尺寸大小都是怎么规定的?

5. 财务印章都包括哪些？企业财务印章的刻制应注意什么问题？
6. 财务印章的交接方法、更换、废止的具体规定有哪些？
7. 怎样识别假公章？
8. 什么是电子印章？电子印章的应用特征有哪些？
9. 企业怎样申请、刻制电子印章？
10. 电子印章和电子签名的关系是什么？
11. 电子印章与传统印章有什么不同？
12. 电子印章的应用存在哪些问题？它的应用前景如何？

# 第 8 章 会计档案整理与保管技能

## 职业教育的学习目标

根据《会计法》和《会计档案管理办法》的规定，学生应掌握会计档案的整理与保管技能；掌握会计资料的整理、归档和保管技能，能熟练地装订会计凭证、会计账簿等会计资料，规范管理会计档案。

## 典型职业工作任务描述

### 1. 工作任务简述

对编制完成的会计凭证、会计账簿、会计报表等会计资料进行整理和归档。

### 2. 涉及的业务领域

国家机关、企事业单位、社会团体等单位的会计、出纳、稽核、审计、统计等岗位。

### 3. 其他说明

按照规定的时限，对会计资料进行整理、归档和保管，规范管理会计档案。

## 职业描述

### 1. 工作对象

会计凭证、会计账簿、会计报表和其他会计资料。

### 2. 劳动工具

凭证、账簿及封面、封底，装订机，夹子，针线等。

# 第 8 章　会计档案整理与保管技能

### 3. 劳动场所

从事会计等经济工作的场所。

### 4. 资格和能力

从事会计工作的人员需要具备必要的专业知识，必须取得会计上岗证书、会计从业资格证书，才能从事会计工作。

## 能力训练

| 能力训练项目 | 拟实现的能力目标 | 相关支撑知识 | 训练手段 |
| --- | --- | --- | --- |
| 会计档案整理 | ① 能对纸质会计档案进行整理<br>② 熟悉会计电子档案 | ① 会计凭证的整理方法<br>② 会计账簿的整理方法<br>③ 会计报表的整理方法 | 整理、立卷、归档 |
| 会计档案装订 | 能对纸质会计档案进行装订 | ① 会计凭证的装订方法<br>② 会计账簿的装订方法<br>③ 会计报表的装订方法 | 裁剪、翻折、打孔、装订 |
| 会计档案保管 | 能对会计档案进行保管、交接和销毁等管理 | ① 会计档案的保管、交接和销毁知识<br>② 会计档案的管理技能 | 保管、交接、销毁 |

## 8.1　会计档案整理

会计档案是指记录和反映经济业务事项的重要历史资料与证据。应当进行归档的会计资料主要包括会计凭证、会计账簿、财务报告及其他会计资料 4 类。

《会计法》原则规定了会计档案的范围、保管、销毁等问题，从而将会计档案管理纳入法治化轨道。会计档案管理是一项技术性、政策性都很强的工作，《会计档案管理办法》对会计档案的立卷、归档、保管、调阅和销毁，以及单位变更后的会计档案管理等问题做出了更加明确的规定。

应当进行归档的会计资料如表 8.1 所示。

表 8.1　应当进行归档的会计资料

| 序　号 | 会计资料类别 | 会计资料名称 |
| --- | --- | --- |
| 1 | 会计凭证 | ① 原始凭证<br>② 记账凭证 |
| 2 | 会计账簿 | ① 总账<br>② 明细账<br>③ 日记账<br>④ 固定资产卡片<br>⑤ 其他辅助性账簿 |

175

续表

| 序号 | 会计资料类别 | 会计资料名称 |
| --- | --- | --- |
| 3 | 财务会计报告 | ① 月度财务会计报告<br>② 季度财务会计报告<br>③ 半年度财务会计报告<br>④ 年度财务会计报告 |
| 4 | 其他会计资料 | ① 银行存款余额调节表<br>② 银行对账单<br>③ 纳税申报表<br>④ 会计档案移交清册<br>⑤ 会计档案保管清册<br>⑥ 会计档案销毁清册<br>⑦ 会计档案鉴定意见书<br>⑧ 其他具有保存价值的会计资料 |

### 8.1.1　纸质会计档案整理

**1. 会计凭证整理**

(1) 原始凭证整理

原始凭证又称单据,是在经济业务事项发生或完成时填写的,用来证明经济业务事项已经发生或完成,以明确经济责任并用作记账原始依据的一种凭证。

它是进行会计核算的重要资料,具有法律效力。当一定会计期限截止时,会计人员要将在本期发生的全部收支凭证收集和归拢,经过审核审批后进行整理分类。

〈1〉原始凭证的整理过程

会计凭证的整理主要是对记账凭证所附的原始凭证进行整理,按照编号顺序折叠整齐,以便装订。会计实务中收到的原始凭证纸张往往大小不一,因此需要按照记账凭证的大小进行折叠或粘贴。

① 对面积大于记账凭证的原始凭证采用折叠的方法,按照记账凭证的面积尺寸将原始凭证先自右向左,再自下向上两次折叠。折叠时应注意将凭证的左上角或左侧面空出,以便装订后展开查阅。

② 对于纸张面积过小的原始凭证采用粘贴的方法,即按一定次序和类别将原始凭证粘贴在一张与记账凭证大小相同的白纸上。粘贴时要注意,应尽量将同类同金额的单据粘在一起。

③ 如果是板状票证,则可以将票面票底轻轻撕开,厚纸板弃之不用。粘贴完成后,应在白纸一旁注明原始凭证的张数和合计金额。

④ 对于纸张面积略小于记账凭证的原始凭证,可以用回形针或大头针别在记账凭证后面,待装订凭证时,抽去回形针或大头针。

〈2〉原始凭证整理注意事项

① 对于数量过多的原始凭证，如工资结算表、领料单等，可以单独装订保管。

② 封面上应注明原始凭证的张数、金额，所属记账凭证的日期、编号、种类。

③ 封面应一式二份：一份作为原始凭证装订成册的封面，封面上注明"附件"字样；另一份附在记账凭证的后面，同时在记账凭证上注明"附件另订"，以备查考。

④ 各种经济合同、存出保证金收据及涉外文件等重要原始凭证应当另编目录，单独登记保管，并在有关的记账凭证和原始凭证上相互标注日期和编号。

(2) 记账凭证整理

记账凭证是指会计人员根据审核无误的原始凭证及有关资料，按照经济业务事项的内容和性质加以归类，并确定会计分录，作为登记会计账簿依据的会计凭证。

〈1〉记账凭证整理的方法

首先，记账凭证应按月整理。记账凭证一般分为现金收、付款凭证，银行收、付款凭证，转账凭证，共3类5种。月末，要将本月3类5种记账凭证收集齐全，检查有无缺号、是否齐全，按时间或顺序号排列。

其次，加具封面、封底，装订成册。如果一个月内凭证数量过多，则可分装若干册，在封面上加注共几册字样。

再次，封面上应注明单位名称、所属年度和月份、起讫的日期、记账凭证的种类、起讫号数。

最后，封面上应有会计主管、保管人签字。

〈2〉记账凭证整理注意事项

① 给记账凭证编号是为了分清记账凭证处理的先后顺序，便于登记账簿和与账簿记录的核对，防止丢失，并且方便日后查找。

② 当月记账凭证的编号均应分月份按自然数字顺序连续编号。通常情况下，一张记账凭证编一个号，不得跳号、重号。

③ 业务量大的单位可事先在编号单上印满顺序号，编号时用一个销一个，由制证人注销。在装订凭证时将编号单附上，使记账凭证的编号和张数一目了然。

④ 复杂的会计事项需要填制两张或两张以上的记账凭证时，应编写分号，即在原编记账凭证号码后面，用分数的形式表示。例如，第6号记账凭证需要填制二张记账凭证，则第一张编号为6（1/2）、第二张编号为6（2/2）。

**2. 会计账簿整理**

账簿记录是会计凭证信息的进一步整理。

会计账簿简称账簿，是指由一定格式的账页组成的，以会计凭证为依据，对全部经济业务进行全面、系统、连续、分类地记录和核算的簿籍。它是由专门格式并以一定形式联结在一起的账页所组成的。会计账簿为编制会计报表、进行会计分析及审计提供了主要依据。

启用会计账簿，应先填写在扉页上印制的账簿启用及接交表（以下简称启用表）。

除订本账不另设封面以外，各种活页账都应设置封面和封底，并登记单位名称、账簿名称和所属会计年度。

年末，各种账簿在结转下年建立新账后，一般都要把旧账、总账统一整理，活页账按页码顺序统一编号，加具封面后装订成本。

### 3. 财务会计报告的整理

财务会计报告是企业向财务会计报告使用者提供与企业财务状况、经营成果和现金流量等有关会计信息，反映企业管理层受托责任履行情况的书面报告。

财务会计报告是指单位会计部门根据经过审核的会计账簿记录和有关资料，编制并对外提供的反映单位某一特定日期财务状况和某一会计期间经营成果、现金流量及所有者权益等会计信息的总结性书面文件。

财务会计报告包括会计报表、会计报表附注和财务情况说明书。

单位对外报送的财务会计报告应当根据国家统一会计制度规定的格式和要求编制，做到项目齐全、内容完整。对外报送的财务会计报告应当依次编写页码，加具封面，装订成册，加盖公章。封面上应当注明单位名称，单位地址，财务会计报告所属年度、季度、月度，送出日期，并由单位领导人、总会计师、会计机构负责人、会计主管人员签名或盖章。如果发现对外报送的财务会计报告有错误，那么应当及时办理更正手续。除更正本单位留存的财务会计报告外，应同时通知接受财务会计报告的单位更正。错误较多的，应当重新编报。单位领导人对财务会计报告的合法性、真实性负法律责任。

### 4. 其他会计资料的整理

其他会计资料包括银行存款余额调节表、银行对账单、纳税申报表、会计档案移交清册、会计档案保管清册、会计档案销毁清册、会计档案鉴定意见书及其他具有保存价值的会计资料，与会计核算和会计监督等紧密相关，会计人员要认真收集、审查、核对，分类分别组卷归档。

## 8.1.2  会计电子档案管理

会计档案是企业的重要信息资源，新技术引领的科技革命推动了财务的信息化、智能化和数字化变革。提单、审批的移动化，财务审核的智能化，数据分析的实时化，都在重塑财务工作的新模式。

会计电子档案是将反映企业经济业务活动的会计核算信息以磁性介质的形式进行存储，以数码形式记录文字、图表和声像等信息，包括电子凭证、电子账簿、电子报表、银行回单、银行对账单、合同及其他电子会计核算资料等。

会计电子档案的载体是磁盘、光盘、微缩胶片等。会计档案的电子格式主要包括 TXT、Excel、PDF、JPG、ACCESS、DBF 等。与传统的纸质会计档案一样，会计电子档案也是会计信息的载体，同样记录了企业经济业务的重要历史资料和证据。

随着我国经济社会的快速发展及信息技术的广泛应用和各单位信息化水平与精细化管理程度的日益提升，越来越多的会计凭证、账簿、报表等会计资料以电子形式产生、传输、保管，形成了大量的会计电子档案。

## 第8章 会计档案整理与保管技能

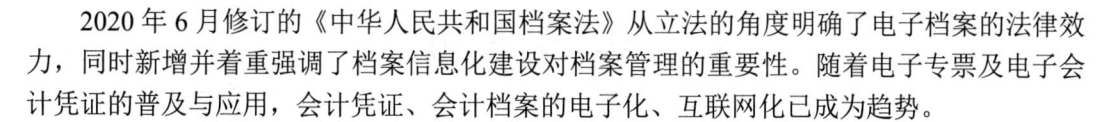

2020年6月修订的《中华人民共和国档案法》从立法的角度明确了电子档案的法律效力，同时新增并着重强调了档案信息化建设对档案管理的重要性。随着电子专票及电子会计凭证的普及与应用，会计凭证、会计档案的电子化、互联网化已成为趋势。

**1. 会计电子档案的特征**

（1）会计电子档案对环境的依赖性强

会计电子档案的使用依赖于计算机的硬件和软件系统，会计电子档案的存储对周围环境要求苛刻。

（2）会计电子档案缺乏直观可视性

传统的会计档案具有直观可视性，而存储在磁性介质上的会计电子档案必须在特定的计算机硬件和软件环境中才能可视。

（3）会计电子档案具有技术性

技术文档主要是指与会计电子档案的设计和使用密切相关的文档，解释会计电子档案的设计和运行情况。

（4）会计电子档案控制的复杂性

信息化程度越高，采用的程序化控制要求也越多。目前，我国常用的程序化控制有计算机软件控制、输入数据的机内检验等。会计电子档案系统控制技术的复杂性表现在系统人工控制与各类程序化控制相结合。

**2. 做好会计电子档案管理工作的防范措施**

做好会计电子档案管理的根本目的是保持数据的安全性、完整性、真实性和原始性，将风险控制到最小。

要建立严格的认证制度，防止未经授权的人员进入会计电子档案系统，对于信息的管理和保存需要预知风险并掌控防范措施。其具体防范措施如下。

① 建立科学的会计档案管理制度。

② 妥善维护电子档案馆的环境。针对电子档案的特点，保持电子档案馆温度适宜、湿度适宜，做好防火、防震、防盗、防尘、防磁等工作，解决会计电子档案的保存安全问题。

③ 解决好会计档案电子化管理的网络安全防范问题。需要防止入库数据丢失、毁损、中病毒，保证电子档案设备的更新处理稳定，控制访问中心保障安全访问，确保在连网时有强大可靠的安全访问控制技术；确保会计档案电子化管理双备份制度，以防文件的毁损，同时确保文件有严格的对外利用方式，通过功能设置，根据需要将有些文件设为只读文件、有些文件设为禁止复制，从而保证重要信息不被泄露和更改。

④ 提高工作人员的素质。会计电子档案的管理流程包括档案收集、整理、归档、保管等，对档案管理人员计算机技能要求较高，不仅需要具备操作能力、分析能力，还要有计算机系统的维护能力、升级能力等。提高管理人员的专业技能，有利于减少会计档案电子化的风险。

## 8.2 会计档案装订

### 8.2.1 案卷（册）封面的填写及编号

**1. 会计凭证封面的填写**

会计凭证封面项目包括单位名称、日期、凭证起止号、凭证类别、册数、册次、全宗号、目录号、案卷号、会计、复核、装订人、装订时间等。

会计凭证封面、封底规格如图 8.1 和图 8.2 所示。

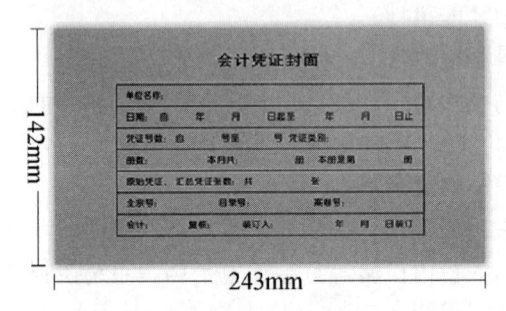

图 8.1　会计凭证封面

图 8.2　会计凭证封底

填写的具体要求如下。

① 单位名称（立档单位）：填写形成会计档案的单位名称，必须用全称或通用简称。

② 凭证号数：填写本册会计凭证的起号和止号。

③ 凭证类别：原始凭证或记账凭证。

④ 全宗号：全年会计凭证的排序号，即自 1 月第一本至 12 月最后一本连续排。

⑤ 目录号：当月凭证排序号。例如，3 月份第 5 本凭证，则目录号是 5，全宗号是 1 月总本数加 2 月总本数再加 5。

⑥ 案卷号：同一类型同一年度的会计档案案卷都从 01 开始编案卷号。

例如，2022 年 5 月第 6 本凭证，编 1020220506 号，凭证类型为 10，顺序为 06 号；2023 年 1 月又从 01 号开始编号，即 1020230101。

为了保护会计凭证，减少磨损，便于归档及查询，可以将会计凭证装入会计凭证盒。

会计凭证盒正面和盒脊的填写方法与会计凭证封面的填写方法相同，相关项目需要对应填写一致。会计凭证盒宜采用 340 克以上箱板纸制作，如图 8.3 所示。

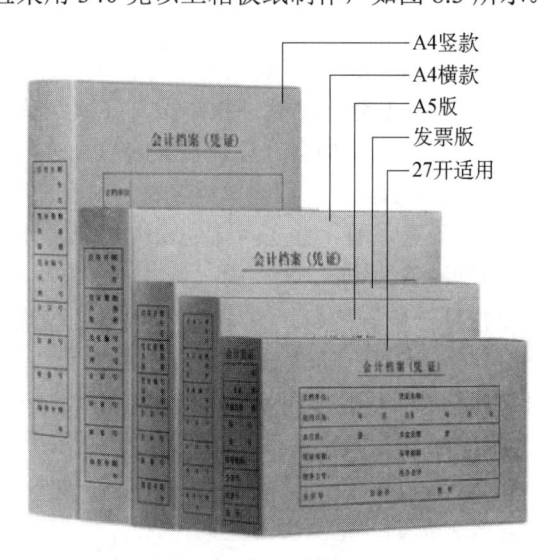

图 8.3　会计凭证盒

### 2. 会计账簿启用表的填写

启用会计账簿应当在账簿扉页上填写印制的账簿启用表，如图 8.4 所示。

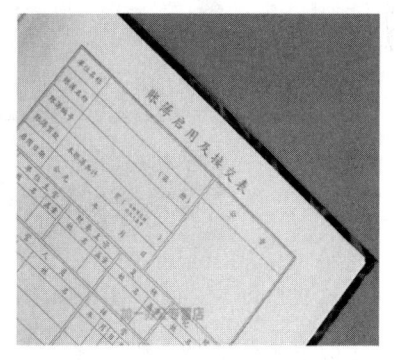

图 8.4　会计账簿

（1）启用订本式账簿

起止页数从第一页到最后一页已经按顺序编定页数，不需要再填，并且不得跳页、缺号。还要填写记账人员姓名、会计主管人员姓名并加盖印章，以明确责任；加盖单位财务专用章，以示严肃；当记账人员或会计主管人员工作变动时，应办好账簿移交手续，并在启用表上明确记录交接日期、接办人员、监交人员的姓名，由交接双方签名或盖章。

（2）启用活页式账簿

使用活页式账簿应当按账户顺序编号，并定期装订成册。装订后再按实际使用的账页顺序编定页码，另加目录以便记明每个账户的名称和页次。

## 8.2.2 案卷（册）的装订

### 1. 会计凭证的装订

会计凭证一般每月装订一次，装订好的凭证按年按月妥善保管归档。

会计凭证的装订是定期把整理完毕的会计凭证按照编号顺序，外加封面、封底，装订成册，并在装订线上加贴封签。在封面上，写明单位名称、年度、月度、记账凭证的种类、起讫日期、起讫号数、记账凭证张数等，并在封签处骑缝加盖会计主管的人名章。

(1) 会计凭证的装订前的准备工作

① 分类整理，按顺序排列，检查日期、编号是否齐全，是否缺页、漏编。

② 按凭证汇总日期归集，确定装订成册的本数。

③ 摘除凭证内的金属物，对面积较大的原始凭证要折叠成与记账凭证一样的大小，且要避开装订线。

④ 整理检查凭证顺序号，如有颠倒要重新排列、发现缺号要查明原因。

⑤ 检查记账凭证上有关人员的印章是否齐全。

凭证装订形式包括包角式装订和侧装订两种。日常工作中，包角式装订更为常见。

(2) 包角式装订方式的操作步骤

步骤 1　组成一套凭证本并对整齐，如图 8.5 所示。

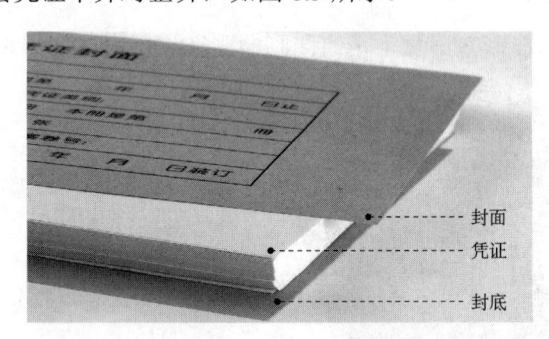

图 8.5　封面、凭证、封底对齐

步骤 2　取出包角，沿虚线裁剪撕开，一张可以撕开 2 个包角，如图 8.6 所示。

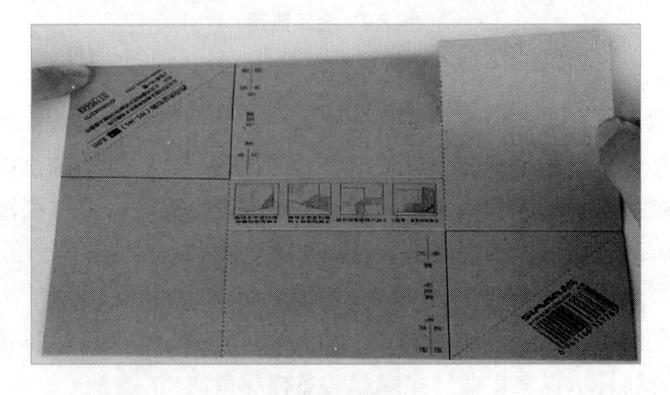

图 8.6　撕开包角

步骤 3　将边角沿虚线三角向内翻折，如图 8.7 所示。

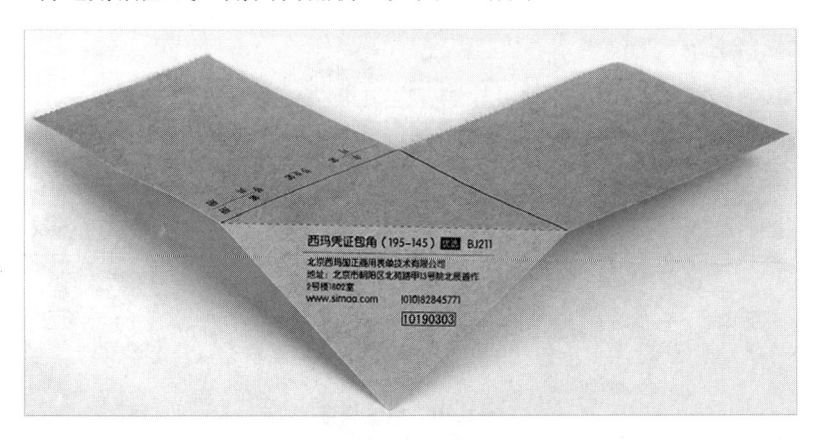

图 8.7　向内翻折

步骤 4　将包角边缘和凭证封面对齐，打入铆管，装订成册，如图 8.8 所示。

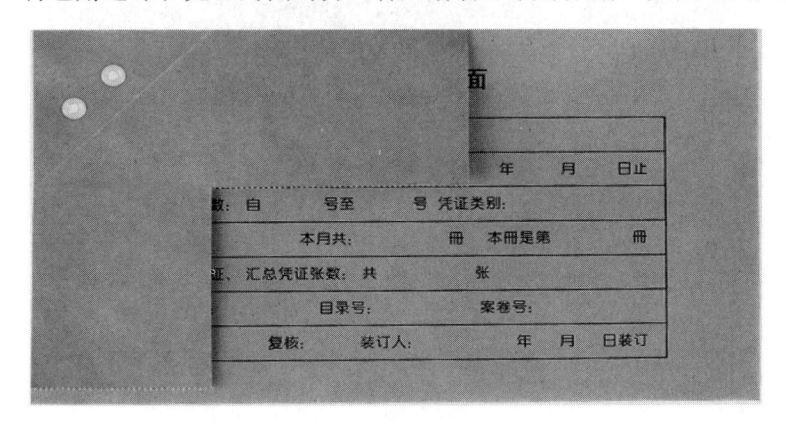

图 8.8　打入铆管

步骤 5　将①、②向下翻折，如图 8.9 所示。

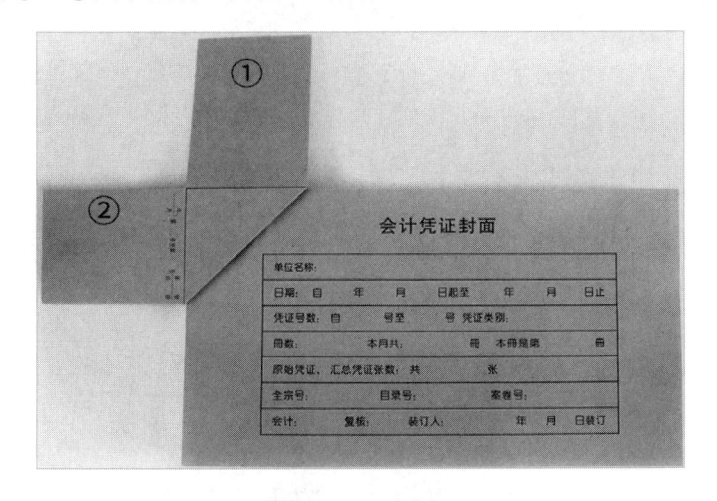

图 8.9　向下翻折

步骤6　包住凭证后，粘贴在凭证背面即可装订完成，如图8.10和图8.11所示。

图 8.10　包住凭证

图 8.11　装订完成

装订效果如图 8.12 所示。

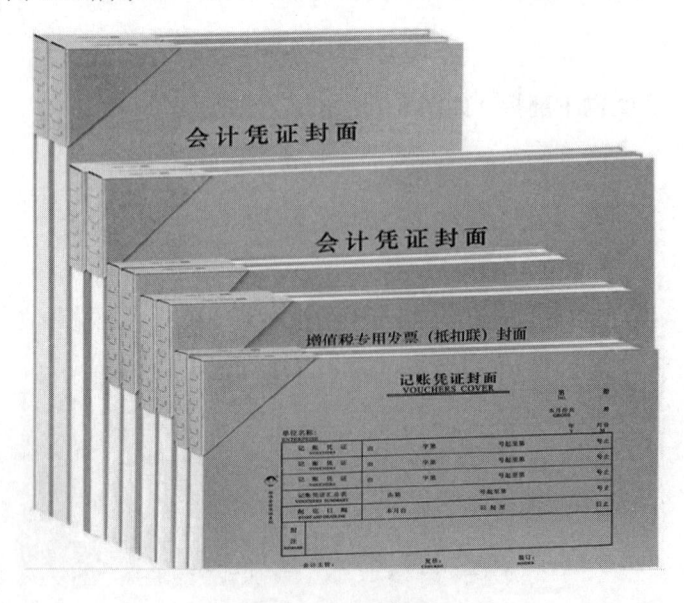

图 8.12　装订效果

## 2. 会计账簿的装订

各种会计账簿年度结账后，除跨年使用的账簿外，其他账簿应按时整理立卷。

装订账簿前有以下基本要求。

① 总账、现金日记账、银行存款日记账等订本式账簿不需要装订。

② 活页账簿保留已使用过的账页，账页填写齐全，去除空白页和撤掉账夹。

③ 多栏式、三栏式、数量金额式活页账等不得混装。

④ 封面上填写好账目种类，编好卷号，会计主管人员和装订人（经办人）签章。

账簿装订后还有以下要求。

① 会计账簿应牢固、平整，不得有折角、缺角、错页、掉页、加空白纸的现象。

② 会计账簿的封口要严密，封口处要加盖有关印章。

③ 封面应齐全、平整，并注明所属年度及账簿名称、编号。编号为一年一编，编号顺序为总账、现金日记账、银行存（借）款日记账、分户明细账。

④ 会计账簿按保管期限分别编制卷号。例如，现金日记账全年按顺序编制卷号；总账、各类明细账、辅助账全年按顺序编制卷号。

活页式账簿装订效果如图 8.13 所示。

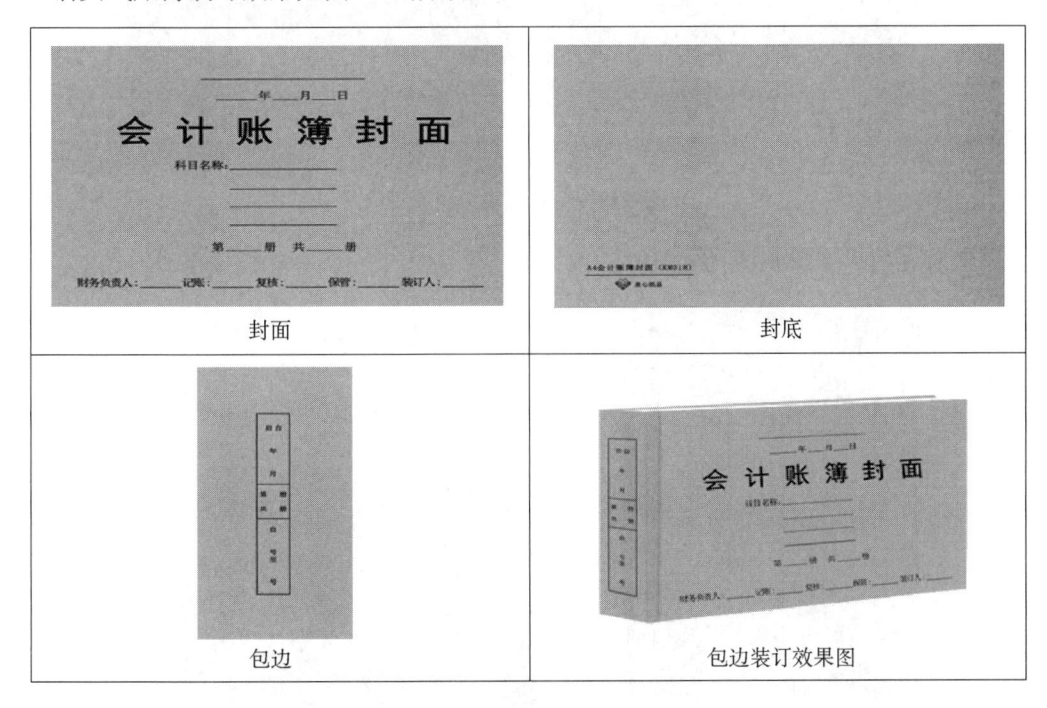

图 8.13　活页式账簿装订效果

## 3. 会计报表的装订

会计报表编制完成并按时报送后，留存报表均应按月装订成册，小企业可按季装订成册。内部留存报表年底时要按报表月份顺序，将全年报表装订成册。竖版装订的效果如图 8.14 所示。

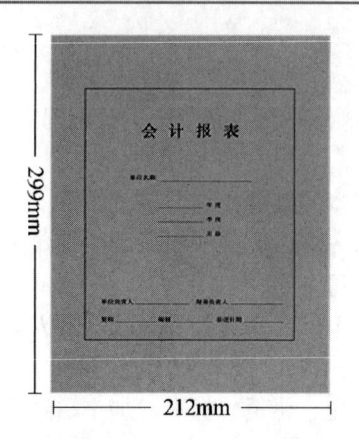

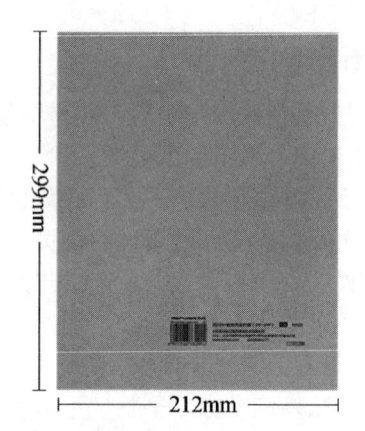

图 8.14　会计报表竖版装订

横版装订的效果如图 8.15 所示。

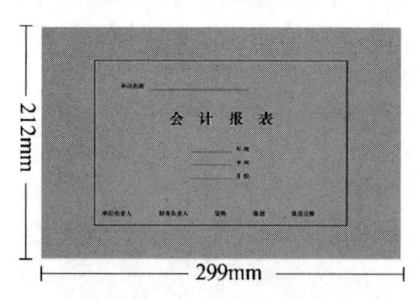

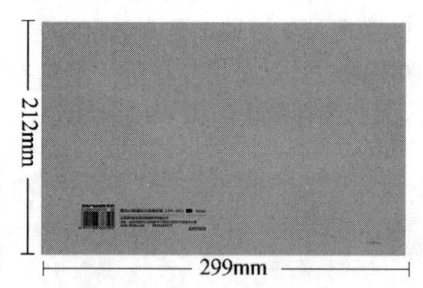

图 8.15　会计报表横版装订

总体装订效果如图 8.16 所示。

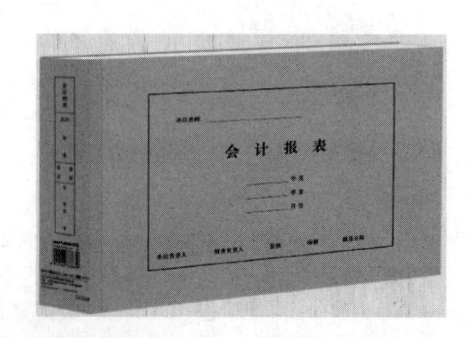

图 8.16　整体装订效果

会计报表在装订前,要按编报目录核对是否齐全,并整理报表页数,上边和左边对齐压平,防止折角。

会计报表的装订顺序是:会计报表封面;会计报表编制说明;各种会计报表按会计报表的编号顺序排列;会计报表封底。

会计报表按保管期限分别编制卷号：月、季度会计报表全年按月、季顺序编制卷号；半年和年度会计报表按年顺序编制卷号。

**4. 其他会计资料的装订**

会计人员要认真收集、审查、核对、装订（整理）其他会计资料。银行存款余额调节表、银行对账单、纳税申报表及其他具有保存价值的会计资料，可分类分别装订组卷归档；会计档案移交清册、会计档案保管清册、会计档案销毁清册、会计档案鉴定意见书等重要会计档案应单独装订立卷归档。

## 8.3 会计档案保管技能

### 8.3.1 会计档案的保管

**1. 会计档案的保管期限**

会计档案的保管期限是指对档案划定的留存年限。保管期限从会计年度终了后的第一天算起。根据《会计档案管理办法》的规定，会计档案保管期限一般分为永久、定期两类；永久是指会计档案必须永久保存；定期是指会计档案保存应达到法定的时间，一般分为 10 年和 30 年。电子会计档案的保管期限与纸质会计档案保管期限一致。

会计档案的保管期限如表 8.2 所示。

表 8.2 会计档案的保管期限

| 档案名称 | | 保管期限 |
| --- | --- | --- |
| 会计凭证 | 原始凭证 | 30 年 |
| | 记账凭证 | 30 年 |
| 会计账簿 | 总账 | 30 年 |
| | 明细账 | 30 年 |
| | 日记账 | 30 年 |
| | 固定资产卡片 | 固定资产报废清理后保管 5 年 |
| | 其他辅助性账簿 | 30 年 |
| 财务会计报告 | 月度、季度、半年度财务会计报告 | 10 年 |
| | 年度财务会计报告 | 永久 |
| 其他会计资料 | 银行存款余额调节表 | 10 年 |
| | 银行对账单 | 10 年 |
| | 纳税申报表 | 10 年 |
| | 会计档案移交清册 | 30 年 |
| | 会计档案保管清册 | 永久 |
| | 会计档案销毁清册 | 永久 |
| | 会计档案鉴定意见书 | 永久 |

## 2. 会计档案的保管职责

① 单位的会计机构或会计人员所属机构按照归档范围和归档要求，负责定期将应当归档的会计资料整理立卷，编制会计档案保管清册。

② 当年形成的会计档案，在会计年度终了，可由单位会计管理机构临时保管一年，再移交单位档案管理机构保管。因工作需要确需推迟移交的，应当经单位档案管理机构同意。

③ 单位会计管理机构临时保管会计档案最长不超过 3 年。临时保管期间，会计档案的保管应当符合国家档案管理的有关规定，且出纳人员不得兼管会计档案。

④ 单位会计管理机构在办理会计档案移交时，应当编制会计档案移交清册，并按照国家档案管理的有关规定办理移交手续。纸质会计档案移交时应当保持原卷的封装。会计电子档案移交时应当将会计电子档案及其原数据一并移交，且文件格式应当符合国家档案管理的有关规定。特殊格式的会计电子档案应当与其读取平台一并移交。单位档案管理机构接收会计电子档案时，应当对会计电子档案的准确性、完整性、可用性、安全性进行检测，符合要求的才能接收。

⑤ 单位应当严格按照相关制度使用会计档案，在进行会计档案查阅、复制、借出时履行登记手续，严禁篡改和损坏。

⑥ 单位保存的会计档案一般不得对外借出。确因工作需要且根据国家有关规定必须借出的，应当严格按照规定办理相关手续。会计档案借用单位应当妥善保管和使用借入的会计档案，确保借入会计档案的安全、完整，并在规定时间内归还。

⑦ 会计电子档案管理人员应养成数据备份的习惯，同时注明备份时间和操作员的编号。备份数据和原数据不能存放在同一地点。

⑧ 会计电子档案的使用由专人进行检查和监督，以保证会计电子档案的安全。

⑨ 会计档案室应满足防磁、防火、防潮、防尘、防虫、避光、恒温、防变形、防磨损、防强震等要求，防止会计电子档案的毁损和丢失。

### 8.3.2 会计档案的销毁

单位应当定期对已到保管期限的会计档案进行鉴定，并形成会计档案鉴定意见书。会计档案鉴定工作应当由单位档案管理机构牵头，组织单位会计、审计、纪检监察等机构或人员共同进行。经鉴定，仍需继续保存的会计档案，应当重新划定保管期限；对保管期满，确无保存价值的会计档案，可以销毁。经鉴定可以销毁的会计档案应当按照以下程序销毁。

#### 1. 编制会计档案销毁清册

单位档案管理机构编制会计档案销毁清册，列明拟销毁会计档案的名称、卷号、册数、起止年度、档案编号、应保管期限、已保管期限和销毁时间等内容。

保管期满但未结清的债权债务会计凭证和涉及其他未了事项的会计凭证不得销毁，纸质会计档案应当单独抽出立卷，电子会计档案单独转存，保管到未了事项完结时为止。单独抽出立卷或转存的会计档案，应当在会计档案鉴定意见书、会计档案销毁清册和会计档案保管清册中列明。

#### 2. 签署会计档案销毁清册

单位负责人、档案管理机构负责人、会计管理机构负责人、档案管理机构经办人、会计管理机构经办人在会计档案销毁清册上签署意见。

#### 3. 会计档案监销

单位档案管理机构负责组织会计档案销毁工作，并与会计管理机构共同派员监销。监销人在会计档案销毁前，应当按照会计档案销毁清册所列内容进行清点核对；在会计档案销毁后，应当在会计档案销毁清册上签名或盖章。电子会计档案的销毁还应当符合国家有关电子档案的规定，并由单位档案管理机构、会计管理机构和信息系统管理机构共同派员监销。

### 8.3.3 会计档案的交接

#### 1. 会计档案移交规定

每年形成的会计档案，应当由会计机构按照归档要求负责整理立卷，并装订成册，编制会计档案保管清册。

当年形成的会计档案，在会计年度终了后，可暂由会计机构保管一年，期满之后应当由会计机构编制移交清册，移交本单位档案机构统一保管。会计档案移交清册如表 8.3 所示。

表 8.3 会计档案移交清册

公司： 年 月 日

| 交接时间 | | 交接性质 | | | |
|---|---|---|---|---|---|
| 移出部门名称 | | 接收部门名称 | | | |
| 会计档案项目 | 档案所属年度 | 保管期限 | | 数量 | 接收人 |
| | | 永久 | 定期 | | |
| | | | | | |
| | | | | | |
| | | | | | |
| | | | | | |
| | | | | | |
| | | | | | |
| | | | | | |
| 交接内容 | | | | 交接负责人 | |
| 其他事项 | | | | | |
| | | | | | |
| 移交人 | | 移交部门接收人 | | 监交人 | |

① 未设立档案机构的，应当在会计机构内部指定专人保管。

② 出纳人员不得兼管会计档案。

③ 个别需要拆封重新整理的，档案机构应当会同会计机构和经办人员共同拆封整理，以分清责任。

④ 移交本单位档案机构保管的会计档案，纸质版会计档案移交时，原则上应当保持原卷册的封装。

⑤ 移交人员在办理移交时，要按移交清册逐项移交，接收人员要逐项核对点收。

⑥ 移交清册一般应当填制一式三份：交接双方各执一份；存档一份。

电子会计档案的移交，有以下3点要求。

① 电子会计档案移交时应当将电子会计档案及其原数据一并移交，且文件格式应当符合国家档案管理的有关规定。

② 特殊格式的电子会计档案应当与其读取平台一并移交。

③ 应在移交清册中列明会计软件及密码、会计软件数据磁盘及有关资料、实物等内容。

④ 单位档案管理机构接收电子会计档案时，应当对电子会计档案的准确性、完整性、可用性、安全性进行检测，符合要求的才能接收。

### 2. 单位之间交接会计档案

单位之间交接会计档案时，交接双方应当办理会计档案交接手续。

移交会计档案的单位，应当编制会计档案移交清册，列明应当移交的会计档案名称、卷号、册数、起止年度、档案编号、应保管期限和已保管期限等内容。

交接会计档案时，交接双方应当按照会计档案移交清册所列内容逐项交接，并由交接双方的单位有关负责人负责监督。交接完毕后，交接双方经办人和监督人应当在会计档案移交清册上签名或盖章。

电子会计档案应当与其原数据一并移交，特殊格式的电子会计档案应当与其读取平台一并移交。档案接收单位应当对保存电子会计档案的载体及其技术环境进行检验，确保所接收电子会计档案的准确、完整、可用和安全。

单位分立中未结清的会计事项所涉及的会计凭证，应当单独抽出由业务相关方保存，并按照规定办理交接手续。

### 3. 单位会计管理机构移交会计档案

单位会计管理机构在办理会计档案移交时，应当编制会计档案移交清册，并按照国家档案管理的有关规定办理移交手续。

纸质会计档案移交时应当保持原卷的封装。电子会计档案移交时应当将电子会计档案及其原数据一并移交，且文件格式应当符合国家档案管理的有关规定。特殊格式的电子会计档案应当与其读取平台一并移交。

单位档案管理机构接收电子会计档案时，应当对电子会计档案的准确性、完整性、可用性、安全性进行检测，符合要求的才能接收。

单位因业务移交其他单位办理所涉及的会计档案，应当由原单位保管，承接业务单位可以查阅、复制与其业务相关的会计档案。对其中未结清的会计事项所涉及的会计凭证，应当单独抽出由承接业务单位保存，并按照规定办理交接手续。

### 8.3.4 单位合并、分立与解散的会计档案管理

#### 1. 单位合并的会计档案管理

单位合并后原各单位解散或一方存续其他方解散的，原各单位的会计档案应当由合并后的单位统一保管。单位合并后原各单位仍存续的，其会计档案仍应当由原各单位保管。

#### 2. 单位分立与解散的会计档案管理

单位分立后原单位存续的，其会计档案应当由分立后的存续方统一保管，其他方可以查阅、复制与其业务相关的会计档案。

单位分立后原单位解散的，其会计档案应当经各方协商后由其中一方代管或按照国家档案管理的有关规定处置，各方可以查阅、复制与其业务相关的会计档案。

单位分立中未结清的会计事项所涉及的会计凭证，应当单独抽出由业务相关方保存，并按照规定办理交接手续。

### 8.3.5 会计档案管理的法律责任

《会计法》第六章明确规定了会计档案管理的法律责任。

#### 1. 未按照规定保管会计资料，致使会计资料毁损、灭失

未按照规定保管会计资料，致使会计资料毁损、灭失的，由县级以上人民政府财政部门责令限期改正，并可以对单位并处 3 000 元以上 50 000 元以下的罚款；对其直接负责的主管人员和其他直接责任人员，可以处 2 000 元以上 20 000 元以下的罚款；属于国家工作人员的，还应当由其所在单位或有关单位依法给予行政处分。

#### 2. 隐匿或故意销毁依法应当保存的会计凭证、会计账簿、财务会计报告

隐匿或故意销毁依法应当保存的会计凭证、会计账簿、财务会计报告，构成犯罪的，依法追究刑事责任；尚不构成犯罪的，由县级以上人民政府财政部门予以通报，并可以对单位并处 5 000 元以上 100 000 元以下的罚款；对其直接负责的主管人员和其他直接责任人员，可以处 3 000 元以上 50 000 元以下的罚款；属于国家工作人员的，还应当由其所在单位或有关单位依法给予撤职直至开除的行政处分；其中的会计人员，5 年内不得从事会计工作。

#### 3. 授意、指使、强令会计机构、会计人员及其他人员隐匿、故意销毁依法应当保存的会计凭证、会计账簿、财务会计报告

授意、指使、强令会计机构、会计人员及其他人员隐匿、故意销毁依法应当保存的会计凭证、会计账簿、财务会计报告，构成犯罪的，依法追究刑事责任；尚不构成犯罪的，可以处 5 000 元以上 50 000 以下的罚款；属于国家工作人员的，还应当由其所在单位或有关单位依法给予降级、撤职、开除的行政处分。

## 实训 8

1. 会计凭证的整理和归档的方法有哪些？
2. 会计账簿的装订顺序和要求有哪些？
3. 根据以前已经完成的会计手工账务处理实训资料，完成以下任务。
（1）对会计凭证进行整理，加封面后装订成册并归档。
（2）对各明细账进行整理，加封面后装订成册，与总账、日记账等订本账一并归档。
（3）对会计报表进行整理，加封面后装订成册并归档。
4. 会计档案管理模拟实训。

2021 年 11 月，会计专业学生小王到某公司实习。该公司计划 2022 年 1 月对超过保管期限的会计档案进行销毁，要求小王按照 2016 年 1 月 1 日起施行的《会计档案管理办法》中规定的企业会计档案保管期限，对该公司拟销毁的会计档案进行保管期限认定，并对是否可以销毁提出意见。

（1）请分析以下会计档案，并填写表 8.4。

表 8.4  拟销毁的会计档案

| 档案名称 | 建档时间 | 保管期限 | 是否可以销毁 |
|---|---|---|---|
| 会计凭证 | | | |
| 原始凭证 | 1993 年 | | |
| 记账凭证 | 1990 年 | | |
| 会计账簿 | | | |
| 总账 | 1991 年 | | |
| 明细账 | 1992 年 | | |
| 日记账 | 1993 年 | | |
| 财务会计报告 | | | |
| 月度、季度、半年度财务会计报告 | 2009 年 | | |
| 年度财务会计报告 | 1988 年 | | |
| 其他会计资料 | | | |
| 银行存款余额调节表 | 2013 年 | | |
| 银行对账单 | 2012 年 | | |
| 纳税申报表 | 2011 年 | | |
| 会计档案移交清册 | 1986 年 | | |
| 会计档案保管清册 | 1986 年 | | |

（2）对准备销毁的会计档案应履行哪些程序？销毁过程中有哪些注意事项？